全球化经营的智慧：企业扩张的国际视野和策略

（*GLOBAL CLASS*）

［美］ 亚伦·麦克丹尼尔（Aaron McDaniel）
克劳斯·韦哈格（Klaus Wehage） 著

初旭 译

中国出版集团
中 译 出 版 社

著作权合同登记号：图字01-2024-3636号

图书在版编目（CIP）数据

全球化经营的智慧：企业扩张的国际视野和策略/(美) 亚伦·麦克丹尼尔 (Aaron McDaniel), (美) 克劳斯·韦哈格 (Klaus Wehage) 著；初旭译. -- 北京：中译出版社, 2025. 9. -- ISBN 978-7-5001-8231-3

I. F272.3

中国国家版本馆CIP数据核字第2025HF9384号

全球化经营的智慧：企业扩张的国际视野和策略
QUANQIUHUA JINGYING DE ZHIHUI : QIYE KUOZHANG DE GUOJI SHIYE HE CELÜE

出版发行：中译出版社
地　　址：北京市丰台区右外西路2号院中国国际出版交流中心
电　　话：（010）68359827，68359303（发行部）；68359287（编辑部）
邮　　编：100069
电子邮箱：book@ctph.com.cn
网　　址：http://www.ctph.com.cn

责任编辑：于建军
营销编辑：李佩洋
封面设计：潘　峰

排　　版：北京中文天地文化艺术有限公司
印　　刷：三河市国英印务有限公司
经　　销：新华书店

规　　格：710 mm×1000 mm　1/16
印　　张：23.5
字　　数：273千字
版　　次：2025年9月第一版
印　　次：2025年9月第一次

ISBN 978-7-5001-8231-3　　　**定价**：78.00元

推荐语

全球顶级高管

亚伦和克劳斯确实贡献了一本关于进入国际市场的著作。他们的观察和评价对我们的业务开展影响巨大。我多么希望十五年前便读过这本书！

——亚伯·史密斯，Zoom[①] 国际主管

在国际范围内拓展业务时，信任是首要价值。它与客户的成功齐头并进。本书规划出一幅蓝图，说明如何实现此两项目标，并使您的企业成为您所投身的各类市场群体发生变革的平台（催化剂）。

——波莉·萨姆纳，Salesforce[②] 销售团队首席采纳官

亚伦和克劳斯在曾经充满神秘和复杂性的领域提供了架构、流程和清晰思路——本书是应对全球化扩张挑战的完美指南。

——约翰·布兰登，苹果公司前国际副总裁

本书有助于解决如何在当今竞争激烈、瞬息万变的商业环境中实现全球化和国际扩张的难题。

——伊莉斯·鲁宾，谷歌国际化项目管理全球主管

① Zoom 是一家全球领先的云视频会议技术提供商，成立于 2011 年，总部位于美国加利福尼亚州圣何塞。——译者注

② Salesforce 是全球领先的客户关系管理（CRM）软件服务的提供商，成立于 1999 年，总部位于美国旧金山。——译者注

本书为像我这样的商业领袖构建出一种语言体系，以便有效地围绕国际增长计划开展组织协调工作。

——特洛伊·马龙，Drata[①] 国际运营副总裁

业务本地化十分具有挑战性。在本书中，亚伦和克劳斯通过展示全球最好的成功案例并关注语言和文化等重要因素，破解实现成功的密码，作为一名计算语言学家，我认为这对在全球范围内取得成功至关重要。

——凯瑟琳·海姆斯，Slack[②] 国际产品扩展前主管

确立全球化业务需要专注和努力。本书所提供的见解将助力您实现国际扩张的目标和战略。

——斯科特·科尔曼，Pinterest[③] 前增长主管

人才是组织的支柱，而“全球企业家”的概念完美地体现出我们在 Patreon 想要寻找的人才类型。本书提供了实用的框架和确立国际业务的新方法，可帮助各类公司组建一流的国际化团队。

——蒂芙尼·史蒂文森，Patreon[④] 首席人力官

在欧睿（Euromonitor），我们致力于为客户打造理想中的未来世界。本书中的理念和框架再次证实了我们的一些最佳案例实践，

---

① Drata 是一家专注于安全和合规自动化的创新型企业，成立于 2020 年，总部位于美国加利福尼亚州圣地亚哥。——译者注

② Slack 是一家专注于企业协同办公的平台提供商，成立于 2009 年，总部位于美国加利福尼亚州旧金山。——译者注

③ Pinterest 是一家以图片分享为核心的社交媒体服务平台，成立于 2009 年，总部位于美国加利福尼亚州旧金山。——译者注

④ Patreon 是一个连接创作者和粉丝的平台，为创作者提供一个通过会员订阅模式获得资金的途径。——译者注

并使我们能够在作为企业仍在努力改进的领域挑战自我。

——蒂姆·基钦，欧睿国际首席执行官

全球化企业若想在当今竞争异常激烈的环境中取得成功，必须快速采取大规模行动。在本书中，亚伦和克劳斯向您展示出在此种环境中取得成功所需的速度和动力。

——埃米尔·迈克尔，优步（Uber）前首席商务官

亚伦和克劳斯描绘出成功应对在新地区扩展业务所面临挑战的完美图景。

——让·凡·卡斯特伦，“飞协博”（Flexport）欧洲前负责人

本书颂扬世界各地文化的独特性以及如何弥合彼此的差异，使企业获得长久的力量。

——珍妮弗·袁，爱彼迎（Airbnb）美洲市场前营销主管

在 Plaid [①] 公司，我们都注重专注。我们避免偏离我们的核心产品和商业模式。在全球市场扩张方面，本书非常重视客户验证，以及寻找产品与市场的契合点。

——保罗·威廉姆森，Plaid 营收部门主管

我喜欢本书提供的进入国际市场的路线图。亚伦和克劳斯将业务扩展到新市场的复杂性管理变得简单明了。

——珍妮弗·科尼利厄斯，Ritual [②] 首席人力官

① Plaid 是一家金融科技公司，成立于 2013 年，总部位于美国加利福尼亚州旧金山。——译者注

② Ritual 是一家专注于为人们（特别是女性）提供营养补充剂的公司，成立于 2016 年，总部位于美国卡尔弗城。——译者注

这是一本必读之书，充满关于顶级公司如何在全球范围内拓展业务的经典案例，以及有关如何拓展业务的实用框架工具。对于想要走向全球的人来说，本书再适合不过了。

——罗宾·丹尼尔斯，Salesforce、领英（LinkedIn）等公司前营销主管

一本充满开拓者智慧的实用指南。本书是负责国际市场扩张业务的高管的必读之书。

——克里斯蒂娜·李，Chegg[①] 国际发展副总裁

在领英，我们促进资源（智力、资本和人力）流向最需要的地方，努力实现在全球范围内的经济转型。本书中提供的工具包和观点将成为下一代商业领袖探索国际市场扩张的催化剂。

——桑卡尔·文卡特拉曼，领英首席销售

本书是管理跨境业务的各种规模的公司（从初创企业到跨国公司）高管的必读之作。

——穆罕默德·伊尔迪里姆，Talabat[②] 前董事总经理

本书通俗易懂、高效务实，实用性强，可帮助业务规模、行业或地理位置各异的企业拓展业务。这是一份如何在当今商业世界建立一家全球化企业的完美指南。

——姜玄玭，Line[③] 执行高级副总裁

---

① Chegg 是一家教育科技公司，成立于 2005 年或 2006 年（不同来源略有差异），总部位于加利福尼亚州圣克拉拉市。——译者注

② Talabat 是中东最早成立的外卖平台，成立于 2004 年，总部在科威特，是该地区最大、最受欢迎的食品订购应用程序。——译者注

③ Line 是一家即时通信平台企业，2011 年创建于日本，其核心业务是即时通信服务，类似于微信。——译者注

对于任何从事国际业务或渴望在全球范围内扩张的企业来说，这都是一本必读之书。

——克劳迪娅·马卡德里斯托，MetaMap[①] 数据访问主管

之前为什么没有这种书呢？终于有人整理出一份全面且易于理解的建立全球组织的指南。

——凯西·阿姆斯特朗，ShipBob[②] 首席营销官

先前从未有人能够总结出国际化商业成功的秘诀。通过本书，克劳斯和亚伦分享了全球化增长的要素——战略、结构、团队动力等，还有很多！

——伊斯雷尔·比皮，Zipline[③] 非洲市场推广总监

初创企业创始人

亚伦和克劳斯所描述的“全球类”公司正是我们在“飞协博”所追求的模式——对当地文化充满好奇、本地化，同时坚守核心公司价值观。

——瑞恩·彼德森，“飞协博”创始人
兼首席执行官

① MetaMap 是一家美国在线身份验证解决方案提供商，成立于 2017 年 1 月 1 日。——译者注

② ShipBob 是美国知名的第三方物流服务商，成立于 2014 年，总部位于芝加哥。——译者注

③ Zipline 是一家全球领先的无人机物流企业，专注于利用无人机技术为偏远和服务不足地区提供高效、即时的物流配送服务，成立于 2014 年，总部位于美国旧金山。——译者注

直到采用本书中所述的“归零心态”，向当地客户和员工学习，乐天的早期战略是企业文化的标准化和集中化，优先考虑统一性而非本地化。这可能会导致忽视当地文化与本土市场之间的差异。尽管企业很多方面是可控的，但当地文化并非其中之一。

——小林正忠，乐天联合创始人兼首席福利官

想知道成功的公司是如何在全球范围内扩展业务的吗？亚伦和克劳斯向您展示了这些公司是如何成功的，并揭示相关方法和工具，助力您的公司实现同样的成功。

——海尼·扎卡里亚森，Vivino[①]创始人兼前首席执行官

我当初只能用实践经验艰难地领悟亚伦和克劳斯书中讲述的内容。当我创立 BlaBlaCar[②]时，我与团队自行协调组织了对顶级公司的“实地考察”，收集到您可在本书中读到的国际市场扩张的最佳实践案例。本书将为全球化企业经营者节省大量时间。

——弗雷德里克·马泽拉，BlaBlaCar 创始人兼首席执行官

本书旨在传达公司在社会中的角色与我们自身使命的一致性，即通过培养世界各地具有高度影响力的下一代企业家，使其成为经济增长的催化剂。快去买一本吧，它可帮助您节省在全球范围内尝试拓展业务所需的财力和精力。

——弗雷迪·维加，Platzi[③]创始人兼首席执行官

---

① Vivino 是一家专注于葡萄酒领域的科技企业，成立于 2009 年，总部位于丹麦哥本哈根。——译者注

② BlaBlaCar 是一家法国在线拼车平台，成立于 2006 年，总部位于法国巴黎。——译者注

③ Platzi 是一家在线技能培训平台，2014 年在哥伦比亚成立，后来将总部迁至美国旧金山。——译者注

本书提供了一份优质的工具包，可解答许多企业主有关拓展新市场的棘手问题。它使人们关注那些经常被忽视和低估的因素，这些因素往往可成就一个企业，也可毁掉一个企业。

——黎常文，能者物流（Ninja Van）联合创始人兼首席执行官

本书提供了案例研究、相关见解、故事经历和强大框架的理想组合，描绘出在全球范围内拓展业务的宏大图景。

——米克尔·布朗，百望贸宜（Tradeshift）
联合创始人兼亚太区高级副总裁

我们与本书的团队合作开展本地化溢价分析，以支持我们在欧洲的国际化扩张工作。他们提供的支持确实帮助我们确立了增长动力，并对复杂性进行管理，同时针对新市场开展本地化业务。

——季夫科·博季诺夫，ShipBob 联合创始人

现在的公司从成立第一天便开始思考如何向全球化发展，而本书正是将此类想法转化为实际行动的重要工具。本书中描述的“全球类”思维可帮助同类企业建立成功的跨国公司。

——加布里埃尔·恩格尔，火箭通信（Rocket.Chat）联合创始人
兼首席执行官

畅销书作家

实现全球规模化发展需要不断迭代，同时对复杂性进行管理。在本书中，亚伦和克劳斯为你提供了驾驭这些变化并实现全球规模化发展所需的操作指南。

——埃里克·里斯,《精益创业家》（*The Lean Startup*）一书作者

对于关注国际市场的商业领袖来说，本书应是必读之书。

——史蒂夫·布兰克，“现代创业之父”、《创业者手册》（*The Startup Owner's Manual*）一书作者

进入新的全球市场难度很大。本书可帮助您弥合本地市场成功与全球市场契合之间的鸿沟。

——亚历克斯·奥斯特瓦尔德，Strategyzer[①] 首席执行官，“商业模式画布”工具发明者

本书是公司实现国际业务高效增长的速成课。通过200多家全球顶级公司的视角，亚伦和克劳斯揭示出应如何在国际市场拓展业务。

——帕特里克·沃拉斯科维茨，《纽约时报》（*New York Times*）畅销书《精益创业家》（*The Lean Entrepreneur*）和《奋斗》（*Hustle*）作者

真的很棒！学习成为一家在不断变化的市场、文化和立法中保持敏捷度的全球性公司可能是一项艰巨的任务。本书将重点关注您的优先事项，并引导您逐步完成相关方法论，助力企业更上一层楼。

——马歇尔·古德史密斯，思想家50#1执行教练，《纽约时报》畅销书《触发》（*Triggers*）、《魔劲》（*Mojo*）和《习惯力：我们因何失败，如何成功？》（*What Got You Here Won't Get You There*）作者

顶级投资人

如同敏捷项目管理揭示创新一样，本书中涉及的战略与战术揭开了成功实现全球扩张的秘密……善用本书的公司将在未来成长为

① Strategyzer是一家专注于商业创新与战略设计的全球性公司。——译者注

全球顶尖公司。

——惠特尼·鲍克，洞察伙伴基金

（Insight Partners）董事总经理

我见过数百家初创企业经历过国际化发展的痛苦。现在请每位创始人都读一读这本书！我多么希望在雅虎进行全球扩张时读过这本书！这会节省我很多时间，少走很多弯路。

——马文·廖，500 Startups[①] 前合伙人

作为快速成长的初创企业的投资者，我一直在寻找方法为初创企业提供外部资源和建议。本书的团队建立了一个令人难以置信的平台，帮助初创企业在全球范围内取得成功。

——巴塔拉·伊托，东部风投（East Ventures）

创始人兼执行合伙人

① 500 Startups 是一家总部位于旧金山的风险投资机构和创业加速器，成立于 2010 年。——译者注

致利昂娜，奎因和谢伊

永远记住，我们并非生活在非此即彼的世界里；

世界是互联互通的。

——亚伦·麦克丹尼尔

致心爱的安德斯。

在您去世前一周，您曾对我说：

“我知道你终有一天会离开丹麦并闯出一片天。”

我正努力让您为我感到骄傲。

爱您。

——克劳斯·韦哈格

引言

本书的诞生

李遇到麻烦了。

他站在那里，手心出汗，开始向一屋子的董事会成员和公司高层管理人员分享公司国际化扩张计划的最新情况，但进展并不顺利。他的目标是获得公司领导层的支持，为进入三个新市场提供必要的资金，并解决公司现有国际业务中的一些问题，但这一目标似乎正从他的指缝中溜走。

李加入了一家快速发展的直接面向消费者的健康和保健产品公司，成为公司国际化团队领导者之一，此前公司已进入一些国际市场，并着眼于继续扩张。该公司在国内市场所取得的成功帮助其迅速扩展至三个全球市场。公司领导层坚持认为进军的首个国际市场应是英国或澳大利亚（当地人会说英语，网站翻译成英文应该很容易），其次是西班牙（公司高管之一曾在那里留学）。所有的市场进入前的研究均在总部进行，随后一些中层管理人员前往上述市场领导团队开展市场进入工作。

不幸的是，进入这些市场会遇到很多障碍，诸如难以获得当地监管机构的产品销售批准，或影响产品质量的供应链和分销问题。本地市场团队的管理者们将时间花在如何改变产品包装以满足本地市场需求上，而非搭建急需的合作伙伴关系并聘请本地营销团队。由于公司采用与初始市场相同的“不惜一切代价追求扩张速度”的策略，因此公司尚未在这些国际市场中实现产品—市场契合也便不足为奇了。

李知道这次会议将会开得很艰难，公司领导层并未对国际化举措给予必要关注，也不愿改变业务以适应本地市场需求。他们认为现有的商业模式是公司迄今为止取得成功的主要原因，并希望继续坚持当前的行事方式，而非给予团队急需的自由度来开展本地化业务，从而在新市场中获得发展动力。

雪上加霜的是，公司最近获得了大量资金，其中大部分专门用于全球化增长。这导致董事会和高管参与进来，但李知道，如果没有更具凝聚力的战略，盲目投入更多资金进行额外扩张只会造成时间和金钱的浪费。

他提出了重新调整公司全球战略的理由：给予本地团队更多自主权，创建支持多市场规模化发展的流程，并根据本地市场实际情况进行运营，而非坚持公司固有的运营方式。公司领导层对此的反应是疑虑重重。他们要求李在数周内进行汇报，为公司未来的全球扩张制订更好的计划。

当李离开董事会时，公司领导层首选的扩张战略与他所了解的有效战略之间存在巨大差异。

李下一步该怎样做呢？

问题：处于成长期的公司已进入某些市场（并且需要扩展到更多市场），这导致公司运营呈现复杂性，缺乏在有凝聚力的国际扩张战略上的领导协调，并优先考虑采用公司原有经营方式，而非适应全球市场所需的本地化运营模式。

解决方案：本书可帮助李应对上述挑战，为他提供以下服务。

1. 一份围绕公司如何同时在全球多个市场获得发展动力并实现规模化发展的全面指南。
2. 一项战略，旨在使公司领导层授予本地团队自主权以实现业务模式本地化（成功实现全球化增长必须完成的四件事）。
3. 在新的国际市场中寻找产品—市场契合的快速流程（商业模式本地化画布）。
4. 用于解释进一步渗透现有市场和开拓新市场的战略的统一格式（全球化增长宣传材料）。
5. 一种分析工具，可跟踪在现有市场和新市场中实现规模化所需的所有业务模式的变化，帮助公司领导层优先考虑目标市场，以及可扩展至多个国家 / 地区的本地化策略（本地化溢价分析）。

• • •

伊莎贝尔已准备好做出改变。

她曾在国内一家金融服务公司的营销部门工作过几年，但渴望换份工作。她此前曾担任管理顾问多年，涉及多个行业和实践领域。她特别喜欢曾为来自印尼的能源行业的客户开展的一个长期项目，通过项目她意识到新兴经济体中的机遇来自人口的快速增长和多行业的经济增长。

然而这并非她的第一次国际化工作经历。她大学时主修政治经济学，辅修法语，毕业后长途跋涉穿越拉美大陆，尽管她出身移民家庭，但在那里，她初次了解到一个与她成长的地区截然不同的世界。

伊莎贝尔最近回忆起她在大学时学过的一门有关西非发展中经济体的课程，在进行了一些研究后，她对科技如何帮助该地区加速实现经济增长更具热情。

伊莎贝尔长期以来梦想从事国际化工作，终于找到一个令人兴奋的特定领域，但她还不清楚如何进行职业转型。

浏览了在尼日利亚和加纳扩张业务的企业的招聘信息后，她终于在一家致力于改善发展中国家金融体系的金融科技公司发现一份理想的工作。但毕竟申请国际化职位的经验有限（遑论参加面试了），伊莎贝尔不确定是否应申请这份工作。她只是觉得自己不了解从事国际商务所需掌握的那些“行话”，在此方面尚需他人指导。

伊莎贝尔肯定想申请，但她不清楚如果得到面试机会，该怎么表达，如果最终得到入职机会，又该如何做？

问题：具有全球化视野的专业人士希望在国际商务领域发展职业生涯，但未明确自身的职业定位，或未明确取得职业成功所需拓展的技能。

解决方案：本书可通过以下方式帮助伊莎贝尔实现职业转变。

- 请她重视需要运用并进一步完善在国际化角色中取得成功的技能和心态（全球企业家）。
- 为她制定框架，详细说明在筛选工作机会时应关注的内容，找到具有成功实现全球化所需的正确理念的公司（“全球类”心态）。
- 为她提供在面试中应展示的想法，帮助她从众多候选人中脱颖而出。
- 为她提供可遵循的行动手册，对组织施加影响，并引导她在入职后在全球市场取得成功。

• • •

这是萨曼莎第五次向营销部门同事陈述自身情况，但他们仍不能理解。他们对如何改善停滞不前的国际市场目光短浅，并未考虑到萨曼莎敏锐观察到的一些主要问题。

萨曼莎是一家软件公司产品团队的领导，该公司在生产力和销售支持领域拥有多条产品线。十多年来，公司已在十多个国家开展业务，并开始在一些规模较大的商业市场（如日本和德国）进行扩张。

她过去在国际市场的工作经验有助于她了解如何调整市场进入策略，以在现有企业客户群之外提高市场渗透率，但她每次在开展业务时均会遇到阻力。公司在进入这些市场之前便已整体实现国际化增长（增长主要来自在这些市场拥有本地员工的现有企业客户），并将其作为进入市场的主要指标。

公司尚未对业务进行较多的本地化改造，且由于预算限制，萨曼莎发现很难让工程人员对她所知的、满足本地市场快速增长需求的中端市场业务领域（现有市场中尚未开发的机遇）的功能进行优先级开发。

此外，总部一贯的指挥——控制式管理风格——意味着创新只能出自其手，导致本地市场团队无法找到实现进一步增长的正确模式。总部不断派遣对本地市场所知甚少的人员来领导团队开展业务。本地团队员工的留存率也很低，因为总部往往会失去对全球市场的关注，而转向其他仅为提振股价和季度收益的关键举措。

萨曼莎的销售部同僚坚持在日本市场直接开展销售，但萨曼莎深知当地系统集成商至关重要。营销部同僚反对对德国市场调整价值主张或对本地市场的宣传信息进行任何改变，因为营销职能整体归集于总部。她的呼吁无人理会。很明显，国际化部门在公司组织架构图中并无一席之地。

萨曼莎并未妥协，她思考下一步行动，以及如何在自身见解背后构建一套逻辑体系，以获得公司领导层的共同支持。

萨曼莎如何才能将涉及国际运营的所有团队团结起来，制订一项更具协作性的结构化方案，以改进当前效率低下的市场策略，并使公司优先考虑进入她认为拥有最佳发展机遇的市场？

问题：一家成熟的公司的职能部门领导者，公司本身已在国际市场占据一席之地，但本地市场渗透率较低，难以在现有市场中实现业务扩张，并获得解决国际运营中长期存在的问题所需的资源和部门间的协作。

解决方案：本书可帮助萨曼莎拟定战略，其中包括的以下几种方式。

- 一种管理进入全球市场和转变运营模式所带来的复杂性的整体方法（本地化溢价分析）。
- 关于如何组建对本地市场和公司同时具备充分了解的分布式团队的操作指南（“全球类”团队建设框架）。
- 一种动态管理模型，促进双向创新，并通过反馈闭环和沟通架构捕捉在较小规模市场中发挥作用的最佳实践（“全球类”管理模型）。
- 可为市场扩张提供发展动力的高效流程架构（本地化资源团队）。
- 清晰呈现业务本地化所需的资源，以确保总部提供资金并保持关注（市场总进入成本公式）。

• • •

对于遇到与李、伊莎贝尔或萨曼莎类似困境的人来说，本书将会是一座宝库，其中包含现实生活中的示例、框架、案例研究以及建立全球化业务过程中易被忽视的各个方面，同时帮助您运用书中所提及的理念助力个人国际化职业生涯的发展，并帮助公司走上全球化增长和规模化发展之路。

李、伊莎贝尔和萨曼莎遇到的问题来自我们对50个国家、200多家处于全球化扩张不同阶段的企业的300多名商业领袖进行的采访。我们对领导者所分享的见解、成功故事和失败案例进行分析汇总，以充实完善全书内容。

在与这些商界领袖的交谈中，我们发现企业在建立全球化组织时遇到众多问题，其中许多问题因新冠疫情严峻的趋势而加剧（如采用分布式工作模式）。

我们发现，进行全球化扩张几无一定之法。扩张国际市场十分困难，并不存在一本概述做法的操作指南。《精益创业家》一书作者埃里克·里斯与我们分享了他的经验：多数国际化增长决策根本不受任何框架工具的指引，更多的是依赖于命令和控制策略。通过本书，我们设法为企业提供参考指南，以更快实现全球规模化发展，同时更好地实现资源优化配置，为企业发展节约财力和时间。

在全球范围内拓展业务是一项复杂的工程。评估、跟进和正确落地，每一步均具有高度复杂性。正如埃里克所解释的那样，国际业务增长的真相是“在国际化扩张中寻求产品—市场契合与在初始市场中不同。在保留初始市场的情况下，如果扩张失败，公司还有其他选择（转型、坚持或逐渐衰亡）。一般来说，当企业致力于国际化扩张时，扩张便一定会发生。其中存在的变量便是失败的机会成本，即在此过程中所花费的时间和金钱”。企业会犯很多错误，而且多数企业在此过程中花费的宝贵资源均超出了正常的必要范围。

我们了解到围绕全球化增长计划开展内部协调工作十分困难，因此，通用语言、框架工具集合和原则对于让企业内部达成共识极具价值。

我们还从研究过程中得出一个简单结论：全球化是一种全新的敏捷项目管理。这句话是何意呢？这意味着敏捷项目管理方法的部分核心原则在全球范围内拓展业务时同样适用。如同敏捷项目管理过程，公司领导者必须参与国际化扩张过程（而不应将其外包），且整个组织必须接受其运作方法和思维方式（在国际化增长的业务中就是指“全球类”心态）。敏捷项目管理方法（我们在书中讨论的适应全球化用例的修改版本）也可非常有效地帮助企业在新的国际市场中实现产品—市场契合。

此外，多数公司已开始通过各种成功案例了解敏捷项目管理原则，且许多企业正继续探索在竞争中保持领先地位所需的其他重要工具。

我们还将本书视为史蒂夫·布兰克①、亚历山大·奥斯特瓦尔德②（Alexander Osterwalder）和埃里克·弗里克在敏捷项目管理方法

---

① 史蒂夫·布兰克（1953– ），美国企业家、教育家、作家和演说家，最早提出客户发展概念的硅谷企业家，他的创业理论影响了一大批硅谷创业者，掀起了硅谷精益创业家的浪潮，著有《四步创业法》等。——译者注

② 亚历山大·奥斯特瓦尔德（1974– ），瑞士商业理论家、作家、演说家、顾问和企业家，以其在商业建模和商业模式画布的开发方面的工作而闻名，著有《价值主张设计》等。——译者注

论方面所做的基础性工作和重要工作的演变。我们希望本书在企业开发敏捷项目管理的全球层面过程中可为领导层使用这三位（还有其他学者）为新目标而创建的概念和工具提供帮助。

在阅读本书时，您将了解在全球范围内成功进行扩张的企业的思维模式，组建团队时的关注点，如何在对复杂性进行管理的同时针对新市场开展本地化业务，如何构建正确流程架构以实现全球化增长，企业为取得成功必须完成的事项以及支持全球化发展的核心组织支柱——上述内容均包含框架工具，帮助您将其应用于业务实践当中。

本书的诞生

作为土生土长的硅谷人，亚伦在成长过程中深切感受到与科技群体的联系，他的父亲曾是行业高管的司机［包括每周搭载李岱艾广告公司①（Chiat / Day）团队前去与史蒂夫·乔布斯进行工作会议］，他自己进入加州大学伯克利分校学习并在商业案例竞赛中向思科等公司高管提供策略。亚伦了解旧金山湾区以外的世界，他的母亲曾是一名旅行社代理人，在当地专科学校教授文化地理和旅游（她还让时年十岁的亚伦批改学生作业，当班上学生成绩表现不佳时，她曾高兴地与学生分享这件事）。亚伦拥有许多后来对他影响深远的国际化经历，其中最重要的便是大学毕业后半年内的经历，

① 李岱艾广告公司（Chiat / Day），作为全球最大传播集团奥姆尼康的子公司，在业内以创意成名，曾为苹果公司麦金塔电脑系列产品制作广告，尤以广告《1984》最为知名，被誉为有史以来最经典、最成功的广告之一。后经合并成为 TBWA 广告组织，作为全球增长最快的跨国广告公司，全球总营业额名列世界第九。——译者注

这些经历激发了他的文化好奇心，致使他在截至本书写作时已对近四十个国家进行过研究。

在职业方面，亚伦最初是通过加入美国电话电报公司[①]（AT&T），作为其旗舰领导力发展项目的一分子，以积累自身作为全球企业家的能力。在近十年时间里，他负责管理大型团队，曾在多个部门工作，包括与美国电话电报公司的代工创新中心协作，并与其在中国的合资伙伴开展合作。通过这些经历，他亲身感受到运营大规模企业所伴随的复杂性和挫折感。

但亚伦心中一直埋藏着一个秘密。在美国电话电报公司工作期间，儿时心中的创业种子开始发芽，他从事多种副业：这是通过一家销售定制婚礼请柬的公司，一家销售便携式啤酒乒乓球[②]桌的公司，一款与优步（Uber）几乎同时推出的出租车应用程序，一家帮助出版他的前两本著作的演讲公司。随后，这些经历均成为这位美国电话电报公司创业者职业生涯的一部分。

现在亚伦通过在加州大学伯克利分校哈斯商学院教授企业家精神课程，热情地帮助学生为取得职业成功奠定坚实基础。在大学校园里，他追求个人使命：培养具有全球视野的下一代商业领袖。

---

① 美国电话电报公司（AT&T），美国电信公司，《财富》500强企业，创建于1877年，曾长期垄断美国长途和本地电话市场。美国电话电报公司是美国最大的本地和长途电话公司，总部位于得克萨斯州圣安东尼奥，在近20年中，曾经历多次分拆和重组。——译者注

② 啤酒乒乓球（beer pong），一种游戏，在桌子的两端放置一组装有啤酒的杯子，玩家通过将乒乓球弹或扔进对手的杯子中得分，对手则需要喝下杯中的啤酒。——译者注

• • •

2006年，当克劳斯在智利圣地亚哥的街道上踽踽独行时，他目睹了新兴经济体所面临的严酷现实。他看到一个无家可归的可怜人，缺了一条腿，蒙住一只眼，正在沿街乞讨，这使他深受触动。这是一个与他的温馨故乡丹麦截然不同的世界，毕竟丹麦有着完善的社会福利体系。正是从那时起，他内心燃起发展经济、扶贫济世的热情。克劳斯的职业生涯于二十五岁时发生了一百八十度大转弯，他辞去先前的工作，回到学校深造，追求完成这一使命。

经过多年的国际商务专业学习后，克劳斯即将毕业，他希望获得在国际市场上工作的经验。通过与丹麦知名企业长达数月的接触，他为自己和团队争取到一个国际化项目。在此项目中，他专注于为嘉士伯在越南市场制定新产品发布策略，并获得区域首席执行官的高度赞扬。

从越南回到丹麦后，克劳斯感到与众不同和格格不入（这正是逆向文化冲击的一个例子）。他心中有一处隐痛，挥之不去。克劳斯意识到他在丹麦不再有回家的感觉，他真正的根在世界其他某个地方，先前的经历使他感觉自己更像是一名世界公民，而非丹麦国民。国际化业务和扩张成为他的终身使命。他知道硅谷是探索创新与创业交叉点的最佳地点之一，因此他搬到旧金山，在霍特国际商学院攻读，获得工商管理硕士学位。正是在那里，他找到了自己的安身立命之本，还有一生的挚爱杰西卡，她是一位在波士顿出生长大的华裔美国人。克劳斯夫妇在旧金山扎根，现已育有两个男孩，并亲切地称呼他们为自家的“小饺子”。

从霍特大学毕业后，克劳斯在硅谷论坛担任国际化业务领导职务，该论坛是最负盛名的创新创业促进组织之一。这一机遇为他提供了一个平台，使他得以追求自己的真正使命，建立伙伴关系并推动该组织在全球的影响力——这一职务使他得以走遍世界各个角落，就如何通过创业推动经济影响为部委官员、州长和政策制定者提供建议。克劳斯经常被合作伙伴戏称为“硅谷大使”。

• • •

克劳斯意识到有更好的方式来支持和构建全球创业创新生态系统，并准备踏上创业之旅，萌生了成立 10X 创新实验室的想法。随着 10X 的诞生，克劳斯向朋友寻求指导和帮助。克劳斯和亚伦的结识过程如同所有成功企业创始人一样：通过各自的岳母，她们乃是挚友。起初克劳斯请亚伦担任顾问。数月后，亚伦受邀担任 10X 创业负责人，不久之后，亚伦又成为其联合创始人。

多年来，我们（以及我们来自四大洲的优秀团队）已向数千名企业高管传授硅谷顶尖公司大规模创新的方式，并指导数千名来自全球各地的企业家与硅谷生态系统建立联系，经常去他国商务考察。我们不仅喜欢与有趣的公司做生意，还喜欢体验当地文化。

随着疫情暴发，旅行考察暂时告一段落。正如许多商界领袖在疫情期间所做的那样，他们利用这段时间进行反思盘点，我们开始寻找与合作公司进入美国市场时所犯的常见错误，从未能进行发现合适的本地市场，到不切实际地期望访问硅谷的企业家在抵达旧金山国际机场后会在行李提取处收到风投支票，这些错误使他们走上国际化扩张失败的道路。亚伦提出写一本书来进一步探讨成功的公司如何正确行事的想法，克劳斯意识到这是一种极佳的继续探索世界的方式，这便是本书写作的契机。我们设定了一个目标。克劳斯建议找三十个人进行交谈，看是否有值得写成书的话题。亚伦怀疑地回应说，他认为愿意讨论此话题的人不会超过十个。

接下来发生的事情确实让我们震惊。

在不到一个月的时间里，我们与一些重量级国际商业领袖举行了多达五十次会谈。我们了解到，没有一本关于全球商业增长主题的书真正符合商业时代精神，而且其中涉及诸多问题，饱经磨难的商业领袖们只能自行解决它们。在采访之后，我们认真吸取、加以拓展、归纳综合，然后同他们分享我们的发现。得到的反馈非常积极，所有人都提到迫切需要一本关于该主题的书。（或正如 Zoom 国际主管亚伯·史密斯所说，“我多希望十五年前能读到这本书！”）

经过首轮采访后，我们意识到需要扩大全球化范围，以确保我们正在开发的框架工具和概念具有全球适用性。我们继续提升框架的普适性，以使它们能够帮助各类公司解决问题。

这促使我们与来自 50 多个国家的数百名商界领袖进行交谈，其中包括负责上千亿盈亏规模的高管，以及曾在国际市场拓展业务的第一人。受访机构包括许多美国企业，还有总部位于欧洲、亚洲、拉丁美洲、中东、非洲和澳大利亚的公司。我们特意与面向企业销售的公司（B2C）和以消费者为中心的企业（B2B）、软件和实体产品公司以及来自不同行业的公司进行交谈，也采访了快速发展的初创企业和拥有成熟全球发展规模的企业。我们发现，尽管企业背景不同，但许多问题是相通的。

经过研究后，作为敏捷项目管理流程的坚定信徒，我们又对此进行了迭代。回顾过去，里德·霍夫曼[①]（Reid Hoffman）会很高兴听到我们说最初的版本差强人意，但我们在学习过程中不断适应，决定不关注什么（主要是公司特定的事务，如每家公司的市场选择制定一个自定义标准）以及关注什么（构建易于在组织内沟通的全面指南和框架），直至形成呈现于您面前的这本书。

我们没想到一个有趣的发现……

在研究中，受访者提到许多共同的主题和见解，但在数百小时的谈话中从未提到过的（甚至一次都未提到）便是“国外”一词。

您只需稍微思考一下，便会明白这一结果似乎显而易见（尤其是对于那些在国际市场上实际创办过公司的人来说），但这种心态的细微差别影响深远。

“国外”一词充满负面含义，会引发误解；它对差异感到惊恐，满含恐惧和怀疑的意味。它同时散发着复杂性，将人们在“舒适圈”内外的心理障碍暴露无遗。它会对您试图接触的客户产生一种模糊态度，并对文化差异持封闭看法。作为研究的一部分，全部受访者都以与此截然不同的角度看待全球市场。这不仅是一个需要解开的谜题，也是一个互联互通、加深合作并提供价值的机会。

在接受采访时，当被问及缺乏外国人的问题时，爱彼迎（Airbnb）前美洲和亚太营销主管珍妮弗·袁表示，用“国外”这样的语言和思维行事本身便构成阻碍。“寻找联系和共性会更为有效，如（在国

① 里德·霍夫曼（1967– ），领英公司联合创始人，曾任 PayPal 高级副总裁，是硅谷天使投资者之一，曾投资过 60 多家创业公司，其中包括“脸书”。创办领英，并引领其于 2011 年上市。——译者注

际市场）扩张可帮助企业全面改进产品。”

鉴于此种心态的重要性，此处和本书最后一项参考文献是全书中唯二使用“外国”一词的地方。

如何阅读本书

我们意识到本书中有许多概念和框架，阅读时可能需要理解大量内容（毕竟国际化业务是一个相当大的课题），但我们宁愿为您提供更多内容，也不愿使此书成为那种“用上百页描述仅需五页便能解释清楚内容”的商业书籍。尽管我们赞赏那些能够一次性读完整本书的人，但我们知道，对于某些人来说，最好是一次阅读一章，在中间留出消化和思考的空间。

为帮助解决这一问题，我们在每章末尾均列有摘要来概括本章主要内容，并设有“思考题”，帮助您发现如何将关键概念和框架应用于当前情况。书后还提供常用术语词汇表，其中包含核心概念定义，您可在阅读时翻看以供快速参考。

阅读须知

当您继续阅读时，请注意以下重要事项。

1. 虽然您可能认为本书中介绍的许多公司都是成熟的优质国际企业，但我们也采访了在这些公司国际化发展早期便加入公司团队的高管们。举例说明，苹果公司成立于20世纪，但其向巴西的零售业务扩张（如第六章所述）在大约十年前才刚刚开始。**本书概述的框架工具和概念可供各种类型、规模**

和阶段的企业使用。

2. B2B 和 B2C 二者间思维、行为和运营方式截然不同，因此它们适用本书中所提及的框架工具的方式也有所不同。基于软件或服务的企业与销售实体产品的公司间的差异也是如此。一家销售实体产品并希望扩张到新的国际市场的公司与无需担心供应链、库存和实体包装变化的软件公司在考量因素方面截然不同。我们的目标是向全球提供足够多的适用于各类企业的灵活工具。您会注意到在某些情况下，我们不会明确描述具体行动，通常也不会提供全球增长的分步流程。当企业的独特考量与全球数百个国家的独特文化和法规相结合时，构建有效的统一流程几近不可能。相反，我们提供了可适应各种业务的思维方式、原则和灵活框架。我们提供思考常见困难的背景，帮助您得出适用于您所在企业具体情况的最佳结论。

同样，我们并未直接讨论全球增长计划规划和实施过程中的某些领域（即市场选择）。我们回避该问题是因为在研究中发现，公司选择所进入市场的标准范围可以是高度个性化的，也可以是特定行业，可能与已经存在有机增长的领域直接相关，也可能具有偶然性（如此选择的理由包括：选择投资者所在地、选择公司高管在大学期间留学或前往过的国家）。各类企业均应评估关键经济指标、本地市场动态，并尽快缩小目标市场的候选范围。除了思维方式和战略的基本要素之外，一旦决定扩张到国际市场并且已具备一系列需要探索的目标市场，我们的工具和框架便可发挥效用。

3. 我们认识到写一本力求具有普遍吸引力和适用性的书也存在风险。请您阅读时考虑以下事项：我们的目标是不采取以美国为中心的研究方法，我们明白，来自较小本土市场的公司对全球市场的看法与来自大市场的公司大不相同。我们认识到本书中所论及的某些市场和地区很有代表性，而另一些市场和地区的代表性则略有不足。鉴于此点，我们努力与来自全球各地的商界领袖进行交谈，以验证本书见解是否适用于所有国际化市场。我们承认，不同程度上对某个国家及其人民的文化进行略有宽泛的陈述。我们并非断言这些观察结果适用于该群体中的所有人，也无意沿用任何刻板印象或不准确的概括。我们致力于弘扬文化和发展多样性。

让我们互通有无吧

尽管创业群体间的联系非常紧密，但我们发现专注于国际增长的群体却并非如此。部分原因在于，从历史上看，将企业引入新国家是一项个体活动，通常是一名公司代表从总部到异国他乡拓展业务，而我们则努力使建立全球组织的经验具备共性。

我们的目标是帮助个体、团队和组织更好地与世界各地的国际化群体建立联系。我们的使命是在世界各国的现有商业领袖和有志加入他们的人中传播“全球类”和全球企业家思维，帮助他们在个人及社会层面成为积极变革、经济增长和改善民生的催化剂。

我们也希望与您建立联系，并欢迎您向我们发送信息——您可发送电子邮件至 hello@globalclasscompany.com。

目 录 Contents

01

发展
全球类

业务发生了转变。具有新思维的新型公司正在发挥引领作用。一个新的领导者类型也正在出现，由这些领先公司培育的开拓者是全球增长和规模化发展的催化剂。这些公司及其领导者共同致力于一系列关键承诺，这些承诺通常意味着全球化增长计划的成功与失败。

第 1 章 转变

世界正在改变

在德国，香肠是取得成功的关键。

在成功征服美国零售市场后，零售巨头沃尔玛将目光投向国际市场。在位于阿肯色州本顿维尔（Bentonville）的总部大厅里，领导层和员工就业务拓展新途径进行讨论。凭借本土市场的良好业绩和主导地位，沃尔玛对公司在全球复制本土市场成功的能力坚信不疑，这也是理所当然的——谁不喜欢价格低廉的产品、无可挑剔的客户服务和友好的迎宾问候呢？另外，还会再问一句（语气中带着伴随这种心态的傲慢）：谁会不喜欢美国和美国产品呢？

尽管提倡低价的价值主张在美国市场非常有效，但并未引起德国人的共鸣，他们已拥有欧洲最低的食品价格。沃尔玛在美国已建立起经营规模，但即使收购了德国本地零售商韦特考夫（Wertkauf）和英特斯帕（Interspar）（德国最大的两家零售连锁商），沃尔玛也无法战胜竞争对手强大的供应商关系基础，因而无法在德国市场建立任何优势。

沃尔玛也未将其产品和企业文化进行本土化，以更好地适应本地市场。尽管其预包装冻肉产品在美国长年畅销，但在德国市场却并不受欢迎，德国人认为这本就是低质商品，他们更喜欢从本地肉店购买鲜肉。当地消费者对那些不熟悉的沃尔玛店内促销产品也并不感冒。

在德国，人们更习惯于仅在需要某些商品时才与店员接触，而非主动（热情）与他们交谈。从文化上讲，沃尔玛超市门口的服务员面带微笑，收银员态度和善，这种服务友好程度让德国人感到不舒服，并不能如同对美国人一样在门店营造出社区归属感。

本土市场的成功和其中蕴含的假设不一定可转化为海外市场的成功，在一个市场奏效的策略也不一定适用于其他市场。沃尔玛在德国市场的经历为我们展示出教科书般的反面案例，警示我们建立全球性组织时应予以规避。

沃尔玛并未成功将“美国模式”引入新市场，而是选择忽视本地文化、消费者购买行为和现有市场竞争等因素在德国与美国市场的细微差别。如果沃尔玛注意到这些差别，便会找到方法使自身商业模式适应本地市场（或亦可决定根本不进入该市场）。但他们并未这样做，反而成为典型的反面案例，向我们说明若墨守公司固有行事方式而不注重本土化，最终必会导致失败。在沃尔玛的案例中，它将旗下 85 家零售店低价出售给本地市场竞争对手麦德龙①（Metro），损失约为 10 亿美元。

沃尔玛最终认识到，必须使其业务真正适应市场，没有第二条路可走。正如 Shopify② 国际增长和营销负责人罗宾·拉森（Robyn

---

① 麦德龙，零售批发超市集团，拥有多家麦德龙现购自运商场，世界 500 强之一，分店遍布 32 个国家。——译者注

② Shopify，加拿大电子商务软件开发商，总部位于加拿大首都渥太华。一站式软件即服务模式（Software as a Service,SaaS）电商服务平台，为电商卖家提供搭建网店技术和模板，管理全渠道的营销、售卖、支付、物流等服务。——译者注

Larsen）引用一位德国合作伙伴的话时所解释的那样，“若想在德国取得足够的成功，香肠产品的外观、味道和气味均要像德国香肠。”

归根结底，沃尔玛所面临的众多问题正源于其在扩张国际市场时所持的思维定式：对当地文化缺乏敏感、墨守原有行事方式、将公司价值观强加给当地员工和消费者，这些均是致命的失误。沃尔玛未能升起美国国旗高奏凯歌，反而不得不举起象征失败的白旗，承认未能成功进入这一在德国颇受欢迎的领域，未能为事关公司全局发展的国际市场扩张提供支持。

随着进入德国市场造成巨大损失，人们对沃尔玛扩张的信心下降，开始质疑“沃尔玛模式”是否可行，是否可在美国之外的地区予以推广。

如同沃尔玛在德国面临的挑战，无论是拥有超过200万名员工的大集团，还是只有少数员工的小企业，均是相通的。只需重蹈沃尔玛的其中一个覆辙，便会给许多其他公司带来失败。

期望“企业运营模式在国内外市场完全相同”的心态显然会带来失败。

毕竟我们不能将地处不同大陆、文化迥异的市场进入战略混为一谈。高效全球化增长并非源于千篇一律的过程，从而导致市场主导地位无处不在。而是需要了解各个本地市场，并充分考虑当地的细微差别。

正如迪士尼前董事长安迪·伯德（Andy Bird）所言：“没有飞往‘国际’的航班。”“国际市场”并非某个单一地点，而是由不同经济体组成的“大杂烩”，这些经济体在各自独特的文化中运作，无法通过“一刀切”战略来解决。

走向全球并非一蹴而就，而是一段漫长的旅程。这是许多公司和高层管理者在成功之路上自己摸索出来的。有趣的是，我们的研究发现，这些公司及其领导者或者是偶然发现、本能地理解，或者是通过迭代和从过往成败案例中学习，精心开发出有效的国际化增长模式，而此过程往往会花费过多的时间和金钱。

正如领英（LinkedIn）联合创始人里德·霍夫曼（Reid Hoffman）所说，“创办一家公司就像从悬崖上跳下，然后在降落过程中组装飞机。”这同样适用于在海外开展业务。毕竟到目前为止还没有下一代全球增长战略的明确操作指南，本书及其框架的目的是作为地图、导航系统和坐标，帮助您在全球范围内扩展业务。

对于许多公司领导者来说，在国内取得市场领先地位后，全球扩张仿佛是遥远的未来目标。而对于一些商业领袖来说，全球化是他们从开始便关注的焦点。在这两种情况中，人们都清楚认识到，在当今商业领域，成功不仅局限于公司成立的地区。随着技术的采用以及支持分发技术的基础设施的改进在几乎所有国家扩散，这种认识可能会更加突出。

业务正在发生转变

新冠疫情加速了全球化趋势，随着企业学习如何与客户和员工进行虚拟互动，为企业与国际市场建立联系带来了新机遇。在当今全球经济中，随着分布式工作和全球市场竞争的加速发展，企业过去成功建立和管理国际业务的方式将不再那么有效。

商业世界面临另一拐点，它将挑战现有模式，并催生出新的最佳实践。在疫情期间和之后诞生的公司，其外在形式和内在经营方式与先前成立的公司均有所不同。

同样，诞生于“互联网热潮”之前的公司，其经营方式与在此之后成立的公司也截然不同。利用互联网作为虚拟分销渠道，帮助新企业超越传统实体，改变了公司架构，也改变了员工队伍的理想特质和知识结构。移动技术（尤其是智能手机）的迅速普及，以及云计算和社交媒体的广泛运用，也使公司运营方式发生了改变。这些趋势均改变了游戏规则，但通常只会影响公司的部分职能：社交媒体的营销 / 销售 / 客户服务；云软件产品开发和公司 IT 服务；随着“互联网热潮”带来的（线上和实体产品）分销；以及移动产品开发。全球扩张则对全部业务职能均产生影响。

如同今日的商业领袖回顾前“互联网繁荣”时代时会认为，在没有互联网的情况下经营企业是多么荒谬一样，商业领袖很快也会以同样的方式看待那些没有保持全球分布式团队和客户群的企业。

比起那些不适应新环境的企业，新成立的企业可能在此方面具有先天优势。他们不仅可利用广泛的多样化人才资源，而且通过当地情况了解如何在员工所在的各个单一市场扩展业务。

“虚拟劳动力”加速渗透到组织的所有职能部门。公司在发展初期进行国际扩张的能力改变了其结构方式，而支持国际扩张的一系列新技能的兴起会影响公司整体。

随着消费者接受曲线的加速，发展速度的重要性日益凸显，新的市场进入者（无论本土还是国际市场）更易在本土市场获得发展动力。如果在本土具备强大发展动力的企业不努力向国际发展，市场中便会出现其他模仿者，使其更难在全球范围内获得发展动力。

新兴市场在某些方面走在前面，绕过了更成熟市场在建设基础设施方面所采取的步骤（如非洲许多国家在尚未建立健全有线网络的情况下便推出移动网络，并直接进入移动商务领域）。在许多地方，智能手机是互联网的接入点——无需从台式机或笔记本电脑开始。

亚马逊的成立时间是本书中介绍的多数其他公司的两到三倍，其结构与后互联网时代公司截然不同。由于这一业务线的物理性质（需要考虑库存和供应链），亚马逊逐个国家发展其核心在线零售业务，导致许多独特的本地运营模式和复杂性的积累（由于物流和合规性方面的本地化差异）。这使得该公司的运营基础设施难以运营单一的（基于软件的）全球服务，这些服务不需要那么多的国家/地区本地化。

新冠疫情加速了一些已经出现的趋势：由于启动和扩大业务的成本降低，市场进入壁垒降低；易于分发软件产品（应用程序商店）；努力解决陈旧的实体产品全球供应链问题（货运代理和物流平台“飞协博”① Flexport）；进入自由职业者社区；有效的协作和生产力软件（Zoom 和 Slack ②）；用于运行业务各个方面的平台［从一般性的平台，如亚马逊网络服务③（Amazon Web Services），到行业或特定功能平台，如 Shopify 电子商务和 Stripe 支付］。

这种情况不仅影响初创科技公司。它适用于所有公司，从具有全球影响力的大型组织到仅在“初始市场”推出的小型新贵公司。企业运营模式受到挑战，导致亚马逊和谷歌以及小型企业重新审视

---

① 国际航运经纪公司，由硅谷技术开发商创建，公司总部位于旧金山，为零售商和制造商提供海运和空运服务。——译者注

② Slack 是集合聊天群组、大规模工具集成、文件整合、统一搜索功能为一体的社交应用。截至 2014 年，Slack 已整合电子邮件、短信等 65 种工具和服务，将各种企业沟通和协作组件集中到一起。——译者注

③ 亚马逊集成众多服务的云平台，从计算、存储和数据库等基础设施技术，到机器学习、人工智能、数据湖和分析以及物联网等新兴技术。——译者注

劳动力战略、地产规划和员工政策，也迫使企业思考如何接触快速变化的客户群体。

这些企业更早看到全球机遇，更快加速迎接这一新的动态，而且它们不再来自世界的某一地区；它们无所不在。但这并不等于没有风险。进入新市场与在“初始市场”中寻找发展动力同样具有挑战性（如果不是更有挑战性的话）。与此同时，不断高涨的民族主义为一些国家的发展势头设置一些障碍，进一步需要制定应对这些风险的策略。

尽管面临挑战，但其中许多趋势使公司更容易在全球范围内实现扩张，并将让位于新型公司架构和运营模式。

同样值得注意的是，如果不针对此种业务转变采取行动，可能会面临风险。对于传统企业来说，新冠疫情提供了一个机遇窗口期，因为考虑到日常生活的剧变，员工和客户对探索新的做事方式的“抵抗力降低”，从而使企业能够改变其运营模式和思维方式，以应对当今全球商业市场的新动态。那些不适应的企业便会面临危险。

在过去数十年里，技术、新的敏捷项目管理思维和充足的新想法资本摧毁了根深蒂固的行业。例如，优步（Uber）于 2013 年在其最初的市场旧金山开始大踏步前进。在那一年里，该市现有出租车公司在一年内损失了 65% 的收入（不是利润，而是营收）。为取得成功，公司现在不仅要考虑技术和商业模式的颠覆，还必须考虑市场本地文化的细微差别。优步看到了这一点的另一方面，即使拥有庞大的财力，公司也无法在中国市场获得超过滴滴的主导市场份额。滴滴能够通过采用更适合中国当地市场细微差别的战略和文化来竞争。

“走向全球”并非创举，但如今也已有所不同

在很长一段时间里，“走出去”是“业务外包”的简称。这项工作包括寻找一个拥有廉价熟练劳动力（用于IT支持或制造）或口音不那么明显的地方（用于客户服务）。这是一项降低成本的举措，主要是利用市场工资中的巨大差异。如今，随着世界各地的经济在近几十年来稳定快速增长，将这些市场的焦点从潜在劳动力（特别是工资差距缩小）转向目标客户的机会更大。例如，在过去四十年中，中国通过大规模发展工业和制造业，从发展中国家转变为技术领先者和制造业大国、世界第二大经济体。

发展机遇的规模是巨大的。举例说明，非洲超过12亿的人口中，大多数年龄在19岁以下，预计到2040年总人口将超过20亿。商界领袖了解非洲大陆并非一个单一整体，而是一个由54个国家组成的多元化地区，这片土地上有近2000种语言在使用，他们将能够很好地向多个国家销售产品并利用其人才库。超过6亿人进入劳动力市场，成为非洲地区快速增长经济体的未来。

参与这些全球化扩张努力的企业领导者也发生了变化。对国际企业家的经典描述是，一名外籍人士在家乡和当前居住国之间应对翻译错误和文化差异，建立合作伙伴关系以获得新的客户群体。尽管外籍人士的生活方式受到称赞，通常是一种孤独的活动，由某人充当孤岛上的唯一代表（这是一种隐喻，当然如果他们驻扎在新加坡，则为字面上意义上的“岛屿”），新的颠覆性模式出现了，为全球化增长计划带来规模化发展。如今具有文化意识的公司建立了本地团队，并有效平衡总部与本地市场的需求。

不仅如此，观念也发生了变化。人们认识到，随着这些经济体的

崛起，竞争逐渐加剧，了解当地环境也变得越发重要（如同优步在与滴滴的正面交锋中学到的那样）。硅谷公司已看到效仿者和新商业模式的兴起，并认识到新进入者能够与更成熟的参与者进行面对面的竞争。互联网创造了公平的竞争环境，使公司能够比二三十年前更快扩张，如同分布式工作和全球经济的发展将公平地进入这些市场一样。

随着众多其他经济体崛起并以更快速度持续增长，美国不再是主导市场，这一点越发明显。

我们生活在一个全球化的世界，有越来越多的人在国际上接受教育，然后在自己的祖国创立企业，并将其扩张至国外。有一小群人致力于将他们的公司推向全球化规模，而且这一群体正在不断壮大。直至最近，他们才开始与具有类似使命的同龄人建立更为紧密的联系。他们独特的思维方式（我们会在第 3 章中讨论）越发受到有志于实现全球规模化发展的公司的追捧。

可画[①]（Canva）、Zendesk[②]、领英和飞协博等公司证明您也可走向全球并快速进行扩张。这些公司以及同时代许多公司已经为您的全球扩张铺平了道路。企业的国际化团队在取得成功的同时，也面临国际市场的痛苦挑战，屡屡失误才能取得成功。本书将对成功经验进行展示，但也会强调陷阱和失败，解释不该做的事情，以帮助您避免犯同样的错误。

---

① “可画”是一家主打简单便捷、快速上手的在线设计平台，成立于 2013 年。用户可根据不同需求在平台选择不同设计模式，依照不同模板按引导进行相应版式、背景和文字设计，同时用户还可联网在“可画”资源库中进行搜索，包括图片、图标、图表等素材。——译者注

② Zendesk 成立于 2008 年，总部位于美国加州旧金山。该公司为客户提供基于互联网的 SaaS 客户服务 / 支持管理软件，使企业可以更加轻松地管理终端客户的服务和支持需求。——译者注

随着物理交互已被数字交互所取代，业务开展的许多方面都已被虚拟化。员工在整个城镇远程工作曾经代表着巨大的进步；今天，您的同事可能在全球范围内远程开展工作。

珍妮弗·袁在亚太地区构建起爱彼迎的品牌营销职能，并负责美洲地区营销工作，她强调“总部”这一角色（甚至概念）的变化。“尤其是在招聘和流动性方面，‘总部’不再只是单一的物理场所。现在我们可以在任何地方找到最优秀的人才，并有机会建立更具多元化背景的团队。当您确定总部可以是虚拟的时，不仅会减少我们与他们之间的争论，而且还有机会更好地利用职能专业知识和有关本地市场的知识来实现全球扩张。”

人才变得更容易获得。聪明的公司能够利用这一点建立起全球影响力。他们认为远程团队并非成本中心，而是可以创新的本地创意组织。

公司也开始在更多的全球市场中发现潜在的客户群，而不仅是传统意义上扩张列表中最重要的客户群。不到十年前，像印度尼西亚这样的国家不会被视为优先目标市场，但随着该国超过 2.7 亿人口的购买力持续快速增长，这种情况正在发生变化。

全球市场的机遇增加有以下四个关键因素：

1. 改善新兴市场的基础设施（互联网速度和人员流动性）。像印度尼西亚这样的国家能够通过移动优先来跨入更成熟的市场。

2. 由于对劳动力发展的投资增加，获得人才的机会增多，使公司在开拓新市场时能够找到合适的人才。

3. 政府大力投资促进创业和公司建设。

4. 随着经济稳定，中产阶级不断壮大，消费市场更加发达。

这为全球商业的新时代开辟了道路。

（有文化意识的）全球商业新时代的崛起

我们正处于商业发展的重要拐点。世界公民意识和连通性变得越发重要，正如Salesforce联合创始人兼联合首席执行官马克·贝尼奥夫①（Marc Benioff）所宣传的那样，商业正越发成为变革的催化剂。企业有机会重新调整，以更好地兼顾环境和人文影响。这一理念对商业互动、工作场所和社区产生了巨大影响。

为实现蓬勃发展，公司必须适应才能取得成功，并遵循在全球范围内大规模高效运营的公司模式。新的思维方式不仅值得，而且势在必行。

范式转变已然发生。企业意识到，如果他们需要在不同建筑物和不同城市开展远程工作，跨国工作便不会像以前那样“跨越”。虚拟协作工具的采用是出于必要的，它们的好处（和挑战）导致团队运作方式发生根本性变化，从而提高组织灵活性和更为敏捷的项目管理工作方式。

有些企业已发生永久性变化。少数企业已完全虚拟化（如推特），但许多其他网站已恢复原样，更接近疫情前的工作模式。无论变化程度如何，幸存下来的企业意识到它们可运用技术进行虚拟运营，而且通常比先前更为有效。

“总部”作为单一实体场所，所有权力和影响力均集中于地理层面”的概念日益弱化。疫情改变了商业专业人士的生活方式，他们不再局限于在单一办公大楼办公，企业正在研究如何搭建架构来支持此种新形势。

① 马克·贝尼奥夫（1965— ），企业家，贝尼奥夫26岁就当上甲骨文的副总裁，成为硅谷的传奇人物，离职后创办了Salesforce并带领公司上市，被誉为“云计算之父”。曾入选《福布斯》世界最伟大领袖榜单。——译者注

传统企业相信最有活力的客户群体存在于发达国家，而新型企业（第 2 章中描述的“全球类”企业）发现了发展中国家和成熟市场的市场机会，并在帮助客户发展前者方面发挥作用。

公司必须放眼全球以吸引顶尖人才。将搜索范围限制在“总部”或主要办事处周围的地理区域过于有限，并且最终会使企业处于不利地位，因为竞争对手学会在世界各地挖掘人才。

虚拟开展业务的新方法经过测试，直至有效方法得到证实。尽管传统上开展全球化扩张意味着高管必须长年飞来飞去，但现在他们可每天进行虚拟访问，因为“总部”附近员工和远在重洋之外的员工之间有更为公平的竞争环境。

平台还促进快速的国际增长，并使公司能够跨境经营业务。更多行业的公司不必将其业务的各个方面都进行本地化，即可接触到全球数百万客户。与此相对，他们只需要接入具有全球影响力的平台即可。技术不仅降低了壁垒，而且加速了颠覆过程，它跨越国界，拉近了人们的距离。Shopify、亚马逊等平台成为新兴公司的跨境“本土”市场，使它们可利用这些平台更轻松地进入全球市场。

Zoom 视频会议软件（简称 Zoom），最新一家成为其业务代名词的公司（想想面巾纸与面巾纸或棉签与棉签的代名词；我们没有“视频会议”，我们有“Zoom”），随着新冠疫情的全面爆发，公司业务出现惊人的增长。2020 年 1 月，Zoom 日均用户多达 1000 万，月均会议时间长达 1 亿分钟。仅三个月后，4 月份，该公司便拥有 3 亿日均用户，每年会议数量达到 3 万亿次，分别增长 30 倍和 2500 倍。

对于 Zoom 来说，有趣的是，此种增长大部分来自境外。更突出的是，尽管疫情加速了采用并加强了全球化，但这并非它们的开始，成功基础已奠定。

案例分析

虚拟跨境

协作——惠普公司

支持“虚拟劳动力”并降低确立全球影响力所面临障碍的工具有助于解决新冠疫情带来的新问题。巴塞罗那的一位医生向一位在惠普工作的朋友感叹医院获取个人防护装备（PPE）有多困难；该医院不得不等待远方的工厂来生产口罩和面罩，这些产品必须覆盖全球供应链中的数十个接触点。惠普的朋友与一个团队合作创建了一个可在3D打印机上生产面罩的设计，反复迭代供医生在医院进行测试。经过一周内近十次的频繁迭代，完成实用性面罩设计。随后惠普团队与全球社区共享了该3D打印文件，以便3D打印机用户均可生产这种个人防护装备来满足本地市场需求，从而形成分布式和本地化的生产网络。

这是一个令人兴奋的例子，展示了全球商业新阶段的潜力，跨境合作和为人类更大的利益而努力可以在推动创新方面发挥比以往更加突出的作用。

公司不再固守过去的命令与控制口号，而是意识到在边缘做出决策的好处，尤其是在多个不同本地市场开展业务的公司。这与分散式创新密切相关，任何地方的最佳实践均可在全球范围内实施，而不仅是“总部”自上而下的实施。

根据埃森哲公司最近的一份商业未来报告，71%的企业高管已下放或计划下放部分业务决策权，82% 的企业高管则表示，考虑到“日益分散”的商业环境，他们认为所属企业更像是一个“广泛的企业联盟”。简单来说，这意味着业务运营的重点正从自上而下的“集中总部模式”转变为基于分布式成功以及具有本地化任务和重点的团队模式。

市场不同，客户不同，公司及其所提供产品和服务本质上是不同的，不存在适合所有公司的通用解决方案或精确分步指南。与欧洲相比，许多亚洲国家的人们往往工作时间更长，欧洲人往往下班较早，并优先考虑在工作和个人生活之间取得更多平衡。这种文化差异影响着当地的商业文化、习俗、行为、购物标准（purchasing criteria）等。工作的作用和社会安全网的存在将工作保障置于不同的背景下，具体取决于当地文化。

与国际增长相关的思维方式已发生转变。评估新市场和制订市场进入计划的过程过去被外包给管理咨询顾问。现在越来越多的商业专业人士正在将自身技能和全球思维引入寻求规模化扩张的公司。国际市场不仅被视为潜在客户，而且被视为新想法和产品在引入初始市场之前进行验证的试验台。Slack 在开拓全球市场之前，在亚洲市场测试向其平台添加“发送”按钮时，便做到了此点。本地企业竞争的加剧意味着在吸引本地客户群时需要考虑文化因素和本地化。随着无数信息争夺客户的注意力，您必须脱颖而出并与众不同。

文化已渗透到国际业务的各个方面。您将在客户如何决策、如何在本地开展业务以及如何在新市场中转化和维护企业文化和核心价值观等方面遇到文化差异。进入新市场时，需要理解和适应无穷尽的差异，并且有一些有价值的方法可以支持和利用分布式员工基础为公司整体带来的多样性。

这些变化都值得引入新的操作指南，以指导如何在这个新的全球商业世界中取得成功。

全球化增长举措为何失败?

国际化业务增长计划失败的原因几乎与失败的案例一样多。但导致这些举措失败（或者至少使公司花费更多时间和金钱）的原因中，有以下十点非常突出。

1. 努力实现“天生全球化”。由于无法在国内找到适合的产品市场，一味寻求国际市场增长并非可行的解决方案或支点。如果公司在最初的市场中未能找到适合市场的产品便试图同时进入多个市场，公司便不可能取得成功。为在全球市场取得成功，必须在初始市场中奠定基础，其中有关谁是合适的客户群、他们的需求、购买动机以及解决方案可行性的所有假设均已得到验证，且可扩展性也已得到验证。

2. 未能获得领导层的认可。组织中的每个人都必须参与全球化增长的计划。如果未能得到高层和跨职能部门的支持，全球化增长的举措注定会失败。

3. 组建错误的团队。在我们的研究过程中，我们采访的高管强调寻找合适的人才是建立全球业务最重要的环节，同时也是最困难的部分。应该寻找具备怎样心态和技能的人才？提示：寻找合适的企业家（在第 3 章中有更多介绍）以及对公司和当地知识熟悉的能力（在第 8 章有更多介绍）。

4. 在“总部”和本地团队之间维持“他者”心态。无意整合分布式团队的企业充分利用组织的人才，且很少在新市场中找到强大发展动力，偏袒一方会在“总部”和本地团队之间造成分歧。

5. 开展本地化工作时未能重新审视客户开发和敏捷项目管理方法。那些不愿采用具有全球意识的敏捷项目管理方法论、在新市场中迭代其当前业务和运营模式假设的公司，将无法在全球占据重要的市场份额。本地化是必要的，该过程不仅涉及语言翻译，企业领导者必须重新评估公司及其运营模式的各个方面。根据沃尔玛在德国市场的经验，当默认“公司固有行事方式”会在全球其他市场取得成功时，便会失败。

6. 忽视对复杂性进行管理。高效企业工作迅速而果断，但他们必须了解不同国际市场中不可避免的复杂性并为其制订计划；如果忽视它们，只能后果自负（第 6 章将详细介绍这一点）。

7. 未能调整办公沟通方式以适应分布式劳动力。促进持续沟通的反馈闭环对于沟通本地市场见解和公司核心价值观至关重要。如果企业未能建立高效沟通渠道，也未利用来自本地市场的双向创新，当企业试图吸引越来越多的分布式（和虚拟）的劳动力时，便会遇到问题。

8. 未能为全球化增长投入适当时间和资源。与其他盈利公司投资一样，确立国际影响力需要时间和金钱。许多公司之所以失败，是因为他们太容易放弃，没有为该计划投入足够资源，没有给本地团队足够的时间来寻求发展动力，或者启动转向专注于新市场或其他计划。6~12 个月的时间不足以在新市场中寻求发展动力——通常可能需要 2~3 年时间。

9. 未能创建架构以提供持续发展动力。仅仅设定方向还不够。如果企业未能开发出正确的架构和流程，便无法维持蓬勃发展的全球扩张（第 7 章将详细介绍这一点）。

10. 未能普及公司核心价值观和企业文化。每个国家的商业文化都是独特的，需要具体问题具体分析。试图推行仅与总部市场的商业文化产生共鸣或与当地文化冲突的核心价值观，不会吸引或赋予其他本地市场员工（或客户）权力。需要发现共同的核心价值观（第 10 章将详细介绍这一点）。

以上这十个错误可能是公司经常失败的原因，但如何才能在全球范围内成功经营企业呢？秘诀正是“全球类”心态（在第 2 章中描述）。

未来“全球类”之旅

在此之前，没有一本书汇集来自五十多个国家的国际市场进入和增长的最佳实践方案。

尽管成功建立全球化业务的公司的行业、产品、目标客户和关键业务驱动因素各不相同，但它们也有一些共同点。为描述这些共同特征，我们发明了“全球类”公司的概念。

本书将帮助您回答贵公司在全球化发展时所遇到的核心问题：

- 哪些人是建设全球化组织的最佳人选？
- 为适应新市场，需要对业务做出哪些改变？
- 如何实施“全球类”战略并扩展业务？

这里提出的见解和工具并非必须遵循的规定性分布指南。恰恰相反，它们是一种思维方式和框架，可加以调整并应用于各项业务。本文的见解降低了与国际市场扩张相关的风险，并为新一代国际化业务提供了通用词汇。

最值得注意的是，书中所涉及的企业代表世界上增长速度最快的一些公司，这些公司能够利用自身风格和本书中的建议在全球范围内扩展业务。

尽管对关键概念的应用会有所不同，但通过阅读本书，您会有以下收获：

1. 更深入了解如何发展和管理全球性组织。

2. 与“全球化增长”相关的常用词汇，有助于传达战略的重要方面并突出重点关注领域。

3. 一套实用框架，不仅可用于提供扩展途径，亦可在现有市场出现问题时用作故障排除工具。

4. 在全球化增长全过程中需要考虑的概念和因素的综合库。

5. 有关顶级公司在全球扩张方面经验的案例研究、情景和故事，您可用它们来为公司的规划和决策提供信息。

规划是避免常见错误的关键。在本书中，您可深入了解如何通过扩张故事（失败和成功）、实用框架和战术步骤来避免错误，引导您走上成功之路。

无论哪种场景最适合您当前的情况，本书旨在提供有价值且实用的见解，您可将其应用于相关业务当中。

为使您掌握在全球范围内成功拓展业务所需的知识，首先要探究全球最成功公司的思维方式，解读它们演变为“全球类”企业的原因。

第 1 章小结

- 世界已然改变。我们已进入全球商业的新时代，需要采用新的（文化意识）方法来实现全球规模化发展的组织。
- 在进行全球化扩张时需要避免一些会造成时间和金钱浪费的关键错误。

- 进行全球化扩张的企业不得不一切重来。到目前为止，市面上尚无一本指导企业打开市场和实现市场增长的操作手册。

第 1 章思考与实践

- 您对国际化的看法最近有何变化?
- 您如何调整管理以适应分布式工作模式的加速发展?
- 在国际化扩张计划失败的十个原因中，贵公司最突出的问题出自哪一项?

第 2 章 引领“全球类”公司

梅勒妮·帕金斯[①]（Melanie Perkins）多次前往硅谷向投资者推销，同时组建一支工程师团队，并从西澳大利亚珀斯（Perth）搬到了悉尼。在此期间，梅勒妮·帕金斯坚定了自己打造真正全球产品和公司的目标。

作为澳大利亚平面设计平台“可画”首席执行官兼联合创始人，帕金斯指导公司实现“使全世界所有人均能从事设计”的使命。这一使命具化为一个平台，来自世界各地的人们均可直观地使用该平台来交流思想。

拥有多元化背景的帕金斯自然而然拥有此种全球化思维。她具有斯里兰卡和菲律宾血统。此种思维模式可在公司的文化、团队、产品和运营中清晰地体现出来。

---

① 梅勒妮·帕金斯，“可画”公司联合创始人兼首席执行官。2022 年 4 月，梅勒妮·帕金斯以 65 亿美元财富位列“2022 福布斯全球亿万富豪榜”第 386 名。——译者注

对于一些企业来说，“走向全球”需要对其当前经营方式进行艰难的转变。而其他公司，通常是最近才成立的公司，从一开始便确立了此种思维模式。

“可画”的情况便是如此。公司的创建是为实现国际化增长，实现全球规模化发展的目标已渗透至业务开展方式的各个方面。从沟通、招聘到产品，公司整体从第一天起便具备全球化思维。

“可画”建立起一个分布式组织——而非集群化，使特定团队位于同一个物理位置（如整个工程团队一起在一个办公室），而是分散化，使同团队成员位于不同的地理位置。我们特别努力促进全球互动和合作，以传播思想和最佳实践方案。

该团队从创建伊始便具有全球化视野和文化意识。公司悉尼总部员工使用70多种语言，使公司拥有全球化方面的视野和关注点。公司领导层认为，从聘用国际员工的第一天开始，进入新市场时便不太可能出现核心价值冲突。

公司产品的设计方式使其便于本地化，部分原因在于提供一套定制模板和图像，可引起各个本地市场的共鸣，当然该平台也是为全球化发展而搭建的。

“可画”利用本地市场的专业知识，确保翻译和内容创作在市场上完成。在尝试从本地市场外部引入领导层失败后，该公司还努力培养和提拔本地市场内部的领导层。这种从内部提拔的努力是“可画”成功在菲律宾组建团队的关键。

“可画”正以惊人的速度进行扩张。公司设定一个大胆的目标，在一年内将其产品和平台（以及定制模板）翻译成一百种语言。尽管最终用了接近两年的时间才实现这一目标，但该计划在全球范围以及公司为支持多语言平台分析所做的工作带来了回报，建立了全球客户群，并使团队专注于以全球化思维经营公司。

为保持发展势头，该公司对复杂性进行高效管理，在速度（分散力量）和效率（集中力量）之间取得了平衡，最终找到一种在不减慢进展速度的情况下降低复杂性的方法。

最终“可画”重新定义了“总部”以及“总部”与本地市场之间独特的互动模式，共同致力于打破二者间的固有壁垒。公司曾在多个 Slack 频道名称中使用“总部（HQ）”一词，但事实证明这不支持公司的包容性文化，尤其是当虚拟工作的增长增加分布式团队时，此种情况更加凸显，最终该词被弃用。此外，由于公司关键职能分布于多个国家（如营销职能分布于悉尼和旧金山，其他团队成员则分布于全球各地），公司引入一个他们称之为“中心”的新概念。尽管该模式仍在快速发展，且公司继续在世界各地开设办事处，但团队成员被束缚于（通常是虚拟的）集群中，以促进包容性并建立反馈闭环（整个组织内的多向沟通线路，促进最佳沟通、实践分享和创新）。

“可画”的使命是“使全世界所有人均能从事设计”，这一使命通过公司本身的设计得到回响，为员工、客户和其他利益相关者提供了支持。

随着资本的普及，“可画”这样的公司正在世界各地涌现。人才随处可见，而且随着员工队伍的日益多元化，国际化进程将会加快。帕金斯与其联合创始人克里夫·奥布雷希特（Cliff Obrecht）和卡梅伦·亚当斯（Cameron Adams）打造了“可画”的一个完美例证。

“可画”能够通过利用多元化的人才库、转变“总部”角色，为分布式团队提供支持，并制定寻求以本地方式实现发展动力和规模化发展的战略来执行宏大的全球化发展愿景。

什么是“全球类”公司？

“可画”并非唯一一家采用此种方式建设全球化组织的公司。新型全球领先企业正在崛起。他们看到了国际市场中存在的机遇，并了解需要将其业务各方面进行本地化，以便在新市场中实现扩张。其中一些企业是首次进入新地区的快速增长的初创企业，而另一些公司则是已在许多市场立足的老牌公司，他们通过反复试验摸索到了这一方式。

无论这些企业诞生于何处、所处行业为何或服务何种客户，它们均属于“全球类”公司的范畴。我们将“全球类”公司定义为通过以下方式努力实现全球规模化发展的组织：对本地化和复杂性，建立具有文化意识的敏捷项目管理团队，建立支持分布式组织的架构和管理模型，并在企业文化和当地文化之间实现平衡。

是什么使得一家公司成为“全球类”公司？

有很多方法可以描述。正如Shopify高管丹尼尔·沙利文（Daniel Sullivan）所说，在“全球类”公司中，“国际化将所有人和事融入其中”。这是对我们所处全球商业新时代的认可。“产品无国界”，正如瑞典商业银行硅谷负责人托马斯·康德尔（Tomas Kandl）所说，人们会到处寻找正确的解决方案，这绝对是一种心态和做生意的方式。

尽管行业和产品类型（物理与软件）的细微差别导致“全球类”公司存在多种风格，但核心原则非常相似。

“全球类”公司倾向于雇用何种人才？

“全球类”公司雇用培养全球化思维和文化意识的（各级别）人

才。通过生活经验和同理心，他们保持对文化差异的敏感性以及对新事物和尚未理解事物的开放态度。

“全球类”公司建立此类人才通道，重视本地市场知识，并向本地团队所有成员灌输企业文化和核心价值观。“全球类”公司寻找和培养一套独特的技能组合，它建立在敏捷项目管理思维模式的基础之上。

近年来，快速发展的企业更倾向于寻找具有敏捷项目管理相关特征的求职者，而“全球类”公司则更进一步，寻找具有文化好奇心的候选人。随着公司在其发展历程的早期开始考虑向国际市场发展，文化敏感性和全球化思维成为组织各个层面的一项基本特征。

随着全球化业务新时代的延续，这些技能成为招聘过程中筛选的一部分，更多职位将延展至国际化扩张。随着时间推移，此种心态变得如此普遍，以至于在未来，这些“全球原住民”（我们称之为“全球企业家”，并在第 3 章中进行详细论述）相当于没有互联网和移动技术时代那些如今被称为“数字原住民”的人。

我们还看到，已经建立（或渴望建立）全球化职业生涯的具有文化意识的专业人士会形成比当前更为紧密的网络。他们将找到相互联系的方法，并向其他人展示全球化好奇心和文化考虑因素在创建企业时的重要性——所有这些均进一步将此种思维模式融入全球顶级公司的基因之中（更多内容将在第 4 章中介绍）。

“全球类”公司做些什么？

“全球类”公司如何才能在新市场中获得发展动力并实现全球规模化发展？简而言之，它们倾向于优先进行本地化。在它们看来，本地化不仅限于语言翻译或适配当地文化的营销活动，而是渗透至业务的各个方面。本地化已离我们的生活越来越远。不断发展的趋势和技术是这些本地化工作的催化剂。

除使本地化过程变得更容易的平台之外，新的本地化工作方式也正在出现。技术有助于将企业与世界各地的客户实时联系起来。长期以来，定制一直是“全球类”公司的一个工具，因此有助于吸引全球客户的定制体验不断出现。

最重要的是，“全球类”公司对本地化过程中所出现的复杂性进行管理，特别是在战略规划和支持跨多元化全球扩张的延展方面。“全球类”公司并未在事后才解决这些复杂性，而是从开始便计划并优先考虑减少复杂性。他们明白，在单一市场中实现产品—市场契合（或超越）所需的运营模式调整可在多个国家业务开展中进行推广。

“全球类”公司将平衡本地化和复杂性置于对话的中心。他们不会回避这种平衡行为或随之而来的艰难对话和决定（第 5 章会对此进行更多介绍）。

重要提示：公司—市场契合

“产品—市场契合”往往是公司进入新市场成功的主要里程碑和衡量标准。尽管“产品—市场契合”的概念已被广泛理解（尽管有时定义不同），但我们认为该概念并未完全体现公司在进入新的全球市场时取得成功所需的契合度。正如我们将在整本书中所讨论的那样，除产品之外，公司许多方面均须加以调整，才能在新市场中找到发展动力并实现规模化发展；产品因素仅是其中一小部分。

我们将公司—市场契合定义为满足本地市场需求所需的正确市场进入、运营、组织和文化模式。因此，企业通过将其业务的这些方面进行本地化，同时成功地对这些变化所带来的复杂性进行管理，来实现公司—市场契合。正如我们下文将要讨论的，这是一个艰难但又必须经历的过程，当考虑到各个单独市场的独特元素以及在许多不同国家进行此过程所面临的难度呈指数级上升时，这一过程会变得愈发复杂。

产品—市场契合和公司—市场契合

常用的“产品—市场契合”标签专注于识别客户需求，并确认公司产品或服务以可扩展和盈利的方式满足该需求。尽管产品—市场契合是这一过程中的一个重要里程碑，但企业必须通过建立正确的组织能力和文化契合才能在国际市场上更进一步，以实现规模化发展。在本书中，我们将提到产品—市场契合和公司—市场契合。当我们使用“产品—市场契合”一词时，我们指的是在公司初始市场和进入新市场后的开始阶段验证自身业务，因为公司正寻求早期阶段的发展动力。而公司—市场契合则是一项长期目标，我们使用这一术语来描述在新的国家或地区市场验证上市和运营模式所标志的里程碑。此外，公司—市场契合包括建立组织架构以适应新市场规模，同时实现公司和当地文化的适当平衡。

本书的重点是详细说明如何实现公司—市场契合，并提供框架和工具来帮助公司实现这一目标。

“全球类”公司是如何做到这一点的?

仅是授权合适团队并制定正确本地化策略仍然不够。“全球类”公司运用一系列策略和最佳实践在全球范围内开展业务。他们使用国际化的敏捷项目管理方法来构建本地化工作流程，并为新市场找到合适的工作模式。“全球类”公司在初始启动时遵循多阶段流程，并作为故障排除机制来克服扩张过程中出现的障碍。这类公司此时的思维模式若是打个比方，便如同慢慢长出并不断通过锻炼强化的肌肉。

本书的大部分内容概述了“全球类”公司用来将战略转化为国际业务成功的敏捷项目管理工具、架构和流程，从而支持全球规模化发展。从适当规划到消除障碍，从市场进入到市场增长，从文化考量到独特的组织管理风格，“全球类”方式着眼整体，十分全面同时也颇为灵活，可适应贵公司业务开展的独特情况。

那我们从何处开始呢？如同开发新技能或启动计划一样，这一切均始于正确的心态。

“全球类”思维

正如众筹平台 Patreon 首席人力官蒂芙尼·史蒂文森所言，“国际化和全球化是有区别的；两者间存在差异。全球化是一种心态。”

拥有全球化发展的雄心壮志是建立国际业务的一个重要方面，但仅有雄心壮志是不够的。很少有公司能够真正实现全球普及而不在各本地市场面临当地竞争对手竞争的风险。尽管 Zendesk 产品和规模化发展均十分先进，但由于 Freshdesk[①] 的主场优势和当地品牌知名度，它仍无法从 Freshdesk 手中夺取印度当地客户的份额。虽然拥有看似无穷无尽的资源，优步还是无法在中国击败滴滴（尽管优步精心策划了一项交易，持有滴滴 20% 的股份，这对优步股东来说算是一场巨大的财务胜利）。充足的资源、才华横溢的团队以及执行强有力战略的能力固然重要，但“全球类”思维方式才是其中的差异化因素。优步团队从中国市场的经验中认识到本地视角的重要性。公司在中东扩张时便采取了不同的方式，收购 Careem 公司[②] 并

① Freshdesk 是一家印度企业服务软件和自动化工具创新型企业。——译者注
② Careem 公司于 2013 年成立于迪拜，是一家企业私家车服务公司。——译者注

维持品牌完整性，使其能够作为独立实体运营并在该地区市场占据主导地位。为应对这些挑战并取得成功，公司必须采用新的领导模式和思维方式。

此种独特思维方式可作为规划和执行指南。它基于这样的理念：在进行全球化扩张时，所有人都必须成为领导者，而不仅是“总部”那些名义上的“领导者”。“总部”通过信任和授权本地团队来展示其领导力，通过全面的管理模式体现这种旨在与全球分布式团队合作的思维方式（详见第 9 章）。企业是在一个或是一百个国家市场扩张并不重要，重要之处在于采取正确的全球化增长方式。此种思维模式有许多组成部分，大致可分为以下四类（见表 1）：

- 愿景
- 人才与文化
- 总部角色
- 战略

表 1　思维模式对比

思维模式对比	“全球类”心态	传统心态
愿景	思考全球化的第一天	国内市场偏见
人才与文化	分布式策略	集中式 / 集群化策略
总部角色	推动者	命令与控制
战略	本地化行事方式	企业固有行事方式

愿景

“全球类”公司制定了专注的愿景。正如微软前领导人吉安卡洛·科齐（Giancarlo Cozzi）所说，“全球类”公司的“负面清单和正面清单一样长”。“全球类”公司认识到资源通常有限，因此它们会集中精力专注某些方面，不会被华而不实的事项分散注意力。由于资源有限，这些公司深知它们无法同时触及全球受众。他们以特定方式运营公司，以便在进入新市场时提供发展动力。“全球类”公司了解其在市场进入过程中产生的影响程度以及成功获得发展动力并实现规模化发展的正确策略。

“全球类”公司采用全球化思维模式的第一天

此种思维模式最重要（也是最微妙）之处在“思考”一词中显而易见。在我们的研究中，我们有时会听到“天生全球化”这个说法，尽管许多来自较小国家的公司在其业务发展早期便进入海外市场，但很明显没有一家公司能够在全球范围内取得成功，因为它们并非从开始便是全球化组织。因此建立一家“天生全球化”的企业实属天方夜谭。由于资源过于有限，各个本地市场文化、法规和偏好差异太大且分散，企业根本不可能在第一天便为全球规模化发展做好准备。成功的扩张不仅是要使企业产品进入新市场。此外，在初始市场中得到验证作为一个好的开头，为之后在国际市场上实现规模化发展奠定了坚实基础。

相反，“全球类”公司在全球化的第一天便通过构建其业务各个方面（产品、团队、文化、运营）来针对多个市场开展本地化工作。他们从开始便制订出进军国际市场的计划。“全球类”公司将定制化融入产品或服务中，以契合本地文化。公司组建起一支由分布式人才组成的多元化跨国团队，并建立起分布式支持架构来为本地团队提供支持。

全球规模化发展是一个需要深思熟虑的过程。百望贸宜[①]（Tradeshift）联合创始人兼亚太区高级副总裁米克尔·布朗指出：“当坚持‘生来全球化’时，非理性扩张便可能发生。即使您在团队中已引入正确的文化意识，“全球类”心态也可帮助促进理性扩张的回归。”

“全球类”公司从开始便意识到领导层支持的重要性，并努力为国际增长争取协调、充足的资源及高管层支持。公司领导者意识到，如同在初始市场中寻求产品—市场契合一样，“走向全球”对于企业未来成败至关重要。在初始市场中通过验证自然是一个重要的先决条件。

如今，开展一项不包含在线业务的新生意的想法似乎很愚蠢。同样，“全球类”公司是否应该“走出去”的决定也是如此。当然，几乎所有公司均会选择在多个国家开展业务。对于来自较小规模市场的企业家来说，“从开始便思考全球化”曾是一种思维方式，对于诞生于世界最大市场的公司来说则会变得更为普遍。

优步便属于“从开始便思考全球化”的企业。Slack（一家诞生于加拿大的公司）很早便在温哥华、都柏林、旧金山和纽约开展业务。Zendesk 在其起步阶段便走出丹麦国界。尽管 Roku[②] 等其他公司在执行扩张战略之前花费数年时间准备合适的产品，但该公司很早便拥有全球化视野，在运营时眼光长远。

---

① 百望贸宜（Tradeshift）公司总部设于美国旧金山。自 2010 年在硅谷地区成立以来，其先进的网络动态发票系统引起业界轰动。经过三年的发展，百望贸宜已将业务拓展至全球 190 多个国家和地区，有超过 500 万家公司使用该平台，并且每月有 1 万多家企业加入该平台。——译者注

② Roku 美国上市公司，总部位于加利福尼亚州圣何塞，生产各种用于视频流的数字媒体播放器。Roku 拥有广告业务，并将其硬件和软件授权给其他公司。——译者注

“初始市场”

随着全球化业务在新时代的蓬勃发展，来自较大规模和较小规模市场的企业对于全球化业务的看法也在不断趋同。

出于需要，诞生于较小规模市场的公司在创建过程中很早便开始考虑进军其他全球市场。例如，以色列的商业领袖便深知公司的初始市场不够大，无法产生足以支持横向扩张的大规模业务，毕竟其市场规模过小。

来自美国、中国或巴西等大型市场的公司则由于本国市场存在巨大机遇，在此过程中很晚才开始考虑国际化增长。这些市场拥有数亿人口（就中国而言，这一数字超过 10 亿），市场消费者拥有全球最强大的购买力，在这些地方，您无须寻找新市场便可开展数十亿美元规模的业务。

为应对此种情况，来自较小规模市场的企业寻求更大规模市场来验证业务并实现规模化发展。Zendesk 选择美国（而非丹麦）作为其初始市场，以便公司可以验证其商业模式并证明在其本国条件下不可能实现规模化发展。

我们反复从来自较小规模市场的企业身上看到这种情况，所以我们开始相信这是一种成功的模式。我们认为此种新的提法对于企业模式得到验证的首个市场来说是有意义的。今后我们将不再将其称为“国内市场”，而是将其称为“初始市场”，因为“全球类”公司扩张过程中的第一个市场有可能远离本土。

与此同时，“全球类”思维的这一方面对于诞生于更大规模市场的企业来说可视为一股强大力量。当您将世界市场分为“国内”和“国际”时，便会导致他们之间的动态（在第 1 章中提到这是努力扩张却失败的主要原因之一），并且偏向于第一个找到能够获得发展动力的模型。专为“本土”市场量身打造的企业不会去考虑本地化的灵活性。“全球类”公司并不考虑“本土市场”，而是考虑“初始市场”，其运营模式在国际扩张时将进行本地化。

随着时间推移，来自较大规模市场的“全球类”公司将在其全球化增长之旅中更快开始进入新市场，并获得通过更为灵活的“初始市场”理念所提供的机会（这通常是企业发展开始的情况，且会随时间推移而改变）而非“本土”市场（这是“总部”的运作方式）。

“全球类”公司还了解最好的“初始市场”不一定是规模最大的市场。Spotify① 公司新市场主管尼克拉斯·伦德伯格（Niklas Lundsberg）解释说，尽管所有竞争对手在音乐流媒体行业的起步阶段均选择美国作为其“初始市场”，但 Spotify 有意选择不先进入美国市场，这在一定程度上造就了公司的长期成功。Spotify 总部所在地瑞典最终成为一个完美的“初始市场”，原因众多，其中之一便是瑞典当地与盗版音乐有关的文化。iTunes② 业务在美国推出多年后才在瑞典扩张，因此当地人无不支持盗版音乐，从而形成“音乐就应免费”的文化规范，这在瑞典文化中根深蒂固，以至于瑞典甚至有一个政党——“海盗党”③，其主要关注点便是知识产权法改革。这为

---

① Spotify 是一款全球领先的在线流媒体音乐播放平台，于 2008 年 10 月在瑞典首都斯德哥尔摩正式上线。——译者注

② iTunes 是苹果公司开发的一款多功能数字媒体管理软件。——译者注

③ 海盗党（Pirate Parties International，简称 PPI）是一个国际政党组织联盟。该政党努力改革关于著作权和专利的法律，倡导网络自由下载，还包括加强隐私权以及政府部门的透明度。之所以叫海盗党，是因为在英语中，“海盗”和“盗版”是同一个词。海盗党于 2006 年发源于北欧国家瑞典，正式创立于 2010 年在比利时布鲁塞尔召开的海盗党国际会议。——译者注

免费音乐流媒体服务的蓬勃发展奠定了基础。Spotify 并未在美国争夺市场份额（当时在美国很难获得流媒体音乐版权），而是坐观竞争对手在美国大打出手，选择在瑞典先对其运营模式进行验证，随后再向全球进行扩张。

同样的理念也适用于许多新兴初创企业。通过无人机运送医疗用品的 Zipline 以及提供在线支付和其他服务的金融科技公司 Yoco[①] 等公司均选择非洲作为“初始市场”，由于公司在那里可以更方便地构建新系统，且现有基础设施（分别是空中交通管制和金融系统）所带来的阻力较小，因而可以很好地验证业务模式。就 Zipline 公司而言，尽管公司总部实际位于硅谷，但领导者却发现了首先在非洲国家市场验证自身业务模式的好处。

案例分析

创立企业时考虑两个市场——BlaBlaCar

尽管“全球类”思维模式中的“初始市场”理念可能乍看比较抽象，但有一种非常具体且直接的方法可实现这一飞跃，那就是创立企业时便考虑两个市场。

当您创立只考虑单一市场的企业时，您便将偏见融入企业基石当中。当您有意创立一家兼顾多个市场的企业时，您会考虑到各个市场本地化的细微差别，据此设计产品、程序和文化，以在各个市场引起更为广泛的共鸣。尽管此种心态颇为微

① 南非中小企业支付平台，提供一系列适合任何小型企业的在线支付解决方案。——译者注

妙，但它的影响力可谓巨大。当您在创立企业时考虑两个市场时，您做出的决策便不会陷入单一市场的偏见和独特环境中。此外，当进入新市场时，您能够更快实现扩张，开展本地化过程也不会那样痛苦，因为公司业务不再局限于单一的特定行事方式。

请注意，这并不意味着同时开拓两个市场，而是在创立公司时考虑多个市场。

这种“为两个市场打造”的框架是由BlaBlaCar（全球最大拼车平台）创始人兼总裁弗雷德里克·马泽拉发明的，该公司的“初始市场”在法国。从一开始，公司业务各方面便同时兼顾法国和西班牙两个市场。

公司团队由来自多个国家、具有文化意识的人组成，团队成员均精通英语，这有助于克服潜在的沟通问题。此外团队还特意从公司计划未来进入的市场招聘人员，以便在开拓市场之前便将对市场的深入理解融入团队之中。

公司最初的品牌名称是Covoiturage，法语中意为“拼车”，旨在为公司业务搭建一个参考框架。如果马泽拉的目标是建立一家专门针对法国市场的公司，这会是一个理想的名称。然而在早期转向两个市场的过程中，马泽拉意识到这个名称无法与法国境外的众多事物联系起来，因此采用了更通用、能更好超越语言障碍的BlaBlaCar作为新的品牌名称。

人才与文化

实现全球规模化发展不仅在于可靠的产品和有效的战略。“全球类”公司了解人与文化以及跨越国界的人性的重要性。鉴于分布式工作的兴起，这些更具人性化因素的作用更加重要，必须认真处理。

人才新理念——分布式、多元化

“全球类”公司相信人才是技能驱动的，而非地点驱动的。对于传统公司来说，选择人才时不仅要考虑技能，还需考虑地点。“全球类”公司则主要关注后者。这使得文化契合度作为一项人才选择标准的地位更加重要。

运营分布式组织的能力是所有“全球类”公司均能培养的必备能力。公司在人才所在的地方聘用人才，且明白仅从当地寻找人才是有局限性的。事实上，有时他们会特意从国外聘请团队成员。

传统公司建立人才集群，重点招聘特定地理区域的整个办公室的人员。例如，如果公司需要网络安全专业知识，则策略是在以色列建立一个网络安全中心，因为该技能在以色列很普遍。另一方面，“全球类”公司无论在何处均雇用有才华的人（除了他们被雇用的专业知识之外，还可以从他们那里获得有关本地市场的知识）。

传统公司认为如果团队不在同一个物理空间中，团队成员之间便不可能产生“化学反应”。“全球类”团队则了解团队“化学反应”和友谊可通过虚拟方式催化。

“全球类”公司认识到在各地市场招聘员工可发挥全球化思维的优势，并避免出现在新市场和新障碍挑战现有运营模式时无法适应的风险。公司了解在众多市场拥有对本地市场的专业知识将有助于加速市场进入过程，并在时机成熟时避免陷入扩张陷阱。“全球类”公司意识到拥有不同观点的人可更好地满足本地市场的需求和细微差别。

传统公司雇用同一类型的员工；“全球类”公司则倾向于打造多元化员工队伍。传统公司重视“常春藤”名校候选人或其他名校标签。“全球类”公司则深知人才与学历无关。他们在服务水平低下的社区寻找人才，寻求经验和背景的多样性。他们很早便开始在全球市场招聘员工，了解其观点可能对组织思维战略产生的积极影响。

正如本章前文的BlaBlaCar案例所示，“全球类”公司从创立伊始便开始考虑建立多元化人才通道，并考虑他们未来可能进入哪些市场，甚至员工入职培训也强调组织作为世界公民和社会贡献者的作用。他们还认为培训对于连接公司核心价值观和本地市场环境至关重要，这对于本地员工应对自身所处的独特本地化环境是必需的。“全球类”公司为国际市场新员工确立正式流程，通常安排他们先在总部工作，以加深其对公司的了解。

即使大量员工在地理位置上十分接近，此种多样性要求也是必不可少的。Prezi①公司布达佩斯总部的200名员工来自多达42个国家和地区。“全球类”公司有意组建多元文化团队，并采用数据驱动方式来提升多元化程度。

拥有一个分布式团队现在蕴含了新的含义。近年来，来自一家传统企业的高管可能会说“我们在爱沙尼亚有一个开发团队”，强调分布式团队意味着根据部门/职能在地理上接近的员工群体（通常依靠某些地区拥有特定专业知识声誉的员工）。“全球类”公司的情况则并非如此。

“全球类”公司拥有真正的分散式员工队伍，其中全部职能部门的团队成员可分布于世界任何地区，并非总是按职能部门设置分布

① Prezi是一家专注于演示文稿软件开发的创新型企业，2009年成立于匈牙利布达佩斯，后在美国旧金山设立分部，逐步拓展全球市场。——译者注

于同一地点，这使员工在选择日程安排上有更多自由，公司同时提供调整工作岗位的机会，以适应本地生活方式。这些公司能够吸引顶尖人才（无论他们身处何处），并能有效应对纯虚拟互动沟通工作模式所伴随的挑战。真正的“国际团队”彻底消除了工作日“朝九晚五”的颓势，协作将时区融合在一起，“工作与生活的结合”相较于“工作与生活的平衡”更为普遍。

“全球类”公司使用的工具允许异步协作，并为不同时区的团队成员创造沟通交流的机会。在全球范围内运营时，员工很容易感觉自己正在24小时与世界各地的同事一同协作。“全球类”公司调动分布式员工队伍并采取措施预防工作疲劳倦怠，以免团队成员产生“一直在工作”的感觉。

寻找具有全球化思维的人才对于“全球类”公司来说至关重要，这类公司优先考虑有潜力获得新技能的人才，这些技能对于员工履行职责十分重要。它们认为学习等于参与，因此为人才创造更多的学习机会，特别是跨文化的学习机会。它们为员工提供地域流动的机会，向员工传授新的文化，并为员工与来自世界各地的同事建立交流联系。它们认识到，如此做能帮助人才建立对个人和文化的理解，这些措施均可提升团队生产力和本地化水平。

经常被忽视之处

企业的物理空间仍很重要

正如“火箭通信”（Rocket.Chat）联合创始人兼首席执行官加布里埃尔·恩格尔所指出的，即使您拥有一个虚拟分布式团队，“拥有物理空间”的理念仍然十分重要。位于巴西阿雷格里港[①]的公司“总部”并非设在高层写字楼，而是位于一栋房屋内，房屋有游泳池、用于每周烧烤的室外厨房，以及一个大型室内厨房，同时可作为公司员工会议区。他们甚至原封不动保留一些卧室，作为类似爱彼迎服务的私人场所，供外地旅行者入住。正如加布里埃尔所说，“即使公司远程办公，公司仍然会有‘家’的感觉，这正是公司价值观的表达。公司全员不必一直在那里办公，但它是公司关心事项的重要体现。我们的‘总部’更多是为了寻求互动和建立关系，并非只为使员工完成工作而设计。”

企业文化与核心价值观

考虑到基于认知科学和心理学中对“简单性”的普遍渴望，“全球类”公司将核心价值观普及化（如同“可画”的案例一样），采用其核心价值观“化复杂为简单”。它们找到方法使企业文化适应当地的细微差别，同时坚守这些核心价值观。归根结底，它们将可能仅在特定地区产生共鸣的核心价值观发展提升为更具全球发展动力的“普世美德”。对“初始市场”持偏见的传统企业发现很难实现此种普遍化，而“全球类”公司则了解拥有与全球员工和客户一致价值观的重要性。

核心价值观甚至会对“全球类”公司的市场选择产生影响。优

① 阿雷格里港，巴西最大城市之一，南里奥格兰德州首府，是巴西的一个重要的港口和商业中心。阿雷格里港是巴西重要的水、陆、空交通枢纽。——译者注

步在考虑进入沙特阿拉伯市场时认为当地对女性工作的限制与公司核心价值观相冲突，因此优步努力影响沙特政府改变政策，最终使当地女性获得驾车行驶资格。领英公司也经历了类似情况，当时一家国际政府实体要求该公司在搜索结果中添加性别过滤器，作为吸引更多女性加入劳动力计划的一部分。领英意识到此项功能也可被用来歧视女性，因此拒绝就此进行改变。

在进入新市场和组建团队时，您可能会遇到公司与当地商业文化之间的冲突，此种冲突必须加以解决。当企业不特别关注其核心价值观的通用性时，它们便会面临与新市场团队的不协调。“全球类”公司意识到其企业文化和核心价值观必须在全球范围内引起共鸣。当公司从开始便组建国际化团队时，出现核心价值观冲突的可能性较小，因为组织早期成员会选择塑造具有普遍吸引力的企业文化。

在全球范围内进行高效扩张的“全球类”公司拥有强大的企业文化和核心价值观，可作为招聘、日常决策和解决冲突的行动指南。公司通过制定具有吸引力的核心价值观并测试其在新市场中的共鸣，确保公司组建的团队能够内化这些价值观用以支持开展业务，从而验证其核心价值观的普遍性。公司接纳本地市场习俗并支持其在全球化扩张过程中所面对的多元化，寻找各种巧妙方式通过不同地区的独特性来增强企业文化。实现这一目标的一种方式是瞄准时机庆祝全球化工作里程碑（无论是开设新的国际办事处、产品本地化，或是认可当地文化节日），作为促进多样性和包容性的一种方式。

经常被忽视之处

庆祝全球化工作里程碑

将您进入的第一个全球市场视为值得庆祝的里程碑。凯瑟琳·海姆斯是 Slack 前国际产品扩展主管，从早期在多家公司的工作经历，直至助力企业进行首次公开募股（IPO）。她表示，回想起来，首次进入全球市场是一个值得强调的转折点和拐点，通常是 IPO 后回顾的屈指可数的时刻之一。庆祝这一时刻不仅为致力于国际化倡议的人们赋予了目标，也为更广泛的公司赋予了目标。不要忽略这一时刻，也不要错过公司历史上的其他历史性时刻。

重视一切人性的一面

“全球类”公司注重企业文化、产品开发和运营模式中人性化的一面。它们努力搭建跨越文化界限的桥梁，了解人们的需求，以及它们提供的解决方案如何有助于改善所触及的社区和个人。

从第一天起便考虑国际市场的“全球类”公司将通过本地化努力和有意识地组建多元化团队来减少文化障碍并促进相互联系。正如马克·吐温所说：“旅行是消除偏见、固执和狭隘的良方……如果一个人一生仅在地球某个小角落里默默耕耘，这样是无法收获任何东西的。”随着团队到处接触其他文化，面对公认的共性和共通的人性，独立工作模式和缺乏理解便会崩溃。

跨国界也存在类似的客户需求（但有一些注意事项）。正如爱彼迎在向数十个国家快速扩张过程中所了解到的那样，客户渴望新的创意、产品和服务。这些客户认识到他们在国际上无法获得与在美国相同的体验，所以在有了创新的东西时，他们渴望参与其中并创造属于自己的体验。

尽管这提供了接触国际客户的机会（尤其是对于B2C企业和软件公司来说），但了解这些客户是否精明并检测公司是否真正关心他们也十分重要。“全球类”公司会适应本地客户需求，公司向新市场目标客户表明，它们不仅“了解”他们，而且还对自身业务进行本地化以为他们提供支持，并会在未来继续创新并传递价值。这也延伸到“全球类”公司进入的社区，因为它们优先考虑对社会产生积极影响，而非无限制的破坏。

“全球类”公司看到市场选择的人性化一面。在我们的研究中，我们发现企业通常根据三个核心因素来评估新市场：

1. 经济、人口指标及市场动态[①]的有利程度。
2. 通过整体增长已确立现有客户群体。
3. 具有相关技能人才的位置（“以人为本”）。

“全球类”公司还看到了第四个因素——更多的人文和文化考虑因素，这些考虑因素往往隐藏于表面之下，只有在它们对本地市场有所了解之后，这些因素才会浮出水面。忽视这些因素可能不利于实现扩张，但解决这些问题可发现新的考虑标准，用于实施后续市场增长计划。

---

① 市场动态是指某行业/领域的市场目前的状况，市场动态分析是企业短期决策的基础依据，企业为了能够充分适应市场，就应当充分了解市场动态，做好市场动态分析和调查报告，及时制定生产、销售策略，提升企业竞争能力。——译者注

- BlaBlaCar 在进入俄罗斯市场后迅速形成发展势头，因为“搭便车”是俄罗斯本地文化的正常组成部分。这并非进入该市场之前的核心标准，但在公司看到自身如何在俄罗斯市场实现快速扩张后，它便成为一项重要的考虑因素。
- 爱彼迎通过识别具有超越国界的共同兴趣或共同信仰的人们来推动公司发展。
- “印象笔记”和 Prezi 通过考虑人性化与客户联系的努力，在韩国实现深入渗透。“印象笔记”利用当地年轻专业人士在“以向上流动为中心”的社会中展示自身地位的愿望，为高级用户提供一个可在公共场合炫耀的实体徽章。Prezi 则努力与韩国消费者建立联系，导致三名总统选举候选人中有两名在最近的选举中使用该演示平台。

“总部”角色

拥有正确的愿景、团队和凝聚力文化并不足以成功在全球范围内实现扩张。“全球类”公司了解，由于全球化扩张和员工队伍多元化，“总部”必须扮演不同角色，通过授权分布式团队开展行动，而非成为决策的瓶颈。它们还认为“总部”不一定是创新理念的发源地，事实上，总部往往因距离本地市场客户太远而无法成为创新的驱动力。

双向创新

为支持前文所讨论的“全球类”思维的众多要素（如“初始市场”与“本土市场”的概念），成功实现全球规模化发展的公司会营造一个双向节奏的环境。

对于“全球类”公司来说，创新并非从高层总部串联到一线的本地市场。与此相对，这些公司实行“双向创新”，希望从各个本地市场实施的最佳实践中收集见解，并分享“总部”发现的最佳实践。“全球类”公司利用其全球化扩张，发现在一个市场中的最佳实践，这些实践可适用于其他市场（甚至是本地业务更为成熟的市场）。

如亚马逊平台卖家“弹性空间计划”（Flex Space）诞生于印度（而非西雅图）。正如亚马逊欧洲家居创新项目前产品总监约瑟·沙帕（Jose Chapa）所解释的那样，印度市场的供应链远不如许多其他国家发达。鉴于印度“最后一英里”配送的情况不同，建立与先前同种类型的大型配送中心是行不通的。亚马逊印度团队发起一项举措，通过利用通常有空间容纳额外库存的小型商店全面覆盖印度市场。该计划将这些小商店改造成微型亚马逊配送中心。此后这一战略已在具有类似供应链环境的其他许多地区加以实施。

因为“全球类”公司知道最好的想法并不总是来自“总部”，所以他们建立起一种最佳实践共享文化和机制，以发现可能产生巨大全球性影响的本地细微差异。

“总部”的新作用

与传统公司相比，“全球类”公司“总部”在管理全球化组织方面发挥的作用截然不同。在“全球类”公司中，“总部”的主要作用是支持和赋能本地团队，而非如同许多传统公司那样去指挥和控制团队。

鉴于“全球类”公司不坚持“本土市场”的理念，它们最大限度地减少了许多公司中存在的“他者”理念，这会使“总部”与本地团队对立。它们不会保持“总部”偏见或偏爱“初始市场”，这样做可能会在国际化扩张时产生问题。“初始市场”只是全球规模化发展道路上众多市场中的第一个。

对于“全球类”公司来说，最有趣的变化领域可能是组织架构，尤其是“总部”与本地团队间的关系。尽管根据行业、产品形式（物理或数字）和目标客户（B2B、B2C、B2B2C）等因素存在明显差异，但以分布式结构运营（至少部分程度上）的“全球类”组织会从传统竞争中获得竞争优势。

何种职能应集中，何种职能应本地化，取决于公司及所处的扩张阶段，但“总部”的理念是类似的，“总部”不再只是一个物理场所。“全球类”公司努力将“总部”与公司“初始市场”的运营脱钩，使该市场与公司国际业务的其他部分处于一个公平竞争环境中（我们稍后会在第 7 章中提到）。“全球类”公司仍然拥有专门的办公地点（或至少是联合办公空间），除非它们完全致力于远程工作模式，但“总部”将从物理、地理位置或建筑位置转变为虚拟权力中心，在其中设定愿景、流程和架构以支持本地化工作的创建和维护。在世界各地，随着领导团队分布于多个地点，“总部”的影响力以及决策和授权也开始分布。“面对面”会议已转变为通过数字工具进行互动，从而获得公司智囊团的信任。在物理总部位置创建数字中心的平台开始激增。所有这些变化均值得采取新方法。

“全球类”公司总部的新角色：

- 通过实施促进增长的机制和投入资源、建立强大的沟通渠道以及通过授予自主权建立信任来支持全球扩张。
- 在对复杂性进行管理的同时启用本地化流程。
- 建立一支同时具备公司和本地市场知识的强大团队。
- 促进“双向创新”，在全球范围内部署本地最佳实践。
- 平衡企业文化和本地文化，为全球化团队赋能。
- 为公司建立良好社区做出贡献，同时做出符合核心价值观的决策。

除建立支持机制和方向设定架构之外，“总部”还需创建促进国际化增长各阶段进展的流程，以及明确（但可定制的）指标来汇总团队的努力。

一些企业甚至希望完全废除“总部”一词。正如 Patreon 首席人力官蒂芙尼·史蒂文森所解释的那样，公司现在在其组织设计中使用“中心”一词，而非“总部”，解释了这一变化如何在本地团队和跨部门职能之间创造新的动态。她表示“‘中心’无处不在，它们有特定的使命，不同‘中心’可协力解决问题。在这一模式中，团队成为决策的中心，减轻了‘总部’思维的压力，并赋予团队更大的权力。”

免责声明：定义“总部”

随着“总部”正在成为分布式资源，其目的是使企业在本地市场占据一席之地，“总部”传统的指挥和控制角色正逐步退居二线。这意味着公司组织方式也可能开始发生变化，一些公司开发出“中心”系统或团队网络，其形状可能看上去更像社交网络地图，而非传统的分层组织架构图。无论如何，需要集中支持和支持机制来管理公司目标和文化并促进决策。

也就是说，当我们在全书中提到“总部”一词时，我们更多指的是“总部”的此种新化身（专注于提供支持），而非传统的单一概念的“总部”（倾向于命令和控制）；然而我们特意选择使用“总部”这个绰号，而非发明一个新术语，因为这一概念已被全球所理解，而且新的“总部”迭代形式仍在涌现。

战略

尽管公司固有行事方式在“初始市场”取得成功，但此种思维模式在全球市场中面临着挑战。需要一种新型战略，考虑本地市场，注意颠覆的负面影响，并使本地团队能够将想法落实为运营措施。正是这些要素使得“全球类”公司能够成功开拓市场并实现全球规模化发展。

本地方式

如前所述，“美国方式”的行事方式早已不复存在，企业通过“公司固有行事方式”驱动自身发展的日子已然屈指可数。与此相对，“全球类”公司努力寻求平衡，以“本地行事方式”做事，这意味着将业务本地化以适应本地市场，同时恪守公司原则。

对于许多快速发展的企业来说，此方面的思维模式可能特别困难，因为正如我们在研究中多次听到的那样，文化高于一切。强大的企业文化可带来规模化发展，但当在多个国际市场中融入本地文化的细微差异时，采用公司固有行事方式可能会遇到麻烦。由于各个国际市场的商业文化均有不同，如果仅考虑首个市场，您如何能指望公司核心价值观会引起普遍共鸣呢?

全球化敏捷项目管理

采用敏捷项目管理原则是国际化扩张成功的关键。“全球类”公司使用这些方法来确定它们需要从核心业务和运营模式中做出何种调整，才能在新市场中找到发展动力。

“全球类”公司在正式市场启动时没有使用瀑布式项目管理方

法[①]，而是采用更具迭代型的方法，运用与初创企业在验证新业务时所采用的同一方法。它们重新审视业务各个方面，并将当前业务方式标记为需测试的假设（根据研究潜在新市场时所学到的知识进行有针对性的改变）。它们将敏捷项目管理原则应用于全球市场，进行本地化，同时不会在各市场创建太多不同的模式，否则会变得难以管理。“全球类”公司了解这需要合适的人才类型——对敏捷项目管理和本地市场有充分了解并具备高度文化好奇心的员工。

对“颠覆”的不同看法

颠覆和变革是“全球类”公司的入场筹码。它们愿意放弃现有模式以适应新的国际市场并引导行业变革，愿意颠覆自身经营方式以维持其在市场中的地位并更好地服务客户，同时它们也维护公司核心价值观及文化意识。

许多已接受公司固有行事思维模式的传统企业相信其产品（或者它们进入新市场开展的工作）便已足够。它们觉得自己应因进入市场而受到赞扬和认可，反而忽视了进入市场所带来的全部负面干扰。

以此种方式思考的企业很快便会认识到“请求宽恕而非许可”的市场进入和破坏方式是一种过时的现象。在某种程度上，优步在全球取得成功的副作用便是引起世界各地城市和国家现有交通系统的冲突，标志着“公司固有行事方式”思维模式有效性的终结，曾

① 瀑布式项目管理方法所有阶段均按顺序发生，该方法取决于可预测的工具和可预测的经验，遵循相同的生命周期，包括可行性、计划、设计、构建、测试、生产、支持等阶段。整个项目均是预先规划好的，没有任何需求变化的余地。此种项目管理方法假设时间和成本是可变的，而需求是固定的，针对解决传统项目管理所面临的预算和时间表问题。——译者注

因此种仓促高速增长而焦头烂额的地方政府现已做好更充分的准备并抵制此种增长方式。

数年之前，旧金山居民目睹了可租用电动车一夜之间经历的爆炸式增长。Lime[①] 和 Bird[②] 等公司团队均采用优步的超高速增长策略。短短数天之内，这些可租用电动车便遍布人行道、商店入口和街角。数周之后，它们又于一夜之间消失，在数月后才逐渐回归。

当时的情况是，旧金山市政府明确表示，他们不会与任何试图规避当地现行法规或在未事先沟通和订立协议情况下运营的可租用电动车生产商合作。如果一家公司在开业前不遵守规则与当地政府沟通，它会被驱逐出市场并失去合法经营资格。这与优步先前拓展市场时所处的环境已发生明显变化。

与公司固有行事方式的支持者不同，“全球类”公司以截然不同的方式看待颠覆。它们并不认为自身产品能够解决一切问题，它们发现它们的市场进入扰乱了本地社会众多方面，从人们如何互动到对当地课税基础[③]的影响。“全球类”公司汇集了受影响的利益相关方，并建立了一个支持联盟，共同推动必要的法规变更。

在调查市场状况和政府政策 / 优先事项时，“全球类”公司明白，承认其市场进入所带来的积极和消极影响非常重要。正如“脸书”欧盟事务前董事总经理托马斯·克里斯滕森（Thomas Kristensen）所指出的，公司经常会考虑自身产品为客户带来的价值，但并未意识

① Lime 作为全球领先的共享出行平台，其核心业务聚焦于短途出行解决方案，成立于 2017 年 6 月，总部位于美国加州旧金山。——译者注

② Bird 是一家美国的共享电动滑板车和电动单车共享公司，成立于 2017 年。——译者注

③ 课税基础又称税基，指建立某种税或一种税制的经济基础或依据。它不同于课税对象，如商品课税的课税对象是商品，但其税基则是厂家的销售收入或消费的货币支出；也不同于税源，税源总是以收入的形式存在的，但税基却可能是支出。——译者注

到自己在非本地国家所造成的扰乱（他指出基于互联网的产品尤是如此）。

他敦促公司认识到自身对本地社区所带来的影响，并找到与主要利益相关者合作寻找解决方案的方法，如创建广告学习计划来帮助广告行业使用技术平台并调整其商业模式，这对“脸书”来说颇为有效。托马斯指出，最好积极主动解决这一问题，因为如果出现问题，事后收拾残局的成本往往更高。出版业在各国均有政治影响力，因此“脸书”在进入新市场时不得不考虑帮助这些曾被他们取代的市场参与者。

托马斯还建议“脸书”概述其公共政策目标。主要驱动力是纯粹的市场进入过程，还是为改变监管，甚至是为提升公司声誉，以便被认为站在当地政策举措的正确一边？该目标将决定所采取的最佳策略。此外，他还建议不要试图低调行事，要主动出击，否则舆论便会开始喋喋不休，如果言论基调已然定下，便很难扭转。公司针对薄弱环节制定防御措施，并始终予以保护。

数十年来，美式经商方式不仅是一种管理口号，也是（传统）美国本土企业的骄傲。此种思维模式的时代早已一去不复返，但拥有强大（甚至有毒）企业文化的企业的成功已催生出公司固有行事方式。在这个需要文化意识的全球商业新时代，新的管理箴言支持本地方式，成功企业会采用此种思维方式，并将其渗透至组织的各个层面。

欧洲各地的职业足球俱乐部老板试图组建自己的“超级联赛”，这便是“扰乱错误”的一个绝佳例子。在一小群欧洲以外地区（主要是美国）老板的领导下，计划创建一个专门由来自欧陆多个联赛表现最好球队组成的联赛。这些老板不顾粉丝群体的反应，宣布他们计划在欧洲推行“美式体育模式”。随着抗击疫情，为避免国际动荡，该计划宣布不到 48 小时便被取消。如果这些老板拥有“全球类”思维模式，他们便会更多考虑其客户群（粉丝群体），且不会在这个不明智的计划中强制推行美国模式。

传统企业相信新的地区会喜欢其想法和对市场的影响（认为“颠覆是好事”），而“全球类”公司知道本地化至关重要，进入新市场可能会给当地社会各个角落带来颠覆和波动。

换句话说，“全球类”公司是为当地环境而建立，而不仅是为从中获利。

开发机器人送货服务的公司 Kiwibot ① 高管戴维·罗德里格斯（David Rodriguez）解释了其如何“在创立公司时考虑当地环境”，首先请求许可（便如同优步这样的市场颠覆者在超全球化增长期间所做的那样）。

Kiwibot 对本地文化保持敏感度和尊重，并特意与利益相关者建立长期关系。公司与地方政府合作，确保其自主交付解决方案遵守当地法律。他们有意打造“所有人均可使用”的技术，而且不仅局限于富人，这是许多美国新兴初创企业的短视观点。

为将此种心态融入一个声明中，“全球类”公司实践了本地市场意识的颠覆。

对企业（和世界）公民身份的不同看法

“全球类”公司目标是为其所属社会做出贡献，它们的主要目

---

① Kiwi Campus 公司研发的送餐机器人服务。Kiwibot 使用人机互动模式，机器人通过雷达传感器、摄像头以及内置的图像处理系统来识别道路边界，并避开障碍物，同时由远在哥伦比亚的操作员对这些机器人进行监控，助其通过复杂路况，使其不要偏离目的地太远。——译者注

标并非避税。事实上它们努力对其产品所销售的市场施加积极影响，而不仅是实现其价值主张。

正如Prezi联合创始人兼执行主席彼得·阿维（Peter Arvai）所说，Prezi认为将此种“贡献者心态在全公司中普及”非常重要。他指出，产生重大影响远远超出了产品本地化的范畴，“全球类”公司有责任在本地进行投资。

除解决本地市场特有问题外，“全球类”公司还倡导更为普遍的议题（如女性员工同工同酬等）。软件营销部队公司的“同工同酬”政策便是一个很好的例子，该政策试图消除员工薪酬方面任何基于性别或种族的歧视。

当您开始了解“全球类”思维时，问题便会浮现：如果我的公司思维偏传统，我如何采取措施过渡至“全球类”公司？关键步骤包括：重新审视公司核心价值观和企业文化，评估人才招聘和培养标准，衡量公司多样性，搭建高效沟通渠道，以及实现支持全球化规模发展的流程，这些均必须从确保领导层为致力于实现全球规模化发展给予支持开始。

接下来的章节将围绕如何成为“全球类”搭建架构和通用话语体系，助您成为组织内部变革的催化剂。

很明显，“全球类”公司的思考、计划、架构和行为与传统公司不同。**对于“全球类”公司来说，文化是一条道路（和关键），流程是工具（获得发展动力的基本要求），而人才则是催化剂（通过有目的且引起普遍共鸣的企业文化驱动）。“全球类”思维的核心是“平衡”：“总部”与本地团队之间的平衡、速度与复杂性管理之间的平衡。**这也是为何“平衡”是贯穿全书的主题，其余章节致力于纾解在实现此种平衡过程中所遇到的问题。

在本书中，我们将更深入地了解“全球类”公司的人物、内容和方式，他们独特的思维方式，以及将其转化为全球商业成功的方法——目标是帮助各行各业的公司和各阶段企业达到“全球类”状态。鉴于强大团队是任何成功的全球化增长计划的催化剂，因此让我们首先来看看“全球类”公司的主要组成人员，即全球企业家。

第 2 章小结

- 在这个全球商业的新时代，出现一种新型公司，它正实现前所未有的全球规模化发展，那便是“全球类”公司。
- “公司固有行事方式”已然消亡，让位于一种新型思维方式：“本地化方式”，涉及采用新的愿景、人才观、“总部”角色和总体战略。
- 需要一种新的颠覆方法以在本地市场竞争中获胜，同时在国际市场上实现扩张并获得认可。

第 2 章思考与实践

- 贵公司的领导团队从第一天起便具备全球化思维吗？
- 贵公司的“总部”介于“命令与控制”和“实现与支持”之间的哪个位置？
- 贵公司最擅长“全球类”思维模式的哪个方面（愿景、人才、“总部”角色还是战略）？在哪些方面成长空间最大？

第 3 章
开拓者
全球企业家

三十年前，美国人亚伯·史密斯冒险前往日本九州南部长崎县的一个小渔村教英语。

在一个人口不到三千的乡村小镇与当地人交流，使亚伯对生活有了新的视角，也使他对美国之外错综复杂的世界有了新的认识。在国内，一切均在快速发展，但在日本，有着数百年历史的传统（如煎茶仪式），以及由当地家庭准备的当地鱼类、由蔬菜和海藻精心烹制的祖传特色膳食，使亚伯开启了对另一种更有目的生活方式的思考。这段经历激发了亚伯对文化的好奇心，并在他内心种下一颗种子，强化了他对于文化意识重要性的认识，同时开启了他的全球化职业生涯。

亚伯的下一课来自一位导师，他是日本销售百吉饼（bagel）和其他食品的先驱。亚伯发现了日本市场的机遇，与他的导师一起建立业务，随着公司（最终被出售给桂格燕麦）克服文化障碍和本地市场的细微差别，新的挑战不断出现，他们不断进行迭代。无尽的转变使亚伯充满勇气，并坚信敏捷项目管理思维对于在全球化市场发展业务的重要性。

为向企业化的职业发展方向转型，亚伯在网讯①（Webex）工作，担任公司拉美和亚太地区领导职务，并与一位名叫袁征（Eric Yuan）的年轻工程师建立了关系。作为一名在多家公司工作的员工，亚伯确立了公司思维以及通过联盟建设和协作推动现有组织科层制度和复杂性变革及创新的能力，带领团队专注于全球化增长的关键驱动力。

其他职业机遇促使亚伯举家迁往伦敦，在那里他领导一家快速发展的公司向国际化发展。回到美国后，他被现任 Zoom 首席执行官兼创始人袁征擢拔为国际化业务主管。亚伯作为世界公民的身份以及其领导理念赋予他耐心、同理心和使命感，如果他留在美国，便不会培养出这种使命感。这也是袁征要求亚伯领导 Zoom 最重要团队之一的内在原因。

在亚伯的职业生涯中，他掌握了全球企业家思维、公司思维和文化思维的结合，这是成功的全球商业领袖推动"全球类"公司发展的标志。

几乎所有我们所采访过的高管均强调，人才是其扩张计划取得成功的最重要差异化因素之一。正如融文②（Meltwater）创始人兼执行董事长约恩·里塞根③（Jorn Lyseggen）所说，"重要的并非在所有市场做什么，而是雇用谁来做这件事。"

---

① 网讯（Webex）是思科旗下子公司，为各种规模的公司创建所需软件解决方案。——译者注

② 融文（Meltwater）公司专注于网络媒体监测软件服务，在欧洲、北美洲、亚洲、澳大利亚等地迅速拓展，已发展成为一家很有规模的跨国公司。融文于 2001 年成立于挪威，公司中文名为融文咨询，短短数年间便成为全球网络舆情监测领域的领导者。——译者注

③ 融文集团创始人，大数据 AI 应用的先行者。约恩·里塞根曾在挪威计算机中心专攻 AI 科研，获多项专利；2001 年仅凭 1.5 万美元资本创立融文公司，现已成为全球化媒体监测集团，为六大洲的客户提供全面解决方案；2016 年他在伦敦成立数据科学协作中心 Shack，旨在联结并促进全球下一代的数据科学初创公司加速发展。——译者注

亚伯·史密斯和其他担任类似全球化增长角色的领导者们并不寻求成为公司的焦点。他们经常在人们的关注下工作，他们将成功的商业模式转化为全球市场的能力才是公司实现全球规模化发展的关键。

现在您已了解“全球类”公司的思维和行为方式，现在是时候更好地了解这些顶级公司需要领导和支持其国际化增长步伐的特定类型人员了。我们将进一步分析本章中描述的原型是未来成功的全球化商业领袖的模板。

为方便起见，我们发现最好为这些具有国际视野的商业领袖起个绰号。在此过程中，我们利用使他们能够有效扩展国际化业务的所有特征，正如本书其余部分所概述的那样。我们的标签是“全球企业家”（Interpreneur）——“全球”“企业家”，以唤起当今商业创新者的思维方式。

我们认识到这一标签缺乏新意，但考虑到当今商界普遍推崇和批评的“全球企业家”和其他“企业家”之间的思维方式重叠，我们特意继续使用这一标签。总而言之，全球企业家是当今敏捷创新者的演变，他们需要在日益全球化的分布式工作场所中运作。

什么是全球企业家?

从功能上讲，全球企业家是一位商业专业人士，他们认识到全球商机，围绕国际化扩张目标凝聚团队，并为组织采用和维持“全球类”思维模式做出贡献。

事实上，全球企业家是“企业家”和“内部企业家”的结合体，其中还包含一些其他因素。

全球企业家之所以具有创业精神，是因为他们擅长敏捷项目管理、适应能力强，不仅愿意面对未知的状况，而且积极承担未知的后果。他们保持成长心态，知道在新市场中应用敏捷项目管理方法至关重要，并相信不断学习的重要性，即使在失败中亦是如此。

全球企业家同时也是内部企业家，他们的角色要求他们通过既定政策应对既定组织的复杂性，以及不同程度的科层制度和内部政治，同时争取盟友来支持其国际化目标，而这些目标通常只是小部分组织更加关注的焦点。正如Chegg国际增长副总裁克里斯蒂娜·李所说，您需要能够“在条条框框内进行创新”。

在新的国际市场中成长的公司的早期阶段，获得领导团队所需的资源和关注，以在其他国家寻求产品—市场契合（以及最终的公司—市场契合），这是一项巨大的挑战。需要内部企业家技能来在现有组织规则内工作，以获得分配资源来完成工作。

同样重要的是要注意，企业家不仅是那些处理好个人生活并前往新国度开设办公室的人。全球企业家可以就在总部工作。他们可以成为任何业务职能部门的一部分，可以担任从首席执行官到入门岗位的任何级别职责。全球企业家不会将其联系限制于自身范围内。正如孵化器和公司建设者“火箭互联网”[①]（Rocket Internet）前全球董事兼合伙人麦德斯·法霍尔特（Mads Faurholt）在成功的全球商业专业人士中指出的那样，“他们经常与更多人建立联系，不同国家的其他人而非同一地点的人，他们的定义是跨境”，这是一种非常适合分布式工作的思维模式。

全球企业家能够接受通常复杂且具有挑战性的国际扩张过程，并以积极方式进行规划，传达投资回报率并获得支持，同时倡导竞

① 火箭互联网是一家成立于2007年的公司，总部设于德国柏林，公司为海内外企业提供电子商务技术咨询和资本运作服务，从互联网项目创意、建立到运营、市场拓展，为互联网企业提供全方位一体化服务和技术支持。——译者注

争性预算项目。全球企业家是在倾听和学习方面极其有效的促进者。正如 Salesforce 联合创始人兼联席首席执行官马克·贝尼奥夫所说，全球企业家始终保持“初学者心态”，能够深入倾听那些证实是自身舒适圈之外的事物。

最后（也是最重要的），全球企业家拥有文化心态，它是文化意识、文化好奇心、文化敏感性和文化情商的结合，后者是文化智商与情商的结合，赋予他们理解和同情其他文化的能力。思维模式的这一方面包括发展理解和同理心的能力，这是针对新市场进行业务本地化所必需的。此种文化心态是“全球类”公司在全球范围内扩张的关键要素。这也是政府希望培养的一种心态，从而培养和吸引企业家。他们认识到建立全球企业家生态系统能够产生积极社会影响，成为经济和社会发展的催化剂。

换句话说，全球企业家在企业家和内部企业家之上放置一个“全球层”（如图 1 所示）。

图 1　全球层

您可将这些思维方式的组合想象成一个金字塔，其中敏捷项目管理（创业）思维方式作为基础，公司（内部企业家）思维方式位于中部，而文化思维方式位于顶端，封装并构建于金字塔之上，其他二者则是基础。这三种心态结合起来便是全球企业家心态。

简而言之，全球企业家是那些具备解释文化的全球思维，通过创造性解决方案灵活克服障碍的敏捷项目管理思维以及持续提供支持以完成工作的人。全球企业家提出一项愿景（有关自身或他人），并将其带到全世界。

为何全球企业家如此重要?

正如第 1 章所述，疫情改变了企业的运营方式，加速了许多新生趋势，迫使企业采用分布式工作模式，并重新思考运营模式、决策和战略。

正确的策略和流程如果没有合适的人来加以实施，也不会取得成功。换句话说，如果所涉及的个人不是全球企业家（或者至少他们并未采用全球企业家思维），那在公司层面采用全球类思维的尝试将会失败。“全球类”思维通过跨创业思维在个人层面上得到体现，正如组织中个人间跨创业思维的扩散是推动公司层面“全球类”思维的动力一样。

由于全球许多地方都有发达经济体，并且本地化对于与这些市场中客户建立联系的重要性日益增加，因此基于文化意识的思维方式与产品质量或上市速度同样重要。

同时需要正确的心态来发现机遇。来赞达[①]（Lazada）联合创始人马克西米兰·比特纳（Maximilian Bittner）、麦德斯·法霍尔

① 来赞达是一家电商平台，是东南亚地区最大的在线购物网站之一，成立于 2012 年 3 月，由阿里巴巴控股，总部位于新加坡。——译者注

特、斯特凡·布鲁恩（Stefan Bruun）和拉斐尔·斯特劳赫（Raphael Strauch）决定不在他们的故乡欧洲开展业务，而是前往东南亚发展，这样便可进入当地快速增长的电子商务市场。全球企业家不会理所当然地认为本土市场必须首先启动。事实上他们根本不考虑“国内与国际”的问题。

我们相信此种跨国创业思维以及相应特质和技能将成为未来十年公司在员工中寻求的最抢手资产，如同过去十年对敏捷项目管理思维和创业技能的渴望迅速增加一样。

目前，全球企业家很难找到，而这些具有全球化视野的专业人士组成的社区已然瓦解并分散在全球各地。随着虚拟和分布式工作的迅速采用，对全球企业家的需求将会增加，而这个商业领袖社区的联系也将变得更为紧密。在分布式组织中，全球企业家需要对组织中其他人施加远程影响，并通过跨文化协作来完成工作。

一切都发生得很及时，因为“全球类”公司已认识到此种思维方式的重要性，并开始将其用于人才管道开发。在我们的研究中，我们多次听说这种心态日益重要（尽管没有“全球企业家”这样的绰号）。亚马逊和 Shopify 等公司高管现在将国际经验纳入有关高层管理者晋升和建立人才通道的对话中。许多“全球类”公司开始要求国际经验作为担任高管职位的先决条件；它们将自身视为全球性组织，并敏锐地意识到国际化思维作为团队集体心态构成部分的重要性。

我们甚至从亚洲政府高层官员那里听说，此种心态对于其生态系统尤其重要，因为当地人口老龄化和本地人才相对减少。培养新兴劳动力的创业思维可成为技术发展、支持“社会安全网”计划，并维持国家在全球生态系统中重要地位的有效手段。

在一个更为“去中心化”的世界中，组织需要的全球企业家是敏捷项目管理的思考者，能够实时进行学习，同时能够在内部或远程影响组织，他们均具有文化思维定式，能够理解如何对业务进行本地化。

“全球类”公司认识到这些趋势，并相信全球企业家心态是前进道路上的一盏明灯，指引它们进行团队建设以及文化心态建设。

高效能全球企业家的特征

在与成功的全球企业家互动时，我们发现他们并不仅因为文化体验或飞行常客里程而被全球商业所吸引。亚伯·史密斯称他对构建国际化公司的专注是一种“召唤”——并非偶然为之或临时起意，而是一种充满激情和爱的劳动，其中包括克服他所说的“艰难旅程”的韧性。

我们采访的许多全球企业家均以公司国际化扩张为职业，展示了他们在这个新兴（但日益重要）的职能领域所积累的技能，如同具有合并经验的高管会从一家公司到另一家公司指导完成合并业务核心方面一样。

全球企业家所具备的全球化思维使他们能够驾驭新的文化环境。他们具备文化意识，能够联系并理解当地风俗，剖析差异，同时找到不同文化间的共同点。此外，他们还了解社区的重要性，并努力寻求公司在新市场中增进社会福祉的方法。

经验丰富的高管兼匈牙利初创企业生态系统大使伊姆雷·希尔德（Imre Hild）也强调了全球企业家所发挥的更广泛作用。“全球企业家往往也是早期普及者，除推动国际化之外，他们还推动生态系统发展。”他们正是新想法和创新的驱动力。

全球企业家思想开放、具有文化意识和敏捷项目管理技能，能够适应新环境并与熟悉环境之外的人保持牢固关系。克劳斯通过在玻利维亚的丛林中探险、在智利学习语言和文化、在越南北部进行战略开发和市场启动支持以及从丹麦搬到旧金山，培养了对国际市场的热情。为进一步说明此点，克劳斯有意在硅谷谋求职位，专注于帮助来自世界各地的企业家（尽管这里并非他的祖国丹麦）。亚伦从大学毕业到开始职业生涯，长途跋涉横跨三大洲，通过“伯克利哈斯全球访问计划”（Berkeley Haas Global Access Program）的经验教授来自世界各地的学生，并游历近40个国家，这有助于他继续拓展自身全球化思维。

除具有敏捷项目管理的能力和成长心态所带来的特征外，全球企业家还具有以下特征：

- 拥有全球化思维，洞察机遇。
- 重视多元化和包容性。
- 愿意承担特定风险。
- 开放、分享、不断学习。
- 展现文化好奇心和创造力。
- 寻求理解文化并对不同文化保持敏感度。
- 具有“建设者心态”。
- 聚焦重点。
- 坚定、长远的眼光。
- 世界公民。

拥有全球化思维，洞察机遇

缤趣[①]（Pinterest）前全球化增长和国际产品主管斯科特·科尔

---

① 缤趣是一个手机应用程序，用户可利用其平台作为个人创意及项目工作所需的视觉探索工具，同时是一个图片分享类社交网站。——译者注

曼强调全球企业家如何认识跨文化的独特观点并欣赏多样性。他们认为每个市场均是独一无二的。他们不会将整片地区混为一谈，而是欣赏其中每个国家和城市的细微差别。全球企业家拥抱冒险并对机遇保持积极思考。这并不意味着忽视风险考虑，而是意味着规划和执行以识别并利用机遇。

重视多元化和包容性

在全球企业家心目中，多元化和包容性是关键所在，而不仅是商业趋势。全球企业家重视思想、经验和背景的多样性。他们寻求不同意见，并希望将具有不同观点的人纳入沟通、战略制定和决策过程中。

愿意承担特定风险

全球企业家愿意走出自身舒适区。当全球企业家成为本地市场团队的一员时，这不仅意味着他们（还有他们的家庭）要搬去新的地方开始新的生活，而且还要远离公司“总部”这一业务和政治中心，远离权力中心。作为“总部”团队的一员，这意味着成为国际增长计划的传播者、建立支持联盟并确保必要的资源。

全球企业家了解机遇的重要性。爱彼迎的珍妮弗·袁强调，我们经常会对身边事物产生偏见。特别是当我们来自一个大市场时，我们很快便会进行预设。这种偏见使得了解其他国际市场变得困难，理解潜在速度变得困难。例如，很难理解像中国这样规模的市场，其人口比美国多出数倍。全球企业家们不纠结于此方面，渴望去充满机遇的地方。

开放、分享、不断学习

我们采访的所有全球企业家均很快接受我们提出的为本书提供素材的提议。我们的邀约过程几乎未遇到阻力，他们都很乐于向其他全球企业家学习。全球企业家是热心的学习者，他们总是不断接纳新的见解和改进建议。亚马逊的杰夫·贝索斯（Jeff Bezos）提出的“永远是第一天”的经典心态深深植根于本书所采访的全球企业家心中。埃莉斯·鲁宾是“Nest”[①]项目管理、国际化和产品发布全球主管，她将自己置身于学习和体验新事物的环境中，在国际商务旅行期间住在旅舍而非酒店，并在多个小城市和地区停留过。不是只有主要都市区才能真正了解目标客户的生活。

展现文化好奇心和创造力

珍妮弗·袁解释说：“全球企业家保持一种抛开偏见、激发好奇心的心态。他们寻求了解他人（同事和客户等）。全球企业家之所以能够完成工作，是因为他们的热情和决心，且通常是在有限的指导和资源下。”

正如加州大学伯克利分校哈斯商学院全球商业讲师、本科生项目前执行主任丹·希梅尔斯坦（Dan Himelstein）所说：“在当今的商业世界中，企业之间的资金和质量差距如此之小，具备文化好奇心才能使你脱颖而出。这是一个差异化因素。”他继续说道：“真正的好奇心比制订财务预算的能力重要得多。世界上的全球企业家总数不超百万。很多人可以帮助你管理财务，难的是找到一个能在凌晨2

① Nest，谷歌子公司，主要业务为智能设备，如智能温控机、智能摄像头等。——译者注

点跟你一起唱卡拉 OK 的人。”

寻求理解文化并对不同文化保持敏感度

全球企业家在差异中寻求共性。他们拥抱差异，并将所有挑战视作机遇。他们可以在陌生的地方找到“归属感”，并且不会被陌生的状况所困扰。他们可将不同市场习俗和信仰转化为对当地文化的敏锐洞察，用共同价值观架起桥梁，搭建共识平台。

国际化思维和文化敏感性使全球企业家意识到人与人之间存在的文化相似性和差异，而不将这些差异强分高下（“积极”或“消极”；“好”或“坏”；“对”或“错”）。特洛伊·马龙曾任“印象笔记”、韦比利[①]（Weebly）和 mmhmm[②] 等多家公司的国际化扩张业务主管，他称此举不是“自以为是”，而是谨慎。他指出，与投入无数资金试图使市场屈服于“总部”的行事方式相比，此种方式更能有效推动达成长期目标。

此种方式可以在各个层级发挥作用。当特洛伊在“印象笔记”工作时，当地媒体经常问他公司标志“大象”背后的含义。为此，他开始研究大象在当地文化中的象征意义。他没有提供一个以美国为中心的答案——该标志与美国谚语“大象永远不会忘记”[③] 有

---

① 韦比利，是来自美国的一家免费自助建站服务商，是一个最方便创建、上传网站的方式，并免费与全世界的人分享。2018 年 4 月 26 日，美国移动支付公司 Square 宣布以 3.65 亿美元收购 Weebly。——译者注

② 一个 PPT 逻辑的视频 / 直播软件公司。——译者注

③ “大象永远不会忘记”这便是所谓的“思维定势”。“定势”（Stereotype）的概念，最先是由美国新闻记者李普曼早在 1922 年出版的《公众舆论》一书中提出的。他指出，人所处的环境，无论是自然环境还是社会环境十分复杂，以至于不允许他对世界上所有的人和事逐一亲身进行体验和认识。——译者注

关（象征着“印象笔记”能够记住用户添加到其中的所有笔记和想法）——他会将答案进行本地化加工，以适应所在的国家 / 地区，唤起当地有关大象的神话。具有洞察力并努力适应当地文化对于建立高质量的关系至关重要。

与此同时，全球企业家们意识到对全球化增长至关重要的另一种重要文化：企业文化。企业文化能够将公司核心价值观传达给本地市场的员工和客户。

具有“建设者心态”

全球企业家是企业的建设者。作为本地市场团队的一部分，他们帮助企业确立在本地市场的影响力；作为“总部”的一部分，他们帮助在组织内为各国雇员建造一个家园。他们善于建立关系。

全球企业家热衷于与本地市场利益相关者建立长期联系。他们拥有传达文化意识的软技能以及与人们建立信任的能力。他们是高效的沟通者、能干的网络工作者以及其他有助于以闪电般速度巩固关系的软技能的掌握者。他们不做短期交易，而是“放长线钓大鱼”，有效运用积极框架来建立一个支持自身计划的内部联盟。

聚焦重点

全球企业家懂得聚焦重点。他们能够识别真正重要的事情，且不会被细枝末节分散注意力。正如 Plaid 的财务负责人保罗·威廉姆森所指出的，“他们虔诚地遵循价值观”，并运用这些原则作为在何处投入时间、注意力和资源的指路明灯。

坚定、长远的眼光

全球企业家随时做好持久战的准备。这不仅体现在他们建立关系的能力上，也体现在他们做出战略性业务决策的方式上。他们寻找合适的合作伙伴、员工或客户，而非只是选择第一个出现在他们面前的人。

在线教育公司 Chegg 的克里斯蒂娜·李明确指出，“昨天构建的东西对于明天来说总是不够好”。从长远来看，全球企业家专注于迭代和不断改进其业务运营各个方面，以增加企业实现长期成功的可能性。

世界公民

全球企业家是真正的“世界公民”。他们首先看到的是人的本身，其次才是这个人的国籍。他们不会从“国内”“国外”的角度来思考问题，而是通过同理心与世界各地的人们建立联系并弥合彼此间的文化差异。

最后一个发现十分有趣，但在全球企业家中不一定普遍，这便是我们采访过的许多人均有其独特的背景或经历，这些背景或经历影响了他们对世界的看法。这通常会为国际商业发展设定一条非线性道路——换言之，这些全球企业家并未遵循一些千篇一律的道路，诸如担任银行家或顾问，在商学院就读，随后进入企业界。

对于一位高管来说，他可能开始是一名狂热的摄影师，也可能参加了一次改变人生的活动。他们之中的许多人对艺术充满好奇或具备社会科学专业教育背景，但毫无疑问的是所有人都在其祖国之外拥有某种形式的沉浸式体验。

案例分析

全球企业家如何适应本地文化

埃莉斯·鲁宾目睹美国之外地区商业文化的差异。尽管鲁宾经验丰富，但她年轻的外表和女性身份意味着她必须在许多场合应对自身角色不符合当地文化规范的情况。埃莉斯担任谷歌“Nest”项目管理、国际化和产品发布全球主管，她出差时会携带“Nest”设备向潜在合作伙伴展示。而在许多国家，携带智能家居设备的年轻女性并不符合当地的性别认知规范，并会在机场安全检查站引发警报，继而接受长时间的搜查和背景调查，但一个携带同样物品的男人通常会被允许通过，而无须小心翼翼或担心遇到大麻烦。

当与某些国家（特别是日本）的商界领袖会面时，埃莉斯不得不采取与男性同事一同参加会议的做法。在会议期间，当地商界领袖会向她的男性同事询问，而选择无视她的存在。埃莉斯意识到此种性别文化差异，经常不得不指导同行的男同事如何回答这些问题，即使同事的资历比埃莉斯低。随着时间推移，凭借坚定的决心、意志力和灵活的沟通技巧，埃莉斯已赢得国外原本对她持怀疑态度的男性领导者的支持，他们原本习惯于将男性观点的优先级置于女性之上。

尽管这对于女性全球企业家来说是现实，并且符合某些社会所接受的典型性别角色，但我们希望在这个全球商业的新时代，随着全球企业家的兴起，这些障碍将被消除，并引导当地人尊重来自其他社会个人的文化和自由，特别是坚持对妇女、少数民族和其他来自服务水平低下社区群体的多样性和包容性原则。

如何成为一名全球企业家

除努力提升上一节中所强调的心态和品质之外，还有一些其他方法可增强您的全球企业家能力。正如公司并非“天生全球化”一样，人也不可能“生来”便是全球企业家。随着时间推移，全球企业家不断发展并获得经验，拓展自身视野。这是一种“知行合一”的心态。

我们采访的领导者有时会无意中表露出内心的全球企业家精神。培养全球化思维和文化好奇心的经历其实比“正在培养文化情商”这一事实更为重要。

全球企业家采用敏捷项目管理方法，寻找更具创业精神的社区，选择有利于职业发展的环境。他们旅行并体验其他文化，重视多样性和协作，在此过程中积累声誉，并影响组织走上全球规模化发展之路。

若想变得更具国际创业精神，您首先应有意识地寻求国际经验和机会，多与海外人士互动。走出舒适区，这是最直截了当的方法。换一个国家工作，与来自不同国家的具有全球化意识的人沟通交流，同时关注国际媒体资源并跟踪全球趋势。尽管休闲旅行可在某些方面提供帮助，但它并不能替代商务外派。如果您没有在国外生活或工作过，便很难理解不同地域在思维模式和文化上的差异。

接下来，请保持开放包容心态，不要匆忙下结论。全球企业家不会以祖国为基准来判断是非和正常与否。对于全球企业家来说，不存在“我们”与“他们”的对立，有的只是共通的人性和链接此种共通之处的意愿。

最后，请根据上面列出的十个属性来真正评估您的全球企业家能力。如果在某些方面存在差距，请用心努力消除它们。

案例分析

全球企业家精神的起源

引导全球企业家走向国际化职业生涯的形成经历与企业家本身一样多种多样。

“多宝箱”HelloSign[①]业务前首席运营官惠特尼·鲍克在很小的时候便发现自己内心潜藏的全球企业家精神。惠特尼的祖父母为国际政府开发现代下水道系统，当她母亲未成年时，她的家人便生活在印尼和苏丹。当他们回到美国时，惠特尼的外祖父母带回一位厨师与他们住在一起，向惠特尼介绍新的美食。她家人的全球化意识促使他们支持惠特尼在青少年时期前往欧洲生活一段时间。

同样，“印象笔记”前国际部总经理特洛伊·马龙也是一位好奇心极强的商业领袖，他具有卓越的文化意识和文化敏感性。马龙领导亚太和拉美地区的国际化发展工作，明确体现了全球企业家原则。特洛伊在杨百翰大学[②]（Brigham Young University）就读时，在韩国首尔参加为期两年的交流活动。这些早期的国际化经验造就了未来的商业领袖，创造出越来越多未来希望公司进入国际市场的全球企业家。

Line 全球业务开发执行高级副总裁姜玄玭也拥有类似的多元化经历。在职业生涯的早期，他曾在一家美国公司工作，当在中国、日本、韩国、东南亚和欧洲开展项目时，他有机会与

① 是一款注重用户体验的电子签名解决方案。——译者注

② 杨百翰大学，成立于 1875 年，坐落于美国犹他州的普罗沃市（Provo），是一所美国著名的私立研究型大学。——译者注

来自各大洲的众多同事和利益相关者进行互动交流。在韩国排名第一的搜索门户公司 Naver[①] 工作期间，姜玄玭有机会获得更多的国际化经验，这使他具备了正确的全球化思维方式，从而能够在 Line 取得成功。

尽管全球企业家们的职业和人生旅程各不相同，但他们的思维模式和能力类型大同小异。

“全球类”公司如何培养全球企业家

传统企业高管普遍对全球企业家抱持抵触情绪，因为他们会带来新的思维方式并挑战公司原有行事方式。另一方面，“全球类”公司不仅拥抱此种新型思维模式，而且积极寻找具有此种思维模式的人才并努力培养。“全球类”公司更看重文化好奇心、全球化思维和文化敏感性，而非教育和专业谱系。

考虑到此种全球企业家思维模式甚至会影响到“全球类”公司的招聘条件（他们寻求背景和经验的多样性），他们如何创造产品，甚至确立自身核心价值观和企业文化的方式。

作为招聘过程的一部分，“全球类”公司有意筛选具备本章所论述全球企业家特质的人才。Zendesk 有意从条件较差的社区招募员工，不仅为这些人才提供发展机会（其中许多人具有通过克服来自特权背景的人所不会遇到的障碍而建立起的内在韧性），而且还确保他们的解决方案“不只为精英人士量身定制”。组建由全球企业家和具

① Naver 是韩国最大的搜索引擎和互联网综合服务提供商，成立于 1999 年，总部位于韩国京畿道城南市。——译者注

有不同背景人士组成的团队有助于将同理心融入产品和运营模式中。

经常被忽视之处

公司政策和架构可促进培养全球企业家

除创立重视全球企业家精神的企业文化外，“全球类”公司还开发搭建全球企业家人才的流程。

北美地区的思特沃克公司①是一家软件咨询公司，在17个国家设有48个办事处，公司首席执行官克里斯·墨菲强调，当团队有意识地全球化和多元文化时，企业便会增加在国际市场取得成功的可能性。成功企业牢记监测全球化领导团队的各种组合，了解公司的全球化增长动力和发展模式，并根据这些因素设计增长战略。

思特沃克公司有意确保其团队成员在多个国际市场轮换，以便全体成员均具备全球企业家思维。此外，在向新国家或地区扩张的初期，公司通常会确保本地团队的一部分来自该国之外，以确保他们在该国开展的所有工作均能运用全球化思维。

即使是员工在国际办事处共同办公几个月的临时商务外派也会是富有成效的。

---

① 思特沃克（ThoughtWorks）是一家全球软件设计与定制领袖企业，其业务模式主要通过咨询帮助改善企业的IT组织，改进软件开发方法，以软件带动企业业务发展。思特沃克以发展高、精、尖的创新业务设计和创意咨询为主要业务内容，以高端人才带动整个产业的理念革新和方法进步，促进整个产业链的健康生态循环。思特沃克为客户提供集创意设计、开发及交付为一体的定制服务。——译者注

全球企业家是一种新兴的商业领袖，他们具有全球化思维和文化好奇心，保持国际市场增长的愿景，并拥有敏捷项目管理的全球企业家技能，可使扩张战略成为现实。

现在我们已介绍“全球类”公司需要的人才类型，接下来让我们看看他们如何在全球市场成功进行扩张。

第 3 章小结

- 全球企业家拥有解读文化的全球化思维和理解新市场以有效实现业务本地化的同理心，这是“全球类”公司在国际市场取得成功的关键优势。
- 全球企业家拥有灵活的思维方式，可通过创造性的解决方案灵活克服障碍，并具有公司全局观思维，可在复杂的科层组织中对国际化扩张提供支持以完成工作目标。
- 全球企业家是帮助企业实现全球规模化发展的催化剂。认识到这一点，“全球类”公司采取具体措施在组织内培养全球企业家。

第 3 章思考与实践

- 您采取哪些行动来培育自己的全球企业家心态？您现在可采取哪三个可行步骤？
- 在贵公司内，全球企业家思维有多普及？贵公司通过哪些方式培养此种思维模式？
- 您如何招聘和培养一支（分布式）全球企业家团队？

02
规模化发展
高效国际化增长

鉴于全球业务的多样性，为在国际市场上与客户建立联系，更需要进行定制化。需要工具框架来应对这些变化。“全球类”公司会经历一个本地化过程，将全球层面置于广泛使用的创新方法之上。为保持平衡，它们对复杂性进行管理，同时构建引导市场进入和市场增长的结构，从而促进发展动力和规模化发展。

第 4 章

整合

实现全球化成功增长的四项承诺

作为苹果公司国际副总裁，约翰 · 布兰登往返于全球各地，面对诸多挑战，他召集跨越各大洲和时区的团队，维护公司核心价值观，并努力实现公司扩大全球影响力和规模的崇高目标。尽管苹果在全球范围内保持统一品牌、客户体验和系列产品方面取得巨大成功，但公司必须应对其在各地区运营所面临的众多差异。

在管理团队的过程中，约翰经常会遇到这些差异。有些差异比较容易接受，例如当地习俗或政治信仰冲突，而另一些则与公司价值观直接冲突，必须正面解决。

当经营行为与苹果的企业文化相冲突，苹果重视诚信，保护公司和品牌而非老板，约翰在选择团队成员时，首先考虑价值观更符合公司而非当地规范的员工（特别是重新任命总经理）。

约翰将本地市场总经理与来自其他市场的财务团队成员匹配。这就创建了一个反馈闭环，使来自不同商业文化（同时对当地商业规范偏见较少）的人能够了解当地的运营状况。

如果连基本原则（如诚信）都不能遵守，便会面临在全球范围内失败的风险。

• • •

培养正确的“全球类”思维方式和组建全球企业家团队对于有效的全球化增长至关重要，但仅有合适的团队和思维模式是不够的。

致力于全球化增长计划的“全球类”团队必须围绕一系列承诺团结起来，以增加成功可能性，这是一系列与文化、团队建设以及公司及其全球化企业家的关注点的相关承诺。

与企业文化保持一致并与“总部”合作共同制定目标，使本地团队能够在本地市场拓展业务。为支持全球化增长，公司领导层必须致力于为本地团队提供支持。当全球化增长计划遇到障碍时，这些承诺已成为共识，可作为本地团队/“总部”决策的北极星。

进入全球市场是一个转折点，组织可借此证明其是在单一市场中表现更好，或真正具备全球化发展的适应性和机遇。

事实上，进入全球市场比多数国内扩张更困难，因为企业在开拓“初始市场”时无须考虑文化这一额外变量。当公司刚成立时，它们可以灵活运营，寻求在单一市场扩大盈利能力的正确模式，没有必须适应的基础，不存在成见或最初的市场偏见（market bias）。当开拓新市场时，成熟企业有其成功的初始模式（进入市场、运营模式、文化和规范）作为基础，所有一切均被进行比较，并且整个公司到目前为止都支持这一点。进入新市场会导致公司偏离当前运营模式，这便要求其兼顾多种行事方式，正确的行事方式不再只有一种。

制定一系列承诺可为“全球类”公司奠定基础，并指导团队实现一系列对成功扩展真正重要的特定优先事项，帮助其避免在其他回报率较低的干扰事项上浪费精力。这些承诺成为重要的提醒和一系列运营原则的基础，这些原则界定了“总部”和本地市场团队有效进行全球化扩张所需的内容。

“总部”和本地团队可能在思维模式上截然不同，“总部”团队的行事方式与企业文化有关，而市场团队的行事方式与本地文化有关，有时还会存在优先事项彼此矛盾的情况。因此，一系列共同的承诺和保证设定了期望，以便所有参与全球化增长计划的人均可专注于有效开展市场进入、本地化和规模化发展等工作。

必须制定这些内部协议的原因之一是，本地团队在面临新的复杂挑战时无疑需要支持。它们需要像新市场中的初创企业一样运营（企业家）；处理“总部”的利益冲突（全球企业家）；当然还要适应新市场及其文化（全球企业家）。

这些承诺必须足够灵活，以促进市场进入顺利开展，同时成为市场增长的动力，符合敏捷项目管理原则。

实现全球化成功增长的四项承诺

通过研究，我们认识到成功的企业为确保有效全球化增长而做出承诺的模式。全球化成功增长的以下四项承诺指导公司走向成功。

1. 资源整合——“总部”的资金和团队成员专注于支持全球化增长计划。

2. 信任与自主权——给予本地团队寻求公司—市场契合的自由并认识到额外的复杂性

3. 沟通和明确——在“总部”和本地团队之间建立并维护有效的沟通渠道。

4. 全球敏捷项目管理方法论——本地团队和“总部”（合作）持续运用敏捷项目管理原则，调整业务以适应本地市场差异。

为有效实现市场进入和市场增长，必须坚持此四项承诺（如图2所示）。它们在全球化增长中不可或缺；没有它们，发展计划便很有可能失败。

图2　全球化成功增长的思想承诺

资源整合

为取得成功，企业必须将资源投入到全球化增长计划中，包括建立员工队伍的资金和用于营销策略的充足资金，还可能包括来自执行团队和“总部”职能部门资源的关注，或对特定合作伙伴关系的支持。如前所述，领导层对国际化增长的支持对成功至关重要，而此种支持的表现形式便是为相应举措提供资源投入。

许多国际化增长失败案例均有一个共同主题：资源投入和关注度不足。企业可能会从“总部”派遣一名高管或聘用一些新员工，期望在6~9个月内见到成效，结果却发现又产生很多新问题。随后执行团队会审视现有市场中的当前业务，研究更多投资更能确保盈利，然后否决目前的方案。

“总部”必须完全致力于全球化增长（在新市场得到验证的前后）才能取得成功。在出现哪怕是轻微的投资回报或发展动力的迹象，他们须愿承受初始两三年的调整期（甚至出现亏损）。坚持到底并投入足够资源和精力来完成该计划至关重要。

经常被忽视之处

有效的资源配置

国际化扩张资源整合的关键之处往往被误解。与其关注分配给全球化增长计划的资源总量，不如关注资源如何随时间推移进行分配。重要的是，这些计划的资源供应必须拥有多年的资源，而不仅是启动前后的几个月。布兰奇计量公司[①]（Branch Metrics）前国际化扩张和销售主管兼入境口岸合作伙伴（Port of Entry Partners）创始人拉姆齐·普赖尔（Ramsey Pryor）表示，当本地团队达到里程碑时释放资源可能是为团队赋能的有效策略。他指出除收入里程碑之外，确立强大销售渠道、获得地方政府批准或建立关键当地合作伙伴关系均可作为解锁额外资源的里程碑。

为帮助估算启动一项新计划所需的财务投入水平，我们开发出一个总进入成本（TCE）公式，类似于许多公司在销售产品时所使

① 布兰奇计量公司，小型搜索公司，曾开发一种智能手机应用程序中的搜索方法。——译者注

用的“总体拥有成本”[①] 公式。总进入成本公式将在第6章中进行更详细的讨论。

同时请注意，这些估算与其说是科学，更像是一门艺术。您可能需要双倍甚至三倍的成本（时间和金钱）才能进入市场、实现收支平衡并收回原始投资，其中存在大量未知数。

正如Slack前国际产品扩展主管凯瑟琳·海姆斯所解释的，“随着国际化增长，人们很容易认为自己可以完全计算出答案，用数字来衡量投资的潜在影响，这一点颇具吸引力。除不准确之外，它还造成一种虚假的安全感。数字可能具有欺骗性，请勿围绕数据随意展开分析，更重要的是确定这样做在战略上是否正确。数据可提供辅助信息，但不能解决问题。”

对资源投入的一个重要补充是制定明确的绩效指标，以衡量决策是否正确。明确的绩效指标代表了对本地团队的目标和关注点以及如何衡量结果的坚定决心。此外，答案并非“总部”向本地团队提供他们要求的任何东西。相反，额外资源可直接与达成重要里程碑挂钩。

东南亚最大的科技快递物流提供商“能者物流”[②] 首席执行官兼联合创始人黎常文用爬山作比阐述他对“总部”资源投入的看法。他解释道，“总部”有责任为本地团队指明要攀登的山峰，但也允许

① 总体拥有成本（Total Cost of Ownership，TCO）是一项帮助组织来考核、管理和削减在一定时间范围内组织获得某项资产的相关联的所有成本的技术。这些资产可能是厂房建筑、交通工具或软件系统。“总体拥有成本”可被描述为资产购进成本及在其整个生命服务周期中发生的成本之和。“总体拥有成本”还包括资产购进后运营和维护的费用。——译者注

② 能者物流创建于新加坡，是一家东南亚电商物流公司。能者物流的优势是使用算法来提供最优物流路线，可以使物流员工在最短的时间内把货品送到收件人手上。——译者注

团队自行选择路线。与此同时，他为团队提供旅程所需的适量食物（资金）——无须太多，以免其开始攀登其他山峰（脱离重点），但足以支持团队攀登“总部”设立的山峰。

经常被忽视之处

不要在项目启动后离开，建立可持续发展模式

全球化扩张不仅是在一个国家开展业务，然后寄希望于最好的结果，而是需要长期的投入。正如凯瑟琳·海姆斯所解释的那样，企业在项目启动后很自然地会想离开，从而使其专注度减弱。在找到可持续增长模式之前，它们开始寻找新市场，以获得更多增长机会。

尽管这种兴趣对任何有全球发展抱负的公司来说都是有益的，但重要的是“总部”应继续密切关注新兴的本地业务，以确保它们与本地公司的市场契合。可持续发展和可扩展性建设必须成为战略的一部分，资源配置必须为新市场提供持续投资，否则将注定失败。

为何这一投入很重要：公司所消耗的资源体现了企业领导者对全球化增长计划的投入和关注。与其关注数量，不如关注资源协调以及随着时间推移，在本地团队实现目标并达成关键指标过程中如何持续提供资源。如果没有充足资源和对国际化扩张的强烈支持，失败的可能性会更高。开拓一个新市场是很困难的（某种程度上类似于创办一家新公司）。如果没有执行团队的参与、现场人员的投入、充足的资金或“总部”致力于消除障碍，难度会成倍增加。

例如，甲骨文[①]（Oracle）的一款营销产品未能成功在中国获得广泛关注，因为领导层未投入充足资源或对市场给予适当关注。尽管至关重要，但该团队并未在语言翻译方面进行投入，甲骨文也未集成微信接口，而微信是中国市场客户广泛使用的重要平台。

关于指标，各方需就游戏规则以及如何衡量绩效达成一致。这并不意味着“总部”高高在上发号施令。相反，这是一项集体努力，本地市场团队也参与决定要衡量的内容。

绩效指标因公司而异，但在进入市场初期，正确的指标不仅与收入和盈利能力相关。例如，寻求产品—市场契合、确立关键合作伙伴关系以及建立政府关系，更适于为规模化发展奠定基础。在市场增长过程中，这将转变为更传统的盈利指标，并实现公司—市场契合。

在本章中，我们介绍了“成功之路”，这是采纳每项承诺的关键考虑因素。

为围绕所需资源成功协调“总部”和本地市场领导团队，以下一系列步骤可助您走上“成功之路”：

- 确定开拓市场并获得发展动力所需的时间。制订长期计划，2~3 年或更久。所需时间往往比预期要长。
- 评估成功所需的资源。这适用于“总部”以及市场上。
- 计算总进入成本并将其与未来回报率联系起来。确立一个缓冲区，并始终记住将成本视为一项投资，界定预计回报率。
- 确保执行可见性和签到 / 状态 / 更新以显示流程，并确保资源持续投入。

---

① 甲骨文是一家大型数据库软件公司，创立于 1977 年，总部位于美国加州，后于 2020 年迁往得克萨斯州奥斯汀。甲骨文的产品主要有企业应用软件、Oracle 职业发展力计划、服务器及工具等。甲骨文于 2013 年 7 月在纽约证券交易所挂牌上市。——译者注

- 设置简明可行的指标。确定不超过三个核心指标，由“总部”和本地团队共同定义。当双方均参与进来时，他们会更加尽心竭力。
- 随着您对当地办事处市场和业务的了解越发深入，继续保持迭代和敏捷。一开始更多是定性指标，与公司—市场契合保持一致，然后在后期转向盈利能力。公司指标也应随实际情况变化而变化。
- 为各个市场定制目标和指标，以满足独特的市场机遇和复杂性。

信任与自主权

您的团队在扩张过程中将面临的另一最大挑战是在复制导致“初始市场”增长的愿望与允许本地团队规划自身发展路径并为新市场定制业务的需求之间取得平衡。

这一承诺包括提供基础支持，并在“总部”和本地团队之间建立信任感，同时保持适当自主权。本地团队必须拥有调整业务的自主权，以寻求在新国家实现公司—市场契合，而“总部”必须信任他们能够解决这一问题。与此同时，本地团队必须相信“总部”会支持他们，帮助他们解决问题，并提供应对挑战的方向。

为何这一承诺十分重要：正如 Patreon 首席人力官兼蒂芙尼·史蒂文森所说，“给予自主权可实现规模化发展”。有大量研究阐述组织内部信任的优点，因此我们不会在这一话题上花费太多时间，但自主权同样至关重要。

“总部”不可能在如此遥远的地方事必躬亲，如果不了解本地市场的真实情况，做出的决定也不可能永远正确。这便是信任的意义所在。“总部”通过向本地团队授予自主权来表达其信任，本地团队利用自主权做出正确决策，从而增加在新市场成功发展的可能性。

此种信任和自主权应延伸至本地运营的各个方面，从针对新市场的业务本地化到人才招聘等。请注意，信任是第一位的，因为本地团队必须赢得并维持“总部”信任才能继续获得自主权。

核心价值观是集中团队和引导团队的重要工具，而非忽视当地文化，并将某些做法视为唯一的方式（“公司固有行事方式”）。乐天团队在海外扩张过程中也发现了这一问题。“总部”位于日本的电子商务公司乐天利用收购策略收购了欧洲的一家公司，并在双方合作之初坚称乐天固有的行事方式是通往成功的最优唯一途径。乐天团队并未为建立信任而后退一步，也没有寻求方法利用被收购团队对本地市场的了解来在该国确立更大发展动力。“总部”并未为本地团队提供通过分享关键见解来影响本地市场进入策略的方法，而是使团队专注于“总部”制订计划的速度和执行过程。这阻碍了公司发展，直至公司做出调整，开始从当地客户和员工那里学习本地化市场的重要经验。

为弥合这一差距，乐天联合创始人，时任欧洲大区负责人（现任首席福利官）小林正忠与本地团队进行面谈，并要求团队写下前公司的所有核心价值观。然后，他张贴了一张印有乐天核心价值观的海报，并与团队讨论了各项价值观之间的相似之处，展示出它们之间的联系。当地商业文化与乐天公司企业文化之间进行融合沟通，可提升业绩并提升团队士气。在确保核心价值一致的基础上，“总部”与本地团队建立了信任，本地团队便开始获得发展动力并实现更大的市场渗透。

与本地团队寻求正确的自主平衡有助于“总部”管理不断增长的全球化扩张过程，也有助于扩张从市场进入到市场增长。如果本地团队能够自由调整业务并找到适合市场的模式，他们将会更快实现更大的成功。前“缤趣”和谷歌员工斯科特·科尔曼指出，有一点需要注意：本地团队不必一切重新开始。与资源整合一起提供的工具，如全球化增长操作指南和各种流程（将在第7章中详细介绍），可帮助指导团队避免造成不必要的复杂性或将宝贵的时间花费在对于寻求发展动力和实现规模化发展影响较小的活动上。

与此同时，斯科特首先指出本地团队应能够快速推行小规模举措。“总部”应在向本地团队提供工具以实施先前学到的最佳实践的同时赋予本地团队自主权和灌输授权意识之间取得平衡，以便本地团队迅速采取行动，使业务适应新市场并取得成功。

自主权的另一面是官僚主义，这可能会使本地团队感到沮丧。在寻找合适发展模式的同时保持像初创公司一样的灵活性是很困难的，而且添加耗时的流程也无助于他们实现这一目标。当我们与日本客户的当地办事处合作时，我们目睹了此种科层制组织带来的挑战。当地办事处背负着太多耗时的行政程序，使其几乎没有时间与需要领导的市场进行互动和参与。科层制组织会阻碍专注于全球化增长的团队取得成功，而微观管理①往往会导致团队专注于错误的方向。

为人们提供帮助是最重要的。信任和自主权增强了权力，从而吸引了新市场。本地市场团队需要有能力（和资源）做出决策，而无须事无巨细均要获得批准（“总部”也不想做出一些更细微的决定）。“总部”需要相信这些决定是正确的。培养信任始于在本地市场和“总部”内部聘用合适的人才（全球企业家）。

---

① “微观管理”也称“微观管理学”和“微管理”，是商业管理的一种管理方式，与宏观管理的理念相反。在这种方式里，管理者透过对被管理者（员工）的密切观察及操控，使被管理者达成管理者所指定的工作。相对于一般管理者只对较小型的工作给予一般的指示，微观管理者会监视及评核每一个步骤。这个名词一般在使用上带有负面含义。——译者注

自主曲线

自主曲线是管理流程各阶段自主权与控制之间平衡的有用框架。尽管根据行业和企业文化（以及其他因素）会存在影响自主程度的细微差别，但该曲线可定向指导在全球扩展各个阶段授予本地团队多少自主权。自主曲线将全球规模化发展划分为三个阶段：市场进入、市场增长和市场成熟，每一类均有自己的自主程度。各个本地市场均沿着此条自主曲线独立运行，因为各个市场可能处于不同进入点或增长点，因此不一定要一并对多个区域进行判断，尽管“总部”可能会考虑市场增长期间跨区域工作的可扩展性（如图 3 所示），原因如下所述。

扩展阶段的定义

进入国际市场分为三个不同阶段，每个阶段均有各自的核心目标。

- **市场进入**——此阶段包括启动前规划和在新市场中启动，直至实现产品—市场契合，团队验证如何在国内运营业务和进入市场的本地化版本，证明该商业模式具有盈利性和可扩展性。
- **市场增长**——此阶段的重点是确立发展动力并实现规模化发展，以建立全球化扩张并运营业务，而不会使业务跨境运营方式变得过于复杂。在此阶段，公司努力寻求并实现公司—市场契合。
- **市场成熟**——在此阶段，公司专注于进一步渗透现有本地市场。通常在市场进入和市场增长阶段，公司并未深入渗透或抓住全部市场潜力。目标是通过进一步本地化并将最佳实践推广到其他市场以获得更大市场份额。

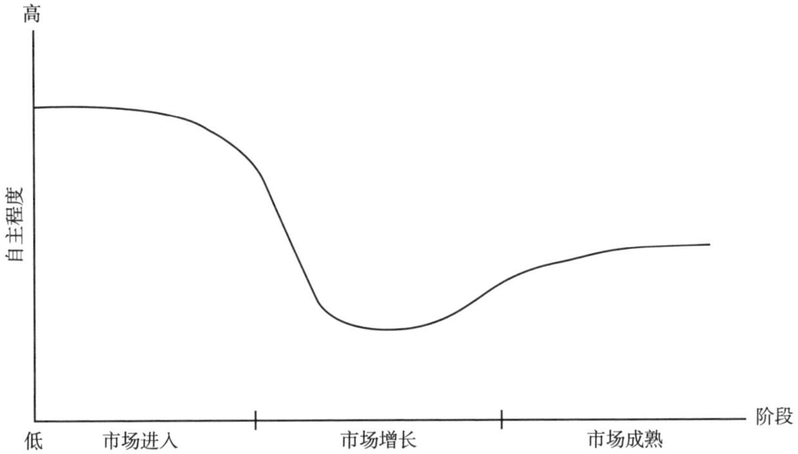

图 3　不同阶段自主权的变化

在市场进入过程中，自主权不可或缺。有了自主权，本地团队能够专注于发现正确发展模式，以寻求当地的产品—市场契合。这是自主权应达到最高水平的地方（尽管考虑到协调的需要，永远不会达到 100% 自主）。如果“总部”不愿意授予这种自主权，则可能表明本地团队缺乏信任，该企业尚未准备好扩张，或者“全球类”思维尚未内化。

在市场增长过程中，自主权会下降（请注意，它永远不会变为一个完整的命令和控制水平，因为“总部”仍希望利用本地团队对市场的了解）。

此种自主权的减少与单个市场无关，更多是与多个国家的全球化扩张有关。企业在此阶段的重点是对复杂性进行管理并控制正在进行的本地化工作量。在这里，企业必须兼顾提供跨国发展动力和实现规模化发展，而非单一市场的契合度，这便是为何可采用额外流程架构来促进此种发展动力。从本质上讲，这些流程会设置边界并减少自主权。

在市场成熟阶段，自主权会恢复，但可能不会达到市场进入阶段的相同水平，因为团队正利用市场增长阶段采用的架构和标准化，但应授予额外自主权，以便本地团队可进一步开展市场渗透。在市场进入阶段，公司通常只渗透到市场潜力表面；在市场成熟阶段，组织可通过更深层次的本地化工作（如产品定制）在市场中占据更主导地位。

与此同时，战略和关键绩效指标（KPI）也遵循类似路径。在市场进入阶段，需针对该地区的情况定制战略和关键绩效指标，而非以成熟市场为基准，因为本地市场的细微差别、所需本地化以及公司—市场契合的路径可能会有所不同。在市场增长阶段，战略和关键绩效指标与“总部”和其他区域在相似阶段变得更加一致（战略也是如此，尽管程度稍低）。最后，随着市场成熟，一些战略和关键绩效指标变得更加本地化，以符合更深层次的市场渗透目标，这些都是得到市场增长阶段建立的组织流程的支持，为团队提供发展动力。

成功之路

- 在“总部”和本地团队之间建立牢固关系。
- 给予本地团队自主权，使他们发现适合该市场的独特成功模式。
- 通过开放沟通建立信任文化。分享成功和失败案例，以及相应经验教训。
- 建立流程，使“总部”对当地运营具有一定程度可见性和影响力，同时又不妨碍寻求公司—市场契合和所需的本地化工作。

- 确保本地团队内化企业文化和核心价值观，并确保“总部”了解本地市场的独特文化和市场动态。
- 通过允许自主权级别随时间变化来平衡优先级，使本地团队寻求适合其各自市场的公司—市场契合目标，但创建流程和文化规范，使“总部”能够跨多个市场对公司进行大规模管理，在正确扩张阶段利用自主曲线实现正确平衡。

沟通和明确

如果信任和自主权可增强新市场的授权和发展动力，沟通渠道便是团队通往目标的快车道，明确是指导旅程的标志。

与团队环境类似，有效沟通对于全球化团队的成功至关重要，由于文化和语言障碍的影响，沟通对于跨国公司比只在国内开展业务的公司更为重要。“全球类”公司开发的通信网络的结构更像大脑，具有无限的互连性，而非“总部”位于枢纽的中心辐射模型。本地团队和跨职能人员可相互联系、分享最佳实践经验并相互支持。

在运营分布式跨国团队时，“全球类”公司会注意到当地商业文化所造成的沟通方式差异。例如，在许多亚洲国家商业文化中，等级制度受到高度重视，与上级意见不一致被视为不服从；而北欧地区商业文化则高度重视直接沟通。有效沟通渠道和实践有助于驾驭这些文化差异，确保所有人均能进行适当沟通。

“全球类”公司在“总部”和本地团队之间建立牢固的沟通联系。“总部”运用这些链接来设定期望，确认与核心价值观和目标的一致性，并衡量与本地团队的进展。“全球类”公司还确保沟通渠道是双向的，使“总部”能够收集市场情报，以帮助进行业务规划、资源分配、实现所需的本地化并消除本地团队所遇到的障碍。我们将这些双向通信渠道称为反馈闭环（此处和后面章节将进行详细讨论）。

“全球类”公司明白，沟通渠道必须支持同步和异步两种模式，允许跨时区成员参与对话。这些公司明白有效的沟通渠道是很好的均衡器，这样所有团队成员均有发言权，且任何团队或个人均不会因地理位置接近而产生过多影响力。

“全球类”公司认识到，实施有效沟通工具仅是流程的一部分，必须建立固定流程架构以确保高效沟通。在Slack，韩国总经理联系了日本总经理，他知道公司在韩国的业务会从开拓日本市场时积累的所有知识中受益。这些跨团队联系使韩国团队能够获得该地区另一个国家的相关数据，了解日本所需的投资水平以及随之而来的增长对于规划进入韩国市场非常有价值。

通过信息公开透明可最好实现明确沟通。“全球类”公司致力于在决策、制定行动操作指南和最佳实施案例共享以及跟踪和衡量工作进展方面实现沟通透明度。

反馈闭环是促进沟通明确度的好方法。

反馈闭环

高效双向沟通带来的透明度和知识共享缓和了“总部”和本地市场团队之间的紧张工作，节省时间并为各方赋能。在“总部”和本地市场团队之间创建有效沟通渠道的最佳方式是建立反馈闭环。反馈闭环是一种既定沟通线路，可透明、多向交换想法和信息，起到润滑剂的作用，帮助企业的齿轮（其内部流程）更快运转并获得发展动力。

反馈闭环允许本地团队和“总部”共享市场情报并解决问题。当本地团队高效开展工作时，会分享来自本地市场的经验教训和观察结果，以帮助“总部”团队和执行领导层确定必要的本地化，并了解在新市场中获得发展动力和实现公司—市场契合方面取得的进展。同样重要的是，“总部”团队可将核心价值观向本地团队传达，并确保企业文化得到内化。“总部”团队能够与本地团队分享最佳实践经验并寻求效率，在看到跨市场发展模式时扩展最有效的创新。

这种协调对于 Slack 等“全球类”公司来说非常重要。正如人力资源高级副总裁道恩·夏里凡（Dawn Sharifan）所解释的，公司已创建一套流程来对本地团队与“总部”之间的协调进行管理。首先，公司确保有多种来源来掌握本地市场员工的参与度和核心价值观的遵守情况。如果只有一个人与“总部”互动（本地市场领导者充当中间人的情况下自然会发生这种情况），这可能会扭曲本地市场的实际情况。

Slack 通过使团队成员来自各个当地办事处的几个关键职能部门（即人力资源和法务部门）来促进这一点。此外，Slack 有一个“文化大使计划”，每个当地办事处约有 3~5 名非人力资源人员与“总部”建立直接联系，他们可通过定期的节奏安排，分享最新动态。

反馈闭环是管理沟通的重要机制，但仅建立这些架构是不够的。Ritual 首席人力官、苹果零售部门前组织设计主管珍妮弗·科尼利厄斯通过明确回答以下问题，分享了识别差距和创建解决方案的最佳实践：反馈闭环内外部会发生什么？

在最好的情况下，有效实施反馈闭环并非使“总部”更严格控制本地团队的工作。相反，它表现在本地团队被授权分享见解和最佳实践经验，“总部”有远见在全球化扩张全过程中的一个市场上实施最佳实践。反馈闭环帮助“全球类”公司收集整个组织（国内外）的见解和反馈。

为本地团队提供一定程度的自主权十分重要，但反馈闭环为本地团队构建坚实的沟通渠道和系统，以确保团队不会从头开始或独自解决问题，将焦点从公司市场适合度上移开，扩大客户群和扩张运营规模等方面。

有效运用反馈闭环也是解决复杂性的一剂良药。有效实施双向沟通渠道可降低进入新市场和扩展时的本地化溢价、上市和运营复杂性（特别是组织溢价，这些均将在第 6 章中进行界定和讨论）。

从本质上讲，反馈闭环更多是平级间的交流，从而产生新的见解，是前进的催化剂，而非“总部”进行指挥控制的机制，这意味着对变革持开放态度，而非拘泥于“总部”固有行事方式。正如 Zoom 国际化战略和运营团队的马克·帕里（Mark Parry）所说，成为“全球类”公司的方法是消除遗留系统 / 流程中发现的障碍，以及任何（可见和不可见的）文化偏见，从而为变革提供正确叙述。理想情况下，当更新或更换遗留系统 / 流程时，公司在设计和规划方面保持全球化思维。

高效双向沟通还揭示出不平衡现象，例如对“总部”的无意识偏见或对本地市场的本地化偏见，这是国际化扩张失败的主要原因之一。

反馈闭环不仅应存在于“总部”和本地团队之间，还应存在于本地团队之间，甚至单个本地团队内部。我们将后者称为“小闭环”，即来自单一本地市场团队内部的反馈闭环。这些沟通渠道十分重要，通常代表关于哪些业务元素要适应新市场以及哪些元素无须定制的沟通发生的地方。这也是首先发现和验证有关本地市场和新创新的见解的地方，随后通过更大的反馈闭环与“总部”分享。重要的是这些“小闭环”在公司视角和本地视角之间保持平衡。

为何这一承诺十分重要：如果本地团队无法根据自身从本地市场的第一手经验中学到的知识来沟通需要哪些改变，“总部”便不会支持这些转变，从而不会投入资源以适应变更。如果没有开放的沟通渠道，“总部”（以及其他已启动地区）将无法帮助本地团队克服先前在其他本地市场克服的障碍或确保一致性，团队也无法实现公司—市场契合。

正如“飞协博”前高管让·凡·卡斯特伦所说，“这是另一种适用‘二八法则’的情况。公司 80% 的模型适用于新领域；其余 20% 则需通过迭代来计算出来”。（这是优步开拓市场操作指南中的一个概念，将会在第 7 章中提到。）利用公司内部的集体工业思维（全团队经验和教训的积累）是计算出这 20% 的关键。高效沟通正是创建此种集体思维的驱动力。

除维护苹果的核心价值观（如本章开头所述）外，约翰·布兰登还通过传达十项规则（即“约翰·布兰登的成功规则”），在苹果公司国际化团队中树立起集体意识。为确保这些规则得到理解并牢记在心，公司经理们自发为员工打印一张层叠卡片，上面列出可附于公司徽章上的规则列表。这些原则在企业内部广为人知并得到遵守，以至于一位苹果前员工在网上自豪地分享了这些原则，他在谈到约翰时说道：“他似乎遵守这些规则，并使整个组织感觉非常特别，即使在苹果仍在努力摆脱‘四面楚歌’的状态时。”此种围绕核心原则的沟通和明确对于确保全球一致性非常重要。

成功之路

- 指派本地团队的代表来了解市场动态。他们应是员工而非本地执行团队的成员，以便在没有中间人的情况下获得更为多样化的意见。

- 建立适当沟通渠道和平台（流程架构）。
- 确保设置反馈闭环以实现快速响应和迭代。
- 保障双向沟通。克服当地商业文化对透明度和分享失败的厌恶，同时确保本地团队了解相关问题。
- 确立报告流程架构和节奏，以便各方跟踪进展情况。

全球敏捷项目管理方法论

“全球类”公司在全球化扩张时做出的第四个也是最重要的承诺是继续运用敏捷项目管理方法实现公司—市场契合并在新的国际市场中实现规模化发展。

“全球类”公司明确一种产品或运营模式在所有地区均能发挥同样作用是罕见的，毕竟世界过于多样化。它们认识到“全球类”公司不会推动公司前进并坚持本地市场必须屈服于其发展轨道，而是将其当前发展模式（在“初始市场”中得到验证）视为一组需要测试和迭代的假设，了解需进行转型才能获得发展动力并实现规模化发展。

此外，如同任何在“初始市场”中验证其发展模式的企业一样，“全球类”公司知道可能不会第一次就正确，失败也是成功之路的一部分。

敏捷项目管理流程的国际化版本是本地化的关键驱动力（将在第 5 章中详细介绍）。在市场进入过程中，对于产品—市场契合和市场增长道路上的初始迭代来说，优化运营以在公司—市场契合的道路上确立发展动力并实现规模化发展，这是十分重要的。

此种精益运营思维方式从产品开发到本地团队等多方面对组织产生影响。特洛伊·马龙谈到“最小可行性团队”（Minimum Viable

Team）一词，指一个由斗志旺盛的全球企业家组成的小型团队，能够有效在新市场中获得发展动力。凯瑟琳·海姆斯谈到倾向于小规模发展和建立流程，这些流程不一定适用于更大的扩张发展或更多客户群体，但对于尽早验证新的本地市场至关重要。一旦您在新市场中达成产品—市场契合，敏捷项目管理的重点便会转移到寻求公司—市场契合、进行扩张以及优化上市和运营模式。

为何这一承诺十分重要：通常，处于增长模式的企业资源有限，关注事项也有限。敏捷项目管理方法可通过限制验证期间消耗的资源量来提供帮助，一旦实现公司—市场契合，便可节省资源用于扩展。

此外，许多企业一旦其业务在“初始市场”得到验证，便会倾向于放弃敏捷项目管理原则。发生这种情况是因为有关业务的许多核心问题已得到解答：谁是我们的客户？我们的市场进入策略是什么？等等。此外，随着组织发展，拥有更多职能专业知识的人员数量会逐步超过参与初始客户开发过程的人员数量。

经常被忽视之处

敏捷项目管理在全球化增长中的作用

正如第 5 章将明确论述的那样，继续在本地市场的企业全员中传达敏捷项目管理的重要性至关重要。其适用范围远超出“初始市场”的产品—市场契合。商场瞬息万变，“全球类”公司知道需要具有此种心态的团队，以便能够创新、克服障碍并在这些新市场中找到增长机遇。

在构建全球性组织的整个过程中保持对敏捷项目管理的投入将提供所需的灵活性，以构建在单一市场中寻求公司—市场契合并开拓多个市场的能力。

如您认为敏捷项目管理仅适用于首次进入新市场的小型企业，请三思。它是处于全球化扩张不同阶段的各种规模的“全球类”公司的秘密武器。

例如，谷歌专注于竞争激烈的美国家庭语音助手市场，所有参与者均在采取积极行动抢占市场份额并构建更强大的生态系统。在看到拉美地区市场这一尚未开发、竞争有限的市场机遇的数据后，谷歌“Nest”团队转而寻求先发优势。谷歌团队立即采取行动，重新调整国际市场优先顺序，并将 Nest 产品推广至拉美地区的 11 个国家，同时采用敏捷项目管理方法。谷歌有效引导各个国家的不同技术规格（如电压要求），并引入在本地市场拥有专业知识的关键合作伙伴，其中一些合作伙伴拥有不同型号，谷歌能够利用自身在该地区的先发优势。

成功之路

- 在建立专注于国际化增长的工作团队时，选择精通敏捷项目管理的成员。这适用于本地市场团队成员和“总部”支持增长工作的团队成员。
- 激励员工运用敏捷项目管理方式，直至本地运营模式通过遵守设定计划和时间表得到验证。
- 认识到敏捷项目管理方法是确定在新的国际市场中寻求发展动力（和规模化发展）所需本地化的最清晰路径。

案例分析

有效实施四项承诺以实现全球成功增长——"飞协博"

"飞协博"在欧洲市场扩张和增长过程中有效体现出全球成功增长的四项承诺。正如"飞协博"欧洲市场业务创始人让·凡·卡斯特伦所解释的,"总部"在这些核心领域的支持有助于实现公司—市场契合并实现规模化发展。

资源整合

"飞协博"在扩张方面与高管和利益相关者保持一致。他们了解其所在行业(货运代理)的全球性质,且需在欧洲开展业务才能吸引和服务更大的客户。认识到在该地区进行长期投资对于获得发展动力的重要性,执行团队直到A轮融资结束且资金到位后才进行扩张(限制需要"启动项目并离开"的风险)。欧洲本地团队非常致力于扩张。当地办事处从销售、客户成功、运营和法律/监管合规扩展到随着时间推移,包括采购、招聘、财务、人力资源、产品和设计,使"飞协博"在当地拥有强大影响力。

有趣的是,卡斯特伦解释道,在进入市场期间,"飞协博"欧洲市场团队被赋予具体目标,但并未分配具体预算。既定目标是确定公司—市场契合,获得业务发展动力,并为欧洲业务欠缺的现有客户提供服务。这一战略导致客户驱动的资源分配。因此,执行团队授予员工人数来构建满足客户需求的解决方案。

信任与自主权

“飞协博”在欧洲市场取得成功的关键之一可能会被忽视，那就是卡斯特伦和“飞协博”首席运营官桑内·曼德斯（Sanne Manders）之间的关系。卡斯特伦和桑内在波士顿咨询集团阿姆斯特丹办事处共事时便已相识。此种关系不仅帮助卡斯特伦加入“飞协博”，还为他在“总部”带来一位高管支持者。桑内已与卡斯特伦建立信任，这是本地团队与“总部”之间良好关系的一个重要方面，这将在第8章中进一步讨论。尽管卡斯特伦被赋予高度自由来建立欧洲业务，但“总部”确实为本地化和集中化（产品是后者）设置一些范围。

沟通和明确

一开始，卡斯特伦与“总部”的大部分通信均与业务发展动力有关，并且是在他和桑内之间进行的。随着时间推移，此种交流扩展至与“总部”其他成员和其他全球团队成员的沟通。每个月，卡斯特伦均会向执行团队发送最新信息，并与“总部”和全球团队的其他成员合作做出重要决策——从招聘到大额开支，再到对新客户的投资，解释决策是如何做出的，而不仅是预期的决策结果。这也提供了分享本地细微差异的机会，使本地化请求更易被接受。卡斯特伦还接待每隔一个月访问欧洲办事处的高管，并每两个月访问一次“总部”。

这提供更正式的沟通架构，并设立“总经理周”，美国各地所有总经理、亚洲区负责人和卡斯特伦均会定期面谈，从而加强团队建设和沟通。例如创建一个包含来自各地区所有本地化／项目功能诉求的谷歌表格，以帮助获得区域产品变更请求的优先级。通过表格雇用一名技术项目经理，其职责是收集跟踪本地团队产品需求（这是本地化资源团队概念的轻量级和有针对性的版本，会在第7章中进行讨论）。该团队成员位于欧洲，但向“总部”全球产品团队的领导汇报，卡斯特伦提到这是团队角色有效的关键原因。

相关说明：卡斯特伦在“飞协博”全球化增长之旅中的经验与多数成功扩张的有机方式非常吻合。在市场进入过程中，卡斯特伦的主要沟通渠道是通过一位高管（桑内），转向全球化沟通（尽管主要是通过办公室访问等由个人驱动的方式）。随着“飞协博”进一步进入市场增长阶段，建立“总经理周”等更正式架构以及技术项目经理资源。

如今“飞协博”拥有清晰的行动指南，概述进入新市场的所有步骤和要求（包括法务、人力资源等）以及决策流程。定期会议和沟通架构也已趋于成熟。欧洲、中东、非洲（EMEA）和亚太地区与北美地区持平，这三个地区的市场团队每周均会与“飞协博”全球化职能部门一起召开全球化发展问题解决会议。

全球敏捷项目管理方法论

“飞协博”使卡斯特伦可自由运用敏捷项目管理方法来适应欧洲地区的公司市场，对“飞协博”的市场进入和运营模式中的许多要素进行迭代。由于该产品由“总部”和集中的产品团队严格管理，因此大部分迭代均集中于行动指南的其余部分。迭代和转型出现，包括首先为英国业务引入合作伙伴，以及需要本地化政策（德国销售人员获得汽车奖励，这在北美并不常见，但在德国商业文化中是一项重要福利）。

综合起来，资源整合、信任和自主权、沟通和明确以及全球敏捷项目管理方法的使用是“飞协博”在欧洲和全球取得成功的关键因素。

为何成功实现全球扩张的四项承诺十分重要

第 81 页上的四项承诺在“总部”和本地团队之间搭建起一座桥梁，设定协作参数，并为“总部”所需元素提供框架，使本地团队走上成功之路。

四项承诺对于全球化增长计划的成功至关重要，如果未能正确实施和持续遵守这些承诺，企业便有可能陷入导致全球企业失败的十种最常见因素的风险（如第 1 章所述）。

- 未能建立领导力（第 2 名），“总部”资源不协调，未能为全球化增长投入适当时间和资源（第 8 名），团队不适合（第 3 名），未能确立提供动力的架构（第 9 名）。
- 在“总部”和本地团队之间保持沟通心态（第 4 名），表现为本地团队缺乏信任和自主权。
- 本地化问题［本地化时不重新审视客户开发（第 5 名）和敏捷项目管理方式，而非对复杂性进行管理（第 6 名）］和试图“天生全球化”（第 1 名）源于放弃全球敏捷项目管理方法。
- 缺乏使沟通适应分布式的员工队伍（第 7 名），未能将核心价值和企业文化普遍化（第 10 名），这是由于缺乏沟通和明确的承诺。

四项承诺通过帮助本地团队取得成功并确保“总部”拥有支持和指导本地团队的机制来促进此种平衡。从反馈闭环到全球敏捷项目管理思维，这些承诺的机制旨在促进并保持“总部”和本地团队之间的一致性。

从实践的角度来看，这些承诺有助于企业在市场进入期间实现产品—市场契合，并有助于在市场增长期和市场成熟阶段确立实现公司—市场契合的动力（更多内容将在第 7 章中进行介绍）。

此外，四项承诺均是相互关联的。

- 致力于建立强大沟通渠道，从而实现针对新市场本地化业务所需的敏捷项目管理迭代。
- 沟通和清晰可培养有效增长所需的信任和自主权。信任可促进沟通联系优化。
- 有效沟通渠道还可优化致力于全球增长计划的资源使用，以便本地团队以最适合本地市场的方式利用资源。
- 信任和自主权优化资源（人员和资金）使用。

采用敏捷项目管理可对其他三个承诺进行迭代，为不断变化的组织提供支持，公司从市场进入到市场增长（实现产品—市场契合和公司—市场契合）并进入市场成熟度，其中更深层次的本地化敏捷项目管理推动持续优化。对敏捷项目管理的承诺如何实现其他三项承诺的重要性如何强调均不为过。敏捷项目管理的作用非常重要，不仅要加以利用，还必须适应具体情况，以专门应对需要本地化并在全球多元化扩张中拓展业务时出现的独特复杂性，毕竟每个国家均有独特的市场条件、文化差异和规则。

领导团队在四项承诺上充分一致后，每项承诺便可付诸实践了。敏捷项目管理的全球化应用将在第 5 章中详细介绍。

第 4 章小结

- 为成功实施全球化增长计划，公司必须做出（并遵守）四项关键承诺：
  a. 资源整合——“全球类”公司在较长一段时间内将财务和人力资源投入到全球化增长计划中，确保与积极参与该计划的公司领导层保持一致。
  b. 信任和自主权——“全球类”公司促进“总部”和本地团队之间的信任，以自主曲线为指导，为本地团队在特定扩张阶段（市场进入、市场增长和市场成熟）提供适当自主权。
  c. 沟通和明确——“全球类”公司建立反馈闭环，以便在全球范围内进行双向沟通和创新。
  d. 全球敏捷项目管理方法论——“全球类”公司改进敏捷项目管理方法论，以应对在多个国家寻求公司—市场契合所遇到的挑战。
- 四项承诺在“总部”和本地团队之间架起一座桥梁，促进双方互动和战略实施。

第 4 章思考与实践

- 贵公司领导层最认同四项承诺中的哪一项？最不认同的是哪一项？
- 请描述贵公司组织中“总部”和本地团队之间的动态。二者之间是否平衡？
- 贵公司领导团队和主要利益相关者之间是否就您的扩张发展计划达成一致？

第 5 章

本地化

全球敏捷项目管理

第 1 部分：发现和假设发展

Zendesk 是一家极具社区意识的公司，总部位于旧金山田德隆区，这里的员工每天均会遇到无家可归的人。从公司总部附近街角露营的无家可归者到全天候在附近游荡的吸毒者，Zendesk 团队发现无家可归者的影响力，并通过 Zendesk 基金会努力解决贫困问题。

此种睦邻友好心态成为 Zendesk 公司的核心价值观和全球化增长战略不可或缺的一部分，公司希望对办事处所在社区产生积极影响。最初，这种心态深深植根于该公司旧金山总部面临的无家可归者和贫困问题，无论 Zendesk 办事处设于何处，公司均会努力解决这一社会问题。

唯一的问题是，并非 Zendesk 扩张到的每个城市均受贫困的影响。在新加坡设立办事处时，本地团队表示无家可归者在这个城市国家并不普遍，因此这种社区关注并未与本地团队联系起来。

然而新加坡的老年人口确实面临抑郁症的社会问题。为鼓励充分就业，新加坡人力部当时规定的退休年龄为62岁（除非工人有资格获得提前退休资格）。由于缺乏工作场所的社交互动，许多老年人感到孤独并变得抑郁。鉴于该问题的普遍性，这成为Zendesk新加坡团队热衷于解决的一个领域。

随着Zendesk继续致力于全球化增长，公司开始将其社区影响关注点进行本地化，以适应各地区情况和当地员工热情。

除展示“全球类”公司可对社会产生的积极作用之外，这也是“全球类”公司为实现全球化规模发展所做努力的一个很好案例；这些公司会开展本地化。它还说明本地化应考虑的广度以及实现公司—市场契合的途径可以是多方面的。

“全球类”公司与全球化增长计划失败的公司的区别在于本地化的范围。公司很容易考虑本地化营销活动或客户服务，但只有最成功的公司才允许本地化渗透至公司各个方面，如同Zendesk致力于的社区影响一样。

本地化的重要性

随着近期的业务变化，全球化机遇更加明显，但扩张速度和敏捷项目管理变得更为重要。由于各个市场均有各自不同的市场力量和文化差异，“全球类”公司意识到必须重新审视自身发展模式，现有行事方式在新市场中可能不会完全适用。

“全球类”公司的企业家发现与本地市场建立联系的机会，并成为业务本地化的催化剂，从而吸引社区建立联系并赋予当地员工权力。

如果没有企业家所赋予的权限，本地化的范围和重要性常常会被误解。诚然，许多商业领袖并不认为本地化可超越语言翻译的范畴，但那些将计划和资源投入本土化背后的“全球类”公司确实从中获益。

本地化是企业通过转型和迭代在新市场中获得发展动力的核心工具，与本章详细介绍的商业模式本地化画布（BMLC）中的文化相匹配，两者紧密相连，文化是业务本地化的驱动因素之一，也对本地化内容产生重要影响。

本地化是在新市场中经历敏捷项目管理流程的结果。它代表在新市场中实现公司—市场契合所需的全部关键点。

矛盾之处在于深度本地化不可避免会带来复杂性。这意味着本地化的某些方面值得开展，而其他方面则不值得开展。然而如果没有这种定制方案，客户便不太可能与品牌建立联系和互动。

尽管这些方案造成复杂性，但本地化工作可帮助减少其他领域的增长障碍，如使销售团队能够利用本地化及能与客户产生共鸣的营销材料更快达成交易。尽管这些时间和注意力消耗一些营销资源，但也优化了销售流程，此种附属品可重复使用以克服障碍并缩短销售周期。

Shopify 国际内容和本地化主管丹尼尔·沙利文认为，如果想看到本地化的真正潜力，需将对其的看法从“成本中心”转变为可推动客户参与的战略业务部门的流程和销售。同样重要的是要努力融入当地并讲当地语言（这是拥有一支了解当地情况团队的关键）。

随着进入全球业务的新时代，本地化变得更加重要。正如中东食品配送平台 Talabat 前国际化扩张部总经理穆罕默德·伊尔迪里姆所分享的，“十年前，对于该地区消费者来说，看到欧美品牌便觉得很酷。现在，除非产品本地化，此种感觉不再重要。‘本地化’不再是一个可选项；现在成为一种必须。”

为何这一切都很重要？如果不实施全面本地化策略，您便会错过金字塔顶部的机会，最终无法从扩张中获得全部投资回报，甚至可能更糟。

本地化超越语言翻译

许多传统公司认为语言翻译是针对新市场进行业务本地化的第一步，也是（几乎）唯一的一步。这些公司往往对需要进入的最佳国际市场抱有过于简单的看法，优先考虑与其“初始市场”使用相同语言的国家，而非考虑可能对新市场成功产生更重要影响的其他许多因素。

在传统公司的标准场景中，所进行的语言翻译工作（通常过于简单）并不能引起本地市场目标客户的共鸣。Tableau[①] 亲眼看见了如果本地化工作仓促会发生什么情况。翻译后的网站内容发布后，德国客户立即开始抨击翻译语言，向公司发送更正申请，并在信中说，“你在开玩笑吧……你甚至无法翻译好我们的语言，你以为我会购买你的产品吗？”沃尔玛还了解到，为满足本地市场的需求，香肠产品的外观、味道和气味均要像德国香肠。

人们对新产品的渴望并非永无止境，如果您不努力在开拓国际市场上时刻与客户交流，您可能会将他们的善意变成批评。当您努力与客户联系时，客户会做出回应，而将内容翻译成客户的母语是最直接的方法。正如 Slack 本地化团队所说，“本地化以客户理解的语言和他们熟悉的文化参考，与他们建立信任。”但这只是开始。

事实上，最好不要仅通过语言或文化参考点来定义本地化，而

① 甲是一家提供商业智能的软件公司，正式成立于 2004 年，总部位于美国华盛顿州西雅图市。——译者注

应通过结果来定义本地化。正如能者物流首席执行官兼联合创始人黎常文所说，“本地化有两种形式：如何赢得本地需求，以及如何制定对本地市场有意义的运营策略。”

黎常文提到的两个核心领域（市场进入和运营）与第 6 章介绍的本地化溢价分析框架相匹配，它们共同支持本地化带来的负面结果的目标管理。

如何开展本地化

尽管针对新市场进行业务本地化是寻求发展动力和规模化发展的重要一步，但不应盲目遵循该流程。正如“飞协博”前欧洲市场负责人让·凡·卡斯特伦所说，“最重要的是要避免任意独特性；你可以独一无二，但仅当客户或本地市场结构[①]（market structure）需要时才有必要尝试进行独特本地化。”

《精益创业家》一书作者埃里克·莱斯指出，“当进入新的国际市场时，‘产品’不再是销售的实际产品，‘产品’变成需要用以获得成功的整套操作指南。该市场所提供的发展动力，所有本地化和核心业务模式的变化均必须迭代，以在新市场实现产品—市场契合”。这就是为何我们使用“公司—市场契合”一词来描述本地化如何超越产品和进入市场战略，涵盖公司运营所有环节。正如前一

① 市场结构是构成一定系统的诸要素之间的内在联系方式及其特征。在产业组织理论中，产业的市场结构是指企业市场关系（交易关系、竞争关系、合作关系）的特征和形式。作为市场构成主体的买卖双方相互间发生市场关系的情形包括四种情况：卖方（企业）之间的关系；买方（企业或消费者）之间的关系；买卖双方相互间的关系；市场内已有的买方和卖方与正在进入或可能进入市场的买方、卖方之间的关系。上述关系在现实市场中的综合反映就是市场的竞争和垄断关系。市场结构就是一个反映市场竞争和垄断关系的概念。市场结构是决定市场的价格形成方式，从而决定产业组织的竞争性质的基本因素。——译者注

章案例研究中所述，来自“飞协博”的卡斯特伦证实了这一点。他解释说，他为在欧洲获得关注而进行的大部分迭代与产品无关（该产品由来自“飞协博”总部的产品团队集中管理），而是行动指南的其余部分——市场进入和运营模式的其他方面。

本地化涉及产品和流程的改变，以在市场上有效运作。流程可包括遵守当地商业惯例，但一般来说包括改变运营模式，首先寻求公司—市场契合，随后随着时间推移在新市场中进行扩张。成功源于重新审视在最初市场中有效的策略，并对其进行调整以适应新的本地市场的细微差异。

有效本地化并不仅仅意味着“为改变而改变”。所有改变均应来自于市场洞察和验证。行业、目标客户群体和所在国家均十分重要。

那么本地化时要考虑的核心原则是什么呢？

首先，“全球类”公司明白遵守第 4 章概述的四项承诺至关重要。本地化业务的所有方面均需投入资金（资源整合），需要有效沟通来分享最佳实践经验和进展（沟通和明确），需要一个对市场有深刻理解（最好是本地市场）的人在本地环境下完成，这需要本地团队的谨慎（信任和自主权），并需要迭代来获得正确结果（全球敏捷项目管理方法）。本地化并非一劳永逸的过程。您使用相同的敏捷项目管理（国际创业）思维方式不断迭代和改进翻译后的上市策略和本地化业务运营，需要齐心协力重新审视并遵守客户开发流程，而在其“初始市场”中寻求公司—市场契合的公司经常使用该流程。正如埃里克·莱斯所分享的，“我见过计划同时在 22 个国际市场推出产品的公司，我想知道这样做是否能成功。更相关的问题是您能够同时管理 22 个“客户发现”流程吗？”在全球市场进入、增长和成熟过程中运用敏捷项目管理方法需要关注点和资源。

无须深思熟虑。“全球类”公司意识到无须立即推出全部策略。尽管将资源投入本地化工作非常重要，但不必要求完美。您可使用现有营销材料进入市场（但要确保产品足够优质）。您可边向前发展边发现信息，并从中进行调整。本地化探索持续进行。秉持此种心态，本地化便成为一个迭代过程，可收回成本，而非预先完成所有工作。前期工作从开始便会增加期望并降低投资回报。

不要在真空中考虑单独的本地化，将其与业务其他核心方面联系起来。由于企业文化的重要性，所有本地化工作均需与核心价值观保持一致。有时，这意味着您有意识选择不将业务某些方面本地化。核心价值观对哪些方面可以改变、哪些方面不能改变给予指导。

为更好引导您公司的本地化工作，请回想一下第 2 章中提到的 BlaBlaCar 的“为两个市场打造”策略。

传统企业在创立时会考虑“初始市场”情况。产品、运营模式和团队均是针对业务规模的“初始市场”量身定制的。决策是在考虑这一市场的情况下做出的，并被植入公司基因之中。当采用此种方法时，很难做出适合新市场的改变。

回顾第 2 章的案例研究，创始人兼总裁弗雷德里克·马泽拉并未仅考虑法国本土市场来建立产品和公司，而是指导 BlaBlaCar 团队同时为法国和西班牙建立产品线和运营模式。这尤其对产品的许多方面产生深远影响。

产品专为两种不同语言设计。在为平台编写技术堆栈 / 基础设施时，开发人员已考虑到两种语言（法语和西班牙语）的情况，因为企业计划在法国实现产品—市场契合后进入西语市场。此种方式使得集成第三种和第四种语言变得更为容易。想想在为单一语言构建软件产品时未考虑的简单元素，如用户界面中的文本位置，不同语言中的单词长度不同，另外有些语言中的单词是从右向左读的，而非从左向右读。

请注意，您不一定需要同时为两个市场构建产品线。当您进行研究以了解第二个目标市场的细微差异时，您可做出在产品和运营中建立灵活性的决策，从而使未来的本地化工作更易于开展。企业更像是一个可适应的模板或平台，而非一个封闭系统。

全球敏捷项目管理是高效本地化的关键

事实证明，敏捷项目管理方法可有效帮助大型和小型企业。这种方法可帮助初创企业验证其商业模式达成公司—市场契合，如同可帮助成熟组织快速进行试验、创新、优化和扩展一样。

该方法论（有时称为精益方法论）是指产品开发、业务模型生成或完成所有项目的迭代方法。就“全球类”公司而言，这将在国际市场上获得发展动力并实现扩张。敏捷项目管理方法并非制订一个不考虑不确定性和变化的严格而全面的计划（瀑布式项目管理方法），而是允许团队在更加熟悉新市场时进行更改。计划是灵活的，并进行测试来验证哪些研究和假设是准确的，从而对扩张策略进行明智的改进。

正如企业认识到迭代流程的有效性一样，“全球类”公司也发现迭代流程在全球化增长背景下的价值。将敏捷项目管理方法应用于全球化计划是使敏捷项目管理思维和工具在国际环境中引人注目的有效方法。

特别是，全球敏捷项目管理风格是识别、构建和扩展在各个市场取得成功所需本地化的催化剂。

经常被忽视之处

有效的市场进入始于重新审视客户开发

正如第 4 章提到的，为在全球范围内取得成功，企业必须保持敏捷项目管理。对于那些已放弃迭代流程而转向瀑布式项目管理方法的组织来说，回归敏捷项目管理可能会很困难，因为它们已发展至需要构建更多流程架构的规模。然而纯粹的敏捷项目管理方法对于多个国际市场的本地化并不有效，因为敏捷项目管理的途径是以任何必要方式进行迭代和调整，以找到适合市场的发展模式。对于单一市场来说很好，但在十个不同的市场中则会导致十种不同的运营模式，难以管理且难以产生发展动力。重新添加具有全球意识的敏捷项目管理方式可帮助组织进行调整以实现建立全球化扩张的使命。

为支持全球化是新敏捷项目管理的理念（引言中曾提及），我们看到初创企业在将产品推向市场时也不再严格遵守计划和正式进入日期，因此“全球类”公司也不再正式开拓国际市场。预先由大型团队开设办事处正在被更加有序的市场进入所取代，此种市场进入在更公开的进入市场之前寻求更多验证和初步发展动力。

这是其中最大的挑战。本地团队（专注于单一市场的团队）和“总部”（具有全球权限的团队）如何找到适应以同频共舞而不踩到对方脚趾的方法？

这是一项巨大挑战，需要新一代敏捷项目管理，解决这些基本问题的全球层面的方法。我们将全球敏捷项目管理方法定义为以迭代方式针对新的国际市场进行业务本地化的过程，同时对与实施这些变化相关的复杂性进行管理。该流程的最终目标是在新的国际市场中实现公司—市场契合。

在概述全球敏捷项目管理方法时，我们分两部分进行。第一个是发现和假设发展，本章将讨论这一点，涵盖公司采取行动以更好了解新市场的初始阶段，然后为公司相信如何调整业务以在新市场中取得成功制定基线。这一步的重点是业务本地化。完成此阶段的关键框架是本章详细介绍的业务模式本地化画布练习。此步骤的目标是实现产品—市场契合。

第 6 章涵盖了全球敏捷项目管理流程的第二部分：准备、验证和实施，其中公司进行更深入分析，制订计划以进行所需的本地化，然后实施该计划。此步骤的重点是管理全球敏捷项目管理流程第一步中发现的本地化带来的复杂性。它还考虑了针对该市场所做变化如何适应整个公司的全球化增长路径。完成此阶段的关键框架是下一章详细介绍的本地化溢价分析流程。第二步的目标是实现公司—市场契合（如第 29 页所定义）。

全球背景下的敏捷项目管理

从本质上讲，国际环境下敏捷项目管理的主要原则与在“初始市场”中寻求产品—市场契合时使用的敏捷项目管理方法相同，但有一些重要区别。

- 假设测试优于单一市场研究，因为所有本地化工作均从假设开始进行测试和更改，以验证业务模式的变更适应新市场。
- 在发现和市场进入过程中，具有客户开发技能的团队成员比具有深厚专业知识的团队成员更有效，因为需要回答有关市场所需本地化的诸多问题。

- 对客户行为的观察仍然优于意见。
- 遵循路线图是次要的，其次是基于通过测试发现的关键见解进行迭代和调整。
- 已在“初始市场”中销售的成品/服务成为最低可行产品（MVP），需要在新的全球市场中通过将它们放在客户面前以获得反馈来进行验证。换句话说，您应有这样的心态：您在“初始市场”中的当前产品在新国际市场最具价值。
- 确认问题解决方案的适应性和产品市场的适应性仍是全球敏捷项目管理流程第一步的主要目标，因为本地团队希望从市场进入过渡到市场增长。然后，在纳入全球背景和对复杂性进行主动管理的过程中，第二步的主要目标是随着公司从市场增长到市场成熟，实现公司—市场契合。

测试是敏捷项目管理方法的一个重要方面，在开拓全球市场的背景下尤其重要。尽管多数走向全球的公司从第一次通过测量测试验证其商业模式以来已走过漫长道路，但这并不意味着他们应重新采用瀑布式项目管理方法，即开拓新市场的各个方面均根据研究假设来规划和构建。测试是优化扩展工作投入时间和资金的最有效方法之一。考虑一下相反的情况。

例如，一家美国公司的销售终端（POS）系统在进入澳大利亚市场时未进行有效测试，从而危及整个扩张计划。

在澳大利亚，空运配送并不像欧洲、亚洲和美国那样先进。在进入市场之前，团队成员对本国运输系统进行了测试，以确保产品和包装的完整性，并预计运输时间。这是更广泛的测试前计划的一部分，其中还包括更改标签，因为每个国家甚至每个零售商的做法都可能大不相同。

当产品推出时，澳大利亚邮政拒绝通过空运运送 POS 终端（终端配有锂电池，许多邮政运营商不允许这样做）。由于测试产品是通过地面服务运送的，因此团队在所有进行的测试中均未发现这一点。尽管该产品通过国际航空运输协会（IATA）的认证，并遵循其集中的通用标准，试图将包装国际化，但最终由澳大利亚邮政的一名员工决定，他不允许运送产品。

有效测试有助于避免公司产生延误、运营限制和额外成本。如同标准敏捷项目管理方法一样，随着测量测试的结果获得关键见解，围绕计划本地化的假设便会发生变化。然后不断迭代，直至新的本地化业务得到市场验证。

经常被忽视之处

重新发现现有市场可增加市场份额

如果贵公司已进入若干国际市场，但希望获得更大市场份额，那么可能值得后退一步，进一步开展本地化发现（本章稍后将进行详细说明），然后您可返回至搜索阶段，更好地了解市场，重新评估并调整当前策略。我们经常发现企业急于获得发展动力，但当增长停滞或尚未找到合适时机时不确定该如何做。在开展全球敏捷项目管理流程之前，进行此种重新发现是重要的一步，还可发现提高市场表现所需的本地化。

为避免常见错误并有效达成全球规模化发展，“全球类”公司必须运用此种新式敏捷项目管理方式，此种方式考虑到在多个国际市场中寻求公司—市场契合的集体性质。如前所述，标准敏捷项目管理流程不惜一切代价确立合适流程。这对于“初始市场”来说非常有用，但如果在五个、十个、二十个或更多国际市场中使用这种方法，对所有不同模式和业务排列组合进行管理是站不住脚的。

此外，在第一阶段，全球化版本的敏捷项目管理兼顾必须通过两个视角来审视企业各个方面：政府监管和文化。

政府监管过滤器

政府政策、当地法律和当前政治环境对于企业进入市场的成功可能性起着巨大作用。此类别涵盖与在新国家 / 地区合法经营业务相关的各种要素：建立经营实体、获得许可、申请和维护知识产权和保护、产品必须遵守的法规，客户信息存储位置和所有权，纳税等。可涵盖简单的政策，例如围绕客户信息存储位置的监管（德国），也可能具有破坏性，例如要求您与当地企业合作或使当地董事会成员合法运营（印度），或收取进口税，这使得您的产品对当地人的发展动力（相较于巴西本地电子产品）大大降低。

政府监管也会影响市场动态。有些行业比其他行业更受政府关注，酒类行业便是其中之一。在瞄准越南市场时，嘉士伯意识到与政府合作对于企业成功至关重要。当地法律规定越南政府须拥有当地啤酒厂的控股权，因此嘉士伯收购当地啤酒厂多数股权以进入市场的固有策略被证明难以实现。相反，公司必须调整其进入市场战略，与越南政府建立长期关系，以便获准购买当地啤酒厂的少数股权，然后必须等待逐步购买该企业的额外股份。

为何它十分重要：水涨船高（反之亦然）。选择正确的“领域”（国家）来启动也是导致全球化增长计划后续成败的最大因素之一。政府政策可能会支持您的企业进入，直接帮助您提升发展能力，也可能会阻碍您盈利运营的能力。虽然政府监管可能不会直接禁止公司运营，但可能会使用创造性手段来限制运营模式或产品功能。

为强调政府监管作为过滤器的重要性，我们看到公共政策团队开始在新市场的成功验证和增长中发挥更为关键的作用。破坏性的政府政策可能是不在一个国家启动的唯一原因。当地法律要求合资（JV）合作伙伴而非直接所有权、政治动态或特定行业监管均会对市场发展动力产生重大影响。这些政策可能会影响公司运营方式，限制盈利能力或限制运用特定商业模式，也可能与公司核心价值观或文化相冲突。

例如，葡萄酒线上销售企业 Vivino 无法运用其在俄罗斯或韩国的主要收入模式，因为公司研究发现在这些国家在线销售酒精是违法的。同样，由于将资金转移到国外非常困难，公司不得不将其在巴西市场的开拓进程推迟多年。

中东国家阿曼提出“阿曼化”倡议，要求在其境内运营的公司仅雇用阿曼国民担任部分职位（如人力资源），而其他职位（如销售）可部分由外籍人士担任。同时，公司员工中必须有一定比例是阿曼本国国民，阿曼才能为外籍员工发放签证。Talabat 国际化扩张部门前董事总经理伊尔迪里姆解释说，这给 Talabat 带来一些问题，因为当地人缺乏公司所需的某些技能。这导致招聘进程放缓，并使公司在培训方面投入大量资金。

由于优步颠覆了受监管的出租车和送货市场，公司面临着来自各国政府（国家和地方政府）的强烈抵制。这也是为何各国政府根据当地法规制定绿色 / 黄色 / 红色细分市场，优先考虑监管环境最友好的（绿色）市场。尽管公司在许多市场成功运营，但在其他市场开展业务却受到阻碍。例如，匈牙利政府于 2016 年颁布一项法律，允许匈牙利国家通信当局阻止所有“非法调度服务”的互联网访问，从而使优步在布达佩斯的业务不得不中断。丹麦要求所有提供出租车服务的车辆配备计价器和座位占用传感器，但这样优步无法实现盈利，因此被迫退出丹麦市场。因此，监管、政府和政治均很重要。

除正面影响之外，政府监管还可能影响商业模式、竞争格局、客户数据隐私、分销渠道以及资金进出国家的能力。

当计划进入新市场时，请通过政府监管过滤器来运营业务各方面。这将帮助您解释政治和法规如何对市场进入战略产生影响。“全球类”团队对公司必须如何转型进行准确估计，以便提前构建本地化，并与当地政府建立富有成效的关系，从而避免时间和金钱的浪费。

经常被忽视之处

当地法律顾问

为最有效遵守当地法律，最好由当地法律顾问来帮助您应对相关问题。这不是“总部”可完全处理的事情。法律部门代表可协助选择当地律师并与其沟通，但最好不要使用您所在国家的律师作为新市场的主要律师，他们可能缺乏在国际市场有效展业的专业知识。换言之，最好使“总部”雇用的法律顾问学习如何管理许多国家的当地法律顾问，而非要求法律团队自行了解当地法律知识。正如脸书前员工托马斯·克里斯滕森所指出的，“需要能够看清细节和大局，从宏观和微观观察事物”，对于多个复杂的法律体系的情况，这一点很难做到。

文化过滤器

运营业务各方面的另一层面是文化过滤器。在新市场中发展的“全球类”公司对本地市场的细微差异很敏感，包括语言、当地传统、习俗和仪式、历史、建立信任过程、独特的决策标准和购买流程、特定分销实践、当地对金钱和支付的看法，以及本地团队与当地社区成员的互动等。在某些市场，被视为国际（外部）品牌可能是一个积极因素（越南），而在其他市场，这可能是一个障碍（德国），尽管这可能因同一国家内的行业而异。

为何它十分重要：适应当地文化对于产品采用和有效维持本地市场影响力至关重要。它使目标客户能够与企业进行沟通并与产品建立充足联系，增强使用意愿。

文化甚至可改变企业提供的产品（至少是核心功能）。在专注于亚洲市场之前，Slack 的消息平台上并未设置发送按钮，而是选择使用户单击键盘上的回车键。在亚洲的某些地区，商人倾向于发送非常详细的指示，而非短讯。没有“发送”按钮给亚洲商业专业人士带来了焦虑感，因为准备详细和冗长的交流是当地商业文化的一部分，他们担心不小心按下回车键，因此不得不过早编辑他们发送的消息，这被认为是不专业的。这与 Slack 提高通信速度的特点背道而驰，因为这在消息传递过程中增加了一个额外步骤，这对 Slack 团队来说是一个艰难的决定。鉴于亚洲市场用户意外发送消息的数量激增，因此添加了“发送”按钮。产品团队随后根据用户所在位置设置了回车键/

发送按钮的默认首选项，但最终向全球用户提供了这两个选项。

尽管谷歌搜索在世界多地均实现很高的市场渗透率，但公司未能在韩国获得太多份额。韩国本土搜索引擎 Naver 继续保持强势市场地位的核心原因之一便是文化。韩国人非常关心维护民主和自由。Naver 成功将自己定位为国民搜索引擎，运行的付费广告系统与谷歌搜索不同。Naver 较少根据谁为列表顶部付费（即谷歌的“赞助列表”模式）来确定搜索优先级，而更多根据与本地客户相关性来确定搜索优先级，这会引起本地客户群体的共鸣。

对当地文化的深入了解使得爱彼迎能够通过强调对目标客户有吸引力的特定体验从而与他们建立联系。亚洲某些市场的客户会喜欢独特的住宿地点（如城堡和树屋），而其他市场则较为保守。寻求新的旅行方式和考虑相对风险①是不同市场中处理方式截然不同的概念。此种基线理解直接影响应用程序中显示的体验并影响客户沟通，如在某些市场提供详细信息以安抚潜在客户。

在我们的调研中，日本经常被认为是一个文化差异显著、本地化工作对于实现公司—市场契合至关重要的国家。为获得足够多的客房库存，以满足该公司在当地扩张初期的需求，爱彼迎必须克服日本房东的担忧，如果他们提供的房间不“完美”，他们便会发布房源清单。

文化范式和本地市场趋势也可成为增长的催化剂。日本文化一大主要关注点便是人口老龄化。DocuSign② 顺应这一趋势，解释日本企业需运用数字化技术来应对即将到来的劳动力短缺问题的原因，以及公

① 相对风险（relative risk）是一个统计学概念，指一个群体暴露在一定风险下与未暴露在该风险下某事件发生概率的比值。——译者注

② DocuSign 是一家全球领先的电子签名解决方案提供商，成立于 2003 年，总部位于美国旧金山。——译者注

司解决方案如何提供帮助。随着退休人口增多，年轻一代不得不用更少资源完成更多的工作。DocuSign 恰当说明其数字签名解决方案如何提高生产力并与日本政府加速数字化转型的无纸化政策保持一致，从而导致 DocuSign 改变其价值主张。克劳斯 2014 年在日本目睹了这一转变。当他参观客户的办公室时，看到办公室的每张桌子上均堆有高高的文件。政府实施无纸化政策后，成堆的纸张几乎于一夜之间消失。

当计划进入新市场时，通过过滤器运行业务的各个方面，以考虑文化如何影响进入市场，有助于“全球类”团队提高采用速度，避免文化失礼，并更好将公司定位为重视支持当地文化的组织，致力于提升品牌资产①。

全球敏捷项目管理背景

在更详细了解政府和文化对针对新市场进行本地化的企业的影响之前，有必要了解本地化过程在将敏捷项目管理应用于国际化增长的更大背景下的适用范围。

在公司成立之初的初始客户发现过程中，起点是关于寻找目标客户、选择解决方案（产品 / 服务）以及估计的业务和运营模式的一系列假设。当扩展到新的国际市场时，起点是在“初始市场”中经过验证的发展模式。当在现有全球化扩张表现不佳的市场中进行调整时，起点将是需要迭代或放弃的失败产品 / 模式。

在市场进入过程中，目标是验证新市场、发现所需进行的本地

---

① 品牌资产（Brand Equity）是赋予产品或服务的附加价值。它反映在消费者对有关产品品牌的想法、感受以及行动的方式上，同样它也反映于品牌所带来的价格、市场份额以及盈利能力上。它是品牌的名字与象征相联系的资产（或负债）的集合，能够使通过产品或服务提供给顾客（用户）的价值增大（或减少）。——译者注

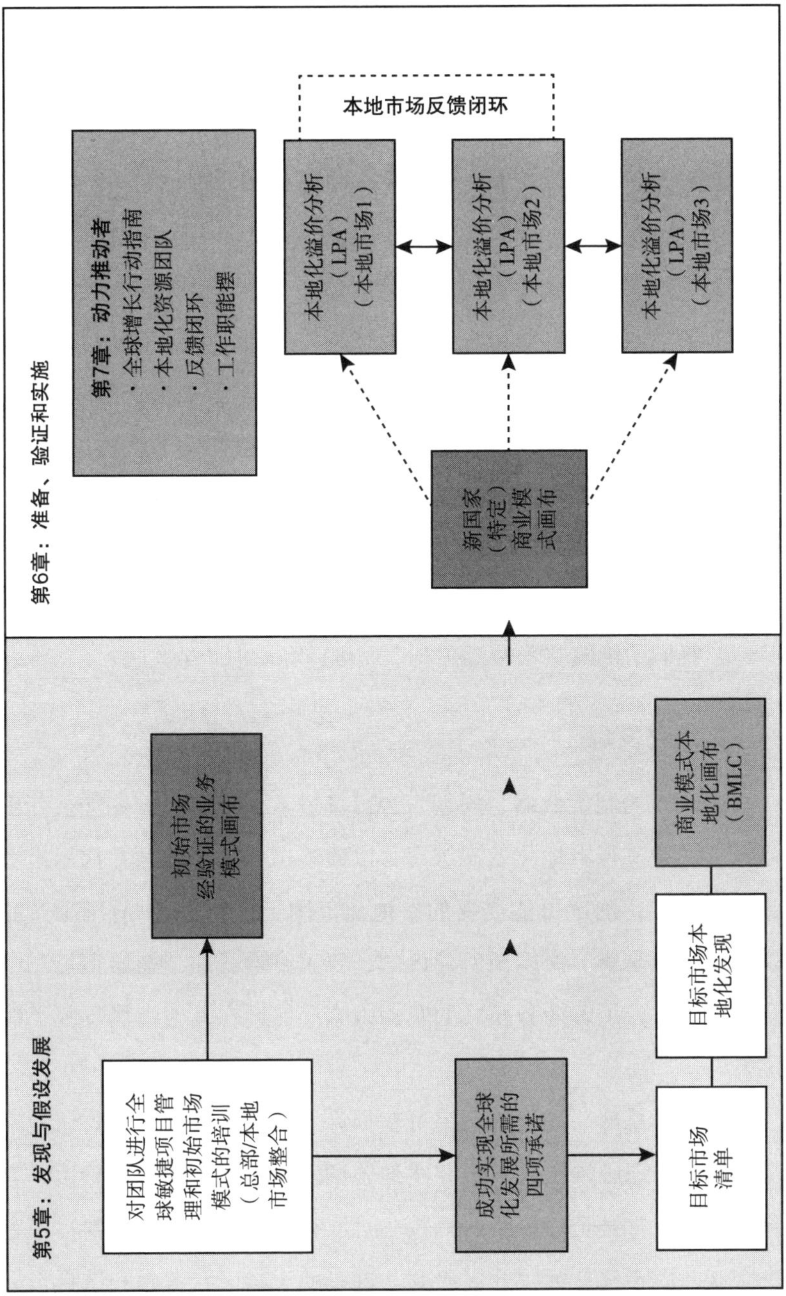
第5章：发现与假设发展
对团队进行全球敏捷项目管理和初始市场模式的培训（总部/本地市场整合）
初始市场经验证的业务模式画布
成功实现全球化发展所需的四项承诺
目标市场清单
目标市场本地化发现
商业模式本地化画布（BMLC）
第6章：准备、验证和实施
第7章：动力推动者
·全球增长行动指南
·本地化资源团队
·反馈闭环
·工作职能摆
新国家（特定）商业模式画布
本地化溢价分析（LPA）（本地市场1）
本地化溢价分析（LPA）（本地市场2）
本地化溢价分析（LPA）（本地市场3）
本地市场反馈闭环

化工作并获得发展动力，主要里程碑是产品—市场契合。当团队踏上全球化增长之旅时，重要的是所有参与团队成员（无论是在“总部”还是在本地市场）均接受有关在“初始市场”中验证的运营模式的教育，且所有人均接受第 4 章中所讨论的四项承诺、确保“总部”/本地团队保持一致。

下一步是概述关键问题，这些问题将帮助您评估新市场并确定需要如何更改在“初始市场”中验证的发展模式以适应新市场的独特方面。例如，回答以下问题有助于确定新市场发展模式的假设：

1. 我们能否在新市场中瞄准与先前相同类型的客户？

2. 我们是否需要调整渠道策略来向新市场客户分销产品？

3. 我们需如何调整收入或定价模式才能在新市场中获得发展动力？

4. 我们的价值主张是否在新市场目标客户中产生共鸣？

本地化发现

团队开始制定战略、规划，为市场进入做准备。首先涉及列出目标市场并进行本地化发现练习，以回答这些关键问题并揭示市场的细微差异，确定可能需要的本地化范围。正如 Slack 前国际产品扩展主管凯瑟琳·海姆斯所建议的，要了解增长在“初始市场”中意味着什么，了解业务模式的驱动因素。然后在其他市场寻找类似迹象。

尽管“总部”进行的研究可获得许多关键见解，但仅靠研究本身还不够。您必须更进一步并实地验证这些信息。在研究阶段，客户的诉求常常被全球视野所牺牲。听取客户诉求需要直接与目标客户交谈，而不仅是远程开展研究。这有助于减少在考虑和选择目标国际市场时经常存在的偏见。

理想情况下，在“总部”（和市场内）进行的市场分析应提供目标国家的优先事项列表以及如何开展本地化工作的想法。在实践中，可能是一份目标国家名单，但也会带来一些新问题。

与公司通过标准敏捷项目管理方法发现产品—市场契合的客户开发流程一样，本地化发现不应外包。Zoom 国际化战略和运营主管马克·帕里准确地指出，市场准备工作必须由内部驱动，而非通过外包。参与扩张工作的人员（负责“总部”的国际化增长或本地市场领导团队的成员）应成为本地化发现过程的一部分。

尽管与潜在客户交谈是该流程的核心部分，但重要的是交流要远超出目标客户的范围。我们建议您在本地化发现过程的范围内包括以下内容：

- 目标客户（以及目标市场中的现有客户）
- 投资者
- 企业家和相关商业领袖
- 潜在合作伙伴
- 新员工候选人
- 地方政府机构
- 当地行业协会
- 高校
- 潜在供应商
- 商业思想领袖和市场分析师
- 银行和金融系统代表
- 本地媒体
- 普通人群

定位发现是关键的一步，其重要性毋庸置疑。如同邮件投递口尺寸这样的平常事项也可能会影响包装尺寸和分发选择，字母数字邮政编码或以多种货币开具发票的需要可能会给旧有系统造成困扰一样。前者实际上会导致企业延迟进入韩国市场。公司团队未与当地邮局沟通，了解本地邮政系统和标准。发布前一周，发布团队得知产品包装不适合韩国标准邮件投递口尺寸，导致公司不得不推迟产品发布，仓促重新设计包装以适应市场，并取消原计划（已投资的）上市营销活动。

如果不提前了解，这些小因素可能会导致延误并产生额外成本。如果团队使用瀑布式项目管理方法并过度投资，而未首先验证各个市场的正确运营模式，这些细微差异甚至可能直接导致失败。

最好的情况是，本地化发现包括进行亲自拜访。在此期间，团队主要成员深入市场，与主要利益相关者面对面交流并亲身体验市场。

本地化发现的好处的一个很好的例子来自“印象笔记”前国际总经理特洛伊·马龙与当地人进行的交流。他最初的研究涉及与出租车上的以及在餐馆和酒店的普通乘客定期互动。他在评估2014年印度市场进入时对印度进行的远程研究中发现的数据显示，处于上升期的年轻专业人士（“印象笔记”高端产品的主要目标人群）拥有很高的信用卡普及率，这对使用信用卡作为主要支付方式的“印象笔记”公司来说是一个很好的迹象。有趣的是，在特洛伊与印度普通百姓的对话中，他一次又一次地听到他所谓的“阿姨的故事”。

几乎每位年轻专业人士均会有一位“阿姨”，她会讲述有位亲戚使用信用卡欠下巨额债务、毁掉自己人生的故事。由于这些故事，确实有很多人拥有信用卡，但没有人使用它们，因为担心负债累累并毁掉自己的人生。最初的“幕后”研究中发现的数据显示信用卡支付的巨大前景，但从实地考察的角度来看，现实表明这些数据是没有根据的。这种市场发现不仅有助于验证市场研究的有效性；还揭示出进行本地化工作的新思路。

就“印象笔记”公司而言，特洛伊的跨界文化好奇心和对本地市场的专业知识相结合，形成有效营销策略，帮助“印象笔记”通过意想不到的方式脱颖而出。特洛伊和当地同事阿尼班·穆克帕德海伊一起探索印度市场时，看到工人们背着装满水桶的大箱子到处走，这些水桶被顶在他们头顶的木板上。当向阿尼班询问更多细节时，他了解到这些工人（又称“达巴瓦拉”[①]）正为该地区的白领专业人士（“印象笔记”公司最初目标客户群）配送午餐（盒饭）。特洛伊想到一种超本地化营销策略，印刷一张带有广告的卡片，宣传“印象笔记”的优质服务，以增强公司正在进行的其他数字广告宣传。这一战略颇为成功，如果没有特洛伊的跨国创业思维，引导他探索本地市场并亲身体验，加之阿尼班对当地的了解，这一战略永远不会被发现。这清楚表明在拓展新市场时拥有对本地市场和公司了解的重要性（将在第 8 章中进一步论述）。

值得注意的是，本地化发现过程应在最初调研阶段之后继续下去。事实上，“全球类”公司意识到即使在最初进入市场之后，也需持续开展本地化发现，以收集有关本地市场的更多见解并加速实现公司—市场契合。

① 达巴瓦拉（dabbawalas），印度当地对职业送餐服务者的称谓，印度孟买从事将刚做好的午饭饭盒从上班族（主要是郊区）的住家运往他们工作地点，并且将空饭盒带回来这一行业的人，他们使用多种交通工具。——译者注

案例分析

体验式高管支持——爱彼迎

在亚太地区推出应用程序时，爱彼迎联合创始人兼首席执行官布莱恩·切斯基（Brian Chesky）希望观察在公司首批推出产品的国家之一——韩国使用公司移动应用程序的情况。公司前亚太区营销主管珍妮弗·袁计划在当年假期期间让公司全体高管层进行一次旅行，以亲身了解该地区消费者（最好的实地本地化发现）。作为此行的一部分，珍妮弗召集一些韩国客户的焦点小组，供执行团队观察。

通过一面单向滤镜，执行团队不仅能够看到客户的肢体语言，还能够“悄悄观察”，了解他们如何与应用程序互动。

使公司首席执行官观察到这一点非常有价值。这次旅行为他提供现场体验，展示出该应用程序面临的挑战以及新市场消费者在与其互动时所获得的乐趣，从而增强对扩张发展计划的支持。执行团队能够直接看到当地人如何立即与照片丰富的移动应用程序建立联系，尽管文本未被翻译成韩语。这增强了市场机遇，并提供有关产品需如何本地化以适应本地市场的见解。

此外，这次旅行也是一项很好的工具，可帮助执行团队更好了解这个新地区文化和市场动态差异，并接受本地团队提出的更新产品和战略。

基于本地化发现过程中发现的见解，下一步是针对企业如何在目标市场运营设定一套新的假设。

商业模式本地化画布

应用全球化版本的敏捷项目管理方法从这里开始。为新市场创建准确假设的最佳方法是通过本章前面详细介绍的两个过滤器（政府监管和文化）来运行已在“初始市场”中大规模运营的商业模式，并为每项过滤器提供来自本地化发现的见解。

为帮助实现这一目标，我们创建了商业模式本地化画布这项工具。

作为起点，从亚历克斯·奥斯特瓦尔德创建的商业模式画布中选择类别，许多初创企业在适应最初的产品—市场契合时均使用过该模型工具。（商业模式画布可在 Strategyzer.com 上获取。）您还可使用第 6 章讨论的本地化溢价分析中的类别，或者您自行设计元素列表（商业模式本地化画布模板可在 www.GlobalClassBook.com 上获取）。目标是编制一份全面的业务和运营模式要素列表，并通过政府监管和文化过滤器对其进行运行，以针对业务在新市场中的运营方式设定一套全新假设。从本质上讲，这也会突出需寻求发展动力所需的本地化。

全球企业家在这一过程中大放异彩。他们的文化意识和对当地细微差异的敏感度有助于巩固政府和文化决定企业需要进行的变革。从这里，您可将新国家的预期市场进入 / 运营模式（您的新本地市场假设）转移到针对特定国家的本地化溢价分析模板。这是一个综合框架，可将于新市场中获得发展动力所需的变化可视化，全球敏捷项目管理流程第二阶段的第一部分（在第 6 章中描述）——同时使用特定国家 / 地区的商业模式画布（或您选择的其他跟踪工具）来跟踪在新市场中迭代时假设的变化。然后，遵循标准敏捷项目管理方法的其余部分——使用“构建—测量—学习”反馈闭环（埃里克·莱斯在《精益创业家》一书中进行了描述）进行测试，根据关键学习进行迭代，创建策略和流程的初始版本，在需要时进行调整——直至实现产品—市场契合（最终进而达成公司—市场契合目标）。各个国家 / 地区均应有各自独立的本地化溢价分析 / 商业模式画布（对于前者，多个国家可在单一模板上分层进行比较）。

这项练习对于您要进入的各个国家市场均很重要。应在市场增长期间继续通过这些过滤器运行各方面业务，以对运营和结果进行优化。当您在多个国家 / 地区扩展并开始运营时，使用所在市场作为新市场的基准很有意义，因为您为当前扩张所做的本地化可在新市场中扩展（“链接市场”的概念将在第 6 章中进一步讨论）。

完成商业模式本地化画布

要完成商业模式本地化画布，请在最左栏中写下在“初始市场”中验证的商业模式要素。然后进行本地化发现（如果尚未开始）。接下来列出可能影响该国家 / 地区进入市场或运营模式各要素的政府监管和文化的相关方面。在最右栏中，制定并写出针对新市场的本地意识假设。然后，当您准备拓宽新市场时，这些假设将成为测试和迭代的基础。然后将其反馈至全球敏捷项目管理流程第二步的本地化溢价分析流程中。

国家：________________ 日期：____________

填表人：______________

<table>
<tr><td rowspan="7">商业模式本地化画布</td><td colspan="2">版本：本地化溢价</td><td>初始市场中经验证的模式

列出已在“初始市场”中得到验证的业务各方面中的经过验证的模式</td><td>政府与法规

政府、法规和当地政治环境如何影响业务的各个方面？</td><td>文化

本地市场文化、规范、信仰和价值观如何影响业务各个方面？</td><td>本地市场假设

在通过政府、法规和文化过滤器对每个方面进行筛选之后，您应为新市场测试哪些新的假设？</td></tr>
<tr><td rowspan="3">进入市场策略</td><td>销售溢价</td><td></td><td></td><td></td><td></td></tr>
<tr><td>产品溢价</td><td></td><td></td><td></td><td></td></tr>
<tr><td>营销溢价</td><td></td><td></td><td></td><td></td></tr>
<tr><td rowspan="3">运营策略</td><td>行政溢价</td><td></td><td></td><td></td><td></td></tr>
<tr><td>基础设施溢价</td><td></td><td></td><td></td><td></td></tr>
<tr><td>组织溢价</td><td></td><td></td><td></td><td></td></tr>
</table>

国家：________________　日期：____________

填表人：______________

<table>
<tr><td rowspan="10">商业模式本地化画布</td><td>版本：
商业模式画布</td><td>在初始市场中验证的模型

列出已在“初始市场”中得到验证的业务各方面中的经验证的模式</td><td>政府与法规

政府、法规和当地政治环境如何影响业务各个方面？</td><td>文化

本地市场文化、规范、信仰和价值观如何影响业务各个方面？</td><td>本地市场假设

在通过政府、法规和文化过滤器对各方面进行筛选之后，您应为新市场测试哪些新的假设？</td></tr>
<tr><td>客户细分</td><td></td><td></td><td></td><td></td></tr>
<tr><td>价值主张</td><td></td><td></td><td></td><td></td></tr>
<tr><td>渠道通路</td><td></td><td></td><td></td><td></td></tr>
<tr><td>客户关系</td><td></td><td></td><td></td><td></td></tr>
<tr><td>收入来源</td><td></td><td></td><td></td><td></td></tr>
<tr><td>核心资源</td><td></td><td></td><td></td><td></td></tr>
<tr><td>关键业务</td><td></td><td></td><td></td><td></td></tr>
<tr><td>重要合作</td><td></td><td></td><td></td><td></td></tr>
<tr><td>成本结构</td><td></td><td></td><td></td><td></td></tr>
</table>

进行中的全球敏捷项目管理 / 商业模式本地化画布

文化和政策法规可能会对寻求合适本地化，以及法律和文化上接受的模式产生深远影响。除产品之外，文化和政策法规还涵盖商业模式画布各部分（以及第 6 章详细介绍的本地化溢价分析中的各个类别）。为解释影响的程度，以下是展示这些过滤器的不同示例的概述。

产品。Zoom 在进入新市场时会经历产品本地化的过程，公司国际主管亚伯·史密斯称之为“技术本地化”。这导致了产品的变化，反映出对当地文化的敏感性，并增加视频会议平台的应用。在亚洲市场，在面对面会议上交换名片是一种商务礼节，双手交换名片，并仔细阅读以示尊重。注意到这一点，Zoom 集成一项功能，允许交换虚拟名片，使虚拟会议适应该地区面对面会议的商务文化。此外，公司允许重新安排每个视频流的窗口，以适应亚洲现场会议中惯用的正式座位安排，其中最高级与会者被安排在最重要的座位（在视频会议的情况下，体现在屏幕上的位置）来传达其重要性。

收入模式。文化对定价有着显著影响。在墨西哥，公司通常为购买的产品提供零成本贷款。在日本商业文化中，进行价格谈判才是标准做法（折扣高达 90% 的情况也很正常），因此标价被人为抬升。如果您在定价时不考虑这一点，可能很快便会徒劳无功——思特沃克团队便不得不经历惨痛的教训才认识到这一点。

价值主张。由于德国员工通常会在同一家公司工作很长时间，因此在领英（该平台在美国的价值主张主要围绕求职）建立个人档案被认为是对客户的不忠诚。领英不得不改变其价值主张，将自身定位为相关的职业发展工具。公司努力淡化平台上的求职功能，表示更新您的个人资料或状态并不意味着您正在找新工作，并展示该平台如何成为日常知识工具，帮助您提高在当前工作中取得成功所需的技能。

渠道。葡萄酒应用程序 Vivino 有一个电子商务模式，客户订购的葡萄酒会直接送货上门。此种做法在德国等许多欧洲国家行之有效，但在法国很少被采用。因为该国葡萄酒运输成本比其他市场高出 70%，而且当地消费者已习惯“点击提货”模式，在此种模式下，他们会从一个中心提货点提货。Vivino 团队进行了调整，创建一个分销系统，集成“点击提货”选项以适应法国市场。在俄罗斯或韩国等在线销售酒类违法的其他市场，公司必须重新评估并调整其收入模式。

了解政府和文化景观可成为一种竞争优势，甚至可指导企业的市场进入战略，DocuSign 进入德国市场的过程便是一个例证。

案例分析

德国市场的合作伙伴——DocuSign

德国人习惯于支持高品质的本土品牌，因此更喜欢从本土企业购买产品（正如第 1 章中所论述的沃尔玛未能获得市场发展动力的案例），这使得使德国消费者转而接受国际公司的新产品服务变得十分困难。

DocuSign 并未被这一挑战难倒。了解本地文化后，他们认为有必要与一家在市场上拥有广泛影响力的知名德国企业建立进入市场的合作伙伴关系。团队的目标是与 SAP[①]、安联保险[②]（Allianz）、德国电信（DT）等公司签署协议。经研究决定，德国电信似乎是最佳选择，它拥有上万名销售人员和完善的分销渠道。鉴于德国客户数据需要存储在国内，德国电信还寻求技术集成，以便德国电信的移动设备集成 DocuSign 签名功能以及与德国电信数据中心的客户数据存储。

为表明对市场的承诺，DocuSign 制订一份全面的合作伙伴提案，其中包括合作伙伴投资下一轮 DocuSign 的筹款、转售合作伙伴关系、技术集成（如德国电信的移动设备签名）以及相互客户关系（其中每家公司的员工均使用合作伙伴的解决方案）。此种分销、共同客户、投资和技术集成四管齐下的发展方式对于 DocuSign 来说是一个巨大胜利，同时也是德国电信改善客户体验、为其云业务获得收入并从快

① SAP（System Applications and Products）是全球最大的企业管理和协同化商务解决方案供应商、世界第三大独立软件供应商、全球第二大云公司，成立于 1972 年，总部位于德国沃尔多夫市，曾多次入选《财富》世界 500 强。2022 年 5 月 12 日，《2022 福布斯全球企业 2000 强》发布，SAP 位列第 168 名。——译者注

② 安联保险集团是欧洲最大的保险公司，全球最大的保险和资产管理集团之一。安联保险集团于 1890 年在德国柏林成立，至今已有 129 年的悠久历史，总部设于德国巴伐利亚州首府慕尼黑市，是德国最大的金融集团，也是欧洲最大的金融集团之一。——译者注

速投资中受益的机会。DocuSign的价值不断上升，有助于其在德国市场的业务增长。

正如与许多大型组织的合作伙伴关系沟通一样，谈判进展缓慢。同年6月，DocuSign时任首席执行官基斯·克拉奇[①]（Keith Krach）发现德国电信首席执行官蒂姆·霍奇斯（Tim Hodges）及约50名高管将在邻近DocuSign旧金山总部的斯坦福大学参加一些高管教育课程。随着美国独立纪念日假期的临近，基斯邀请德国电信全体高管到他自称位于加州圣克鲁斯[②]附近海岸的“海滩小屋”进行庆祝。德国电信高管纷纷前来，脱下日常的正式职业装，换上短裤和短袖衬衫。一行人享受了烧烤大餐（本应是热狗，但滑稽的是聚餐中改用了香肠）和烟花美景。由于聚会上建立起的关系，合作协议很快得以敲定。

这次合作非常成功。德国电信不仅在对DocuSign的投资中获利颇丰，且还能将DocuSign作为一项增值服务纳入其网络解决方案之上。在两年内，DocuSign开始在德国聘请直销团队，以支持额外客户群体和新的市场机遇，而这正是奠定合作伙伴关系的基础。计划十分成功，因为整体策略均是建立在对德国文化习俗的理解运用的基础之上。

① 基斯·克拉奇曾是通用汽车史上最年轻的副总裁，后到硅谷创业。美国DocuSign公司董事长。——译者注

② 圣克鲁斯县是美国加州太平洋岸边的一个县，位于旧金山湾区的南方。——译者注

本地化是“全球类”公司拓展新市场时的关键活动和重点，它表现出成功与失败之间的区别。正如第 4 章所述，本地化工作难度较大，涉及范围也十分广泛。除使您在新市场中获得发展动力之外，本地化还会增加经营业务的复杂性。

其中蕴含一个沉重的事实：当贵公司向国际扩张时，经营方式也会随之改变。无论是产品还是运营模式的改变，公司在进入新市场时均需适应。其中，一些是由必要性（当地法律和法规）驱动的，一些是由市场因素驱动（需进行变革以在新市场中获得发展动力），还有一些是由文化驱动的。

无论发生何种变化，我们的研究表明企业领导者通常只能部分理解这种复杂性，而通常不会将其作为在组织内进行规划和社交的全面直接框架的一部分。

例如，“飞协博”团队在全球化增长计划准备期间经历过一个“顿悟”时刻，当时他们对如何在欧美各个市场定价和销售海运产品进行了对比，发现定价和合同模式存在很大不同。例如，美国的进口报关市场费率明显高于欧洲大部分国家，且某些欧洲市场有美国所没有的特殊港口附加费（反之亦然）。在美国，固定合同通常于 5 月开始，且具有年度有效期（合同利率锁定），而在欧洲，年度固定合同更有可能在年底到期，且通常具有季度和半年固定有效期。为适应各个市场，“飞协博”必须对定价模式和销售周期重新进行调整，以确保公司业务在全球范围内运营。这些变化也为业务开展带来复杂性。当一家公司在全球范围内建立起多个法人实体、各个国家的不同价值主张、不同销售或支持模式以及各种内部技术集成时，一开始可能有两种不同定价模型，可能会变成五六种不同的定价模型和营销变革，以实现本地化。

本地化工作量的增加需要新的框架工具来跟踪、交流和实施您通过应用全球敏捷项目管理方法验证过的定制化方案。为了更深入了解如何在全球市场中实现公司—市场契合的本地化过程中，让我们来研究一下如何对伴随业务变化而来的复杂性进行管理，这是全球敏捷项目管理流程的第二步。第 6 章将探讨一个框架工具，该工具可帮助您做到这一点并实现公司—市场契合。

第 5 章小结

- 为成功实现全球规模化发展，“全球类”公司调整敏捷项目管理方法论（全球敏捷项目管理）帮助其实现达成目标所需的本地化（对公司上市和运营模式的改变）。新市场中的产品—市场契合（第一步目标），并最终实现公司—市场契合（第二步目标）。第一步是进行本地化发现，并就企业如何在新市场运营制订一套新的假设。
- 本地化过程超越语言翻译和市场营销，涵盖公司从产品到流程、从商业模式到当地社区参与的各个方面。
- 在进入市场之前，有两个过滤器（作为商业模式本地化画布的一部分）来运行公司上市和运营模式的各个方面：政府监管和文化。此过程有助于揭示模式在可测试的新市场中的外观假设。

第 5 章思考与实践

1. 您如何发现和跟踪进入新的国际市场所需的本地化?
2. 上次您退后一步评估公司如何针对国际市场进行本地化时有哪些发现?
3. 在规划过程中，您是如何将政府监管和文化的过滤因素纳入本地化策略的?

第 6 章

复杂性

全球敏捷项目管理

第 2 部分：准备、验证和实施

物流和配送平台 Chazki [①] 联合创始人兼首席执行官贡萨洛·贝加佐（Gonzalo Begazo）指导公司开拓第八个新市场时，遇到了问题。他在公司第一个国际市场上花费大量时间塑造的业务（如运营模式和办公室文化的一致性）已被置于次要位置，因为更紧迫的问题以及在各个市场寻求独特的公司—市场契合的工作已成为优先事项。现在这些问题造成障碍，阻碍公司进一步规模化发展的势头，团队因同时运营许多不同模式而不堪重负。他不仅需要解决当前的一些问题，还需要更好在各个国家的发展模式寻求共性，并在进入市场之前更有针对性地对各市场的细微差异进行评估。

贡萨洛并不孤单。亚马逊的在线零售业务是在全球商业时代早期建立的。它的运作几乎就像国外二十家独立的公司一样，各国市场均有自己的流程、物流、进入市场策略和价值主张。尽管亚马逊的网站在不同市场看起来很相似，但每个网站均是独立的，各国官

① Chazki 是一家成立于 2014 年的秘鲁物流公司，专注于城市物流和按需配送服务。——译者注

网上销售的产品也可能大不相同。这种复杂程度使亚马逊无法真正发挥其全部潜力并实现更高水平的优化。

每当一家公司决定进入新市场时，就会发生争执——一场关于业务哪些方面发生变化、哪些方面保持不变的争执。这是一场各种规模、各行业各地区的公司均会遇到的争执，从亚马逊这样的全球巨头到 Chazki 这样快速成长的初创企业。结果可能是灾难性的，Chazki 的潜在增长陷入停滞，亚马逊也容易受到新的本地市场竞争的影响。复杂性和定制化之间的平衡效果可能会导致单一市场的成功或失败，但当许多市场混合在一起时，风险便会增加。

正如我们在第 5 章中所指出的，本地化不仅是语言翻译，它涉及业务调整的各个方面，以适应本地市场文化、法规和其他独特细微差异。但这些转变也带来了复杂性。在详细介绍全球敏捷项目管理流程的第一步——发现和假设发展之后，现在我们将重点关注此种复杂性管理的下一步：准备、验证和实施。

每家企业均有自己的方式描述进行必要改变所带来的复杂性：Slack 内部的说法是“每一个‘是’都是一种牺牲”。Zendesk 内部则是“不可能满足所有人的一切要求”。对于其他公司，甚至还提到无法成功“将所有事情全搞定”。

专注、简单和共同努力避免（通常不可避免）复杂性是在全球化发展时保持首要考虑的重要因素。

全球敏捷项目管理方法的第一步可帮助发现在新市场中寻求发展动力所需的变革，但此种心态不可能不惜一切代价适应产品市场。因为此种心态会产生复杂性并阻碍发展动力、效率提升和规模化发展。相反，对全球化增长带来的复杂性进行管理非常重要。

您必须对在新市场中获得发展动力所需的本地化与进行这些转

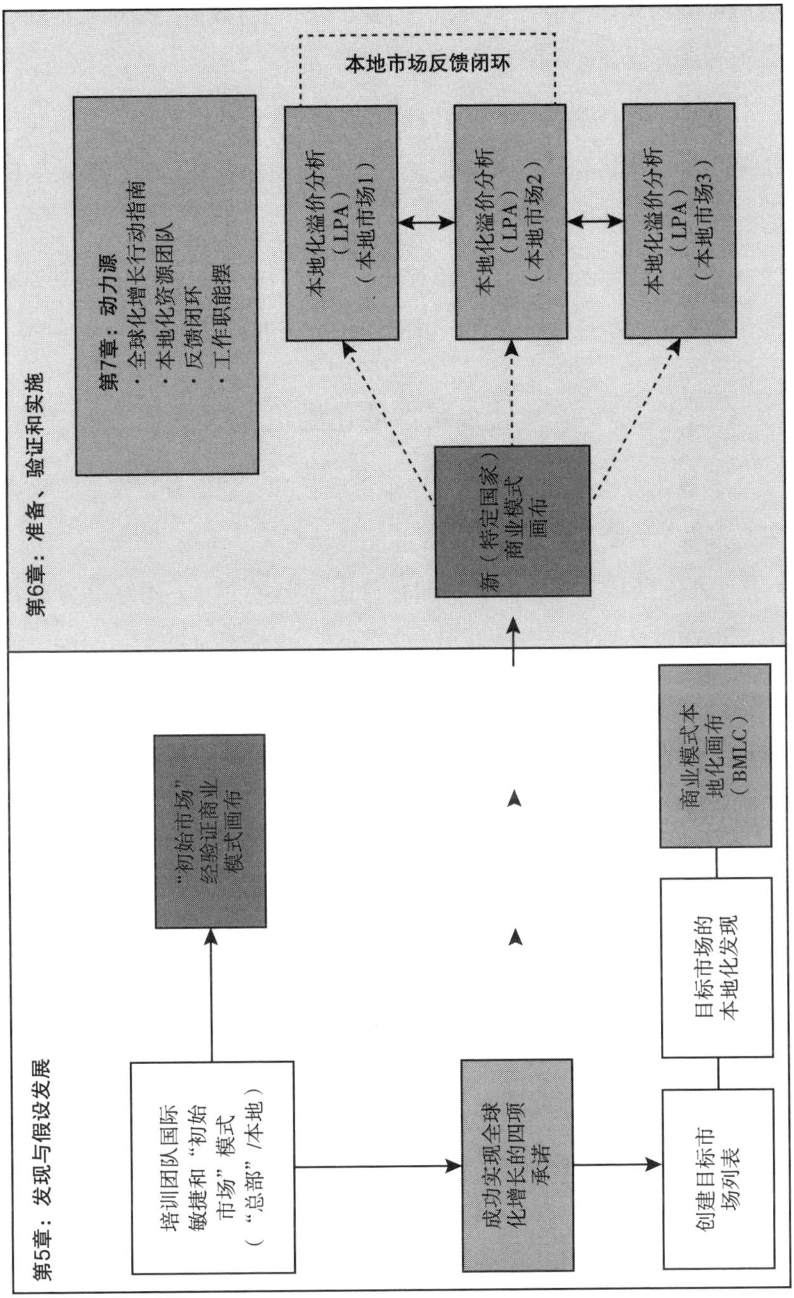
第5章：发现与假设发展
培训团队国际敏捷和“初始市场”模式（“总部”/本地）
“初始市场”经验证商业模式画布
成功实现全球化增长的四项承诺
创建目标市场列表
目标市场的本地化发现
商业模式本地化画布（BMLC）
第6章：准备、验证和实施
新（特定国家）商业模式画布
本地化溢价分析（LPA）（本地市场1）
本地化溢价分析（LPA）（本地市场2）
本地化溢价分析（LPA）（本地市场3）
本地市场反馈闭环
第7章：动力源
· 全球化增长行动指南
· 本地化资源团队
· 反馈闭环
· 工作职能摆

变所带来的复杂性进行平衡。“全球类”公司有效运用全球敏捷项目管理方法来实现此种平衡。

这种平衡的必要性体现在我们所说的本地化溢价中。本地化溢价是一种新的敏捷项目管理理念，允许组织在管理本地化策略的同时，在全球化发展时对复杂性进行管理。

这是全球敏捷项目管理流程第二步的目标——对新市场业务本地化带来的复杂性进行管理，以实现公司—市场契合。

什么是本地化溢价

本地化溢价概念的核心是一个重要认知，您必须以某些（如果不是很多）方式进行业务调整，才能成功打入新市场。

“溢价”一词既意味着公司从做出必要改变（新市场的发展动力）中获得的利益，也意味着如此做时所需的额外成本（时间、财务或人力资源投入）。收益伴随着负担。**从本质上讲，本地化溢价是指为实现企业在新市场中的公司—市场契合而进行本地化的过程中所产生的复杂程度。**

如果企业选择创建更快、更简单的解决方案，而非在开始时用更长时间来实施更好的解决方案，那需要投入额外成本或时间。速度、可扩展性以及最终结果的持续时间之间需要权衡。反过来，累积的本地化溢价带来的问题成倍增加，必须随后解决，而且问题搁置的时间越长，问题便会加剧。

这些运营和市场进入措施转变及其所产生的溢价可大可小。如果您允许各个新国家 / 地区的市场团队使用各自的客户关系管理（CRM）技术、薪资系统、提案制订和定价工具，允许他们制定不同的知识产权策略并维护不同的法人实体结构，全球化扩张的运营管理工作开展将是痛苦的，而整合它也需要巨大努力。

进行本地化溢价分析（本章稍后将详细介绍）可帮助您实现公司—市场契合并更快开拓新市场。它会指导您对当前发展模式进行更改，以便在新市场中取得成功，并帮助您在多个本地市场中调节更改程度。这使得本地化溢价分析成为在全球更广泛范围内寻求公司—市场契合的催化剂。本地化溢价的概念也可作为一种通用语境和工具框架，帮助企业理解扩展至新市场所涉及的变化，以及如何有意对额外产生的复杂性进行管理。

有鉴于此，全球企业家应对本地化溢价和与全球化增长计划相关的更高投资回报持积极态度，将这一理念置于团队工作的最前沿。您可将与每项本地化工作相关的成本视为投资，如果做得正确，可推广至其他市场，从而推动规模化发展。无论复杂性管理成效如何，经历全球化扩张过程的企业在向全球受众延伸的过程中均会在很多方面发生变化（其中许多是积极变化）。

本章旨在帮助您从开始便优化本地化溢价，首先使您增进对其的了解，然后为您提供相关架构和见解以帮助您更好进行管理。这种想法是在您的团队中根深蒂固的一套信念，并确立简化复杂性的流程，而非拼凑定制的快速修复方案。拥有这些架构和清晰沟通渠道可使本地市场团队深入了解其他人如何构建区域市场并解决对应问题。

Plaid 公司收入主管保罗·威廉姆森认为本地化溢价类似于标准差的统计概念，因为业务运营方式的转变会使标准差偏离您的核心关注点。通过增加复杂性和多种运营方式，远离您的主要关注点，从而无法解决核心问题。在标准偏差的背景下衡量拟议的变更有助于企业领导者在决策过程中设置边界，并强调即使是很小的变更也会产生经常易于被忽视的负面影响。

当保罗继续谈论这一话题时，他提到在没有标准偏差护栏或本地化溢价的情况下如何创建并取缔您的产品。这不再是对目标客户有价值的解决方案，而是默默成为所有人的专家（且具有很高的产品溢价）。产品变更只是占领新市场重要份额所需本地化的浅尝辄止。对业务其他方面的变更往往也很重要。无论您是处于业务早期阶段或是进入新市场阶段，专注于开始阶段十分重要。

尽管您可将本地化溢价简单视为复杂性的增加，但其意义远不止于此。我们将其视为一种物理和图形化的表示方式，业务必须适应当前发展模式，以在新市场实现公司—市场的最佳契合。

本地化溢价是话题启动器和通用语言框架，使您能够量化经常出现的变化元素。本章中介绍的本地化溢价分析框架可助您对营收潜力和必要变更（需投入资源）进行权衡。该框架可对业务多个元素进行比较。最重要的是，它对于国际化扩张来说是一个有用的启发式步骤。

为何本地化溢价十分重要

Slack前欧洲、中东和非洲地区销售主管詹姆斯·谢莱特（James Sherrett）如此描述导致本地化溢价的复杂性：“每项决定和改变均会产生下游效应。”

了解和跟踪本地化溢价十分重要。如果不加以控制，过程会更加复杂，减缓公司增长速度，占用核心资源，浪费时间和金钱，甚至可能危及贵公司在“初始市场”中的核心业务。

对复杂性进行管理也是从市场进入到市场增长以及最终市场成熟的关键。

此外，本地化溢价和复杂性的概念与成功实现全球化增长的四项承诺密切相关。

正如前面提到的，尽管亚马逊竭尽全力旨在使全球客户的生活变得更加轻松，却也使公司在全球范围内的运营变得非常困难。

亚马逊开始进军国际市场时，许多降低复杂性的架构和工具尚不存在。随着发展，公司积累起相当可观的本地化溢价。

亚马逊 Kindle 平板电脑应用商店前副总裁伊森·埃文斯（Ethan Evans）将亚马逊描述为一家跨国公司，而非一家全球性公司，从技术上讲，公司业务运营相对独立，并在各个国家 / 地区采用不同运营策略来交付商品。公司一开始在一个国家生产实体产品，随后在逐个国家进行扩张。因此，虽然亚马逊使用一种运营模式和一套指导原则，但每个国家的在线零售业务都是独一无二的。此种高度本地化的发展方式允许本地实体灵活适应本地市场的需求（对于实现公司与市场的匹配非常好），但同时也创建并采用许多不同方式以运行业务的各个方面（增加本地化溢价）。

苹果公司是统一界面，但亚马逊有多个国家域名。尽管它们具有相似外观和感觉，但各市场背后的产品和流程却有所不同。由于公司经营实物商品，因此除本地化网站外，还需要在国内拥有经营实体。该发展模式需针对产品进出口、企业房地产、当地劳动法、政治问题和当地法规而制定。

如研究亚马逊的服务产品，可发现他们在约 15~20 个主要商业市场提供国家 / 地区本地化的服务，并为世界其他地区提供美国在线体验的全球化服务。因此亚马逊分为 20 个市场和“世界其他地区”组。随着时间推移，亚马逊也逐渐将世界其他地区一些国家转变为独立市场。

在经营基于技术的业务部分（Prime Gaming[①] 和 Kindle 平板电脑）

---

① Prime Gaming 是亚马逊公司推出的游戏订阅服务。——译者注

时（理论上可跨境运行），伊森仍将各个国家 / 地区的独立法人实体以及为各个国家 / 地区定制的在线体验结合在一起，从而增加开拓新市场的复杂性。基础设施、文化差异、本地化和本地市场法规的差异以及在多个国家 / 地区的运营可能会十分复杂。

伊森如此解释道："亚马逊建造房子、搭建社区，最后建设起一整座城市。此种架构不容忽视。毕竟我们无法规避固有存在。您有一个必须与之协调的遗留结构（这是一种损害）。"尽管他指出亚马逊在规模化发展和分销方面拥有巨大优势，这帮助其在面临复杂性的情况下取得了令人难以置信的成功。

尽管亚马逊这样的公司可能拥有资源来克服这些复杂性，但最好从开始就避免如此做，这样便不会面临亚马逊所处的"骑虎难下"的局面，因为在这一点上，企业基本不可能将其业务重组为较为简单的全球化发展模式。

当您进入建立全球组织的阶段时，请仔细思考。要明白必须做出牺牲，请提前思考一些棘手的问题。正如缤趣和谷歌前员工斯科特·科尔曼所建议的，提出并回答以下问题：

经常被忽视之处

当您将发展速度置于首位时会发生什么

当您开拓多个新市场时，您可能会在日程计划上遇到一个盲区，认为短期扩张速度优先于复杂性管理。贡萨洛在将 Chazki 拓展至新市场时便是如此。在进入一些国际市场之后，重要因素就被忽视了。贡萨洛谈到在 Chazki 的第一个国际市场中保持一

> 致的企业文化与在“初始市场”中确立强大企业文化同等重要。在随后进入的数个市场中，这一问题让位于其他优先事项。公司往往专注于将强力的企业文化继续贯彻下去，并确保在“初始市场”甚至最初数个国际市场中核心价值的一致性。然而当一家公司进入其第三、第五、第七个市场时，这一点便被降低优先级，转而注重加快开拓市场速度和寻求发展动力。当领导层发现少数与核心价值观不太一致的市场时，核心价值一致性才重新成为焦点。这迫使团队痛苦地做出决定，将更多时间和注意力从客户身上转移开。利用本地化溢价概念可帮助您避免此种情况，因为您可全方位关注进入每个市场的所有市场元素和运营策略。

- 我们需做出哪些改变？
- 我们愿意做出哪些牺牲？
- 这会对市场进入策略或运营模式造成何种影响？

通过有效的规划、策略制定、优先级划分和持续跟踪，确保在第一时间便把事情做好，掌握本地化溢价从而缓解之后在扩张过程中出现的问题。

本地化溢价分析用例

本地化溢价分析（LPA）是与众多用例相关的分析工具，可解决许多企业在进入市场和市场增长阶段时所面临的问题。

新市场分析

在进入市场之前，完成全球敏捷项目管理流程步骤之一的研究和准备不仅可使您了解潜在的本地化溢价（第 5 章中讨论的本地化发现），还可为您选择最佳扩张国家 / 地区提供重要标准。本地化溢价分析提供一份清单，列出您在决定进入某个市场前需研究的所有要素，最好与通常进行的市场规模评估和其他经济指标的市场研究相结合，以开展更稳健全面的分析。典型的研究指标是定量的（人口、经济增长），而本地化溢价分析则提供定性的平衡因素。本地化溢价分析可成为组织可持续使用的工具以跟踪所有国际市场本地化工作的开展情况。下文详述的本地化溢价工具是企业可用以完成全球敏捷项目管理流程第二步的主要工具，并且是达成公司—市场契合的主要促进者（以及第 7 章中讨论的动力源和第三部分中详细介绍的实现全球规模化发展的三大支柱）。

市场优先顺序

与市场规模 / 机遇相关数据相结合，确定进入新市场所需变更的总体要素是确定优先考虑适用哪些市场的有效工具。在短期内，本地化溢价较低的国家可能是合适的关注点，但从长远来看，优先考虑需要进行更多本地化的市场可能更具意义，因为这些变化可在其他相关市场中进行延伸，从而增进发展动力并在多个国家更快实现市场渗透。这便是本章稍后将要讨论的关联市场概念。特洛伊 · 马龙建议根据本地化溢价市场进入量对各个市场进行分类：

- **可用市场**——进入仅需很少溢价的市场
- **新兴市场**——产生更多溢价并需克服一些障碍的市场
- **具有挑战性的市场**——存在问题且会产生极高溢价的市场

当然，对市场进行分类的标准很大程度上取决于市场进入和运营模式，且可能与其他公司的分类方式有很大差异。

沟通工具

进入新市场的复杂性以及当前发展模式所需的改变可能很难想象并加以解释。本地化溢价分析使讨论变得更加直接，强调新国家市场模式的不同背景下需做出的改变，并作为一个宏观视角的概括工具，可促进深入讨论，并促成更多支持。该工具框架在为高管层和董事会级受众提供所需本地化的全面且易于理解的解释方面十分有效。这也与“实现全球成功增长所需的四项承诺”中的“沟通和明确”一项直接相关。

风险可视化

高管和董事会经常从风险角度思考监管、声誉、政治、财务和安全等方面问题。本地化溢价分析将所需变更可视化，这自然会引发讨论，强调各项变更所对应的相应风险。

克服短视观点

如果没有全面了解公司需要适应本地化以适应新市场的所有方面，高管和团队成员均会默认主要考虑影响其职能领域（销售、营销、人力资源等）的变化范围。设定各项溢价有助于最大限度减少角色偏见（如当公司由产品等特定职能驱动）。传达一系列整体变更十分重要，以便各团队均能获得适当关注和相应资源来执行变更。

路线图整合

战略必须与落地实施挂钩。本地化溢价分析强调需要做出的改变，以便相关团队能参与其中，并将这些改变纳入其发展路线图。

全球化增长操作指南的基础

本地化溢价分析上映射的本地化以及本地化发现的见解成为全球化增长操作指南的基础，专注于全球化增长的团队可在此基础上进行迭代。

实施跟踪

进入市场后，成功的关键是确立有效的反馈闭环。估算本地化溢价的过程不仅是量化公司必须承担的复杂性的有益练习，而且也是一项高效的跟踪工具。除预测本地化溢价之外，您还可在进入市场后重复运用此工具，以跟踪实际发生的复杂性与您预估的差距有多大，从而帮助您对未来的市场进入设定更准确的预期，并鼓励促进一致性（参见本章稍后将介绍“印象笔记”进入印度市场的案例研究）。

此外，使用本地化溢价分析评估已运营市场的本地化和复杂性可发现新的成功因素，帮助您确定评估其他市场时所需考虑的新标准。回顾第 2 章中的案例研究，通过填写进入俄罗斯市场的本地化溢价分析来确定“搭便车”的文化接受程度，可帮助 BlaBlaCar 确定一种新的文化标准，除其他经济、人口、政府及市场动态标准之外，还可用以评估新市场。

当本地化溢价分析用于表明在多个国际市场上实施不同模型时，可用于展示公司正在处理的不同发展模式，并强调减少复杂性和简化运营模式的方式，无论是通过在市场之间实施最佳实践，还是通过优化组织架构来支持您当前和计划中的全球业务。

本地化溢价分析不只是为了开拓新市场

需要明确的是本地化溢价分析不仅在进入新市场时是一项有用

的流程，即使您已建立起业务版图也是如此。它除揭示有助于未来市场选择的见解之外，使多个本地团队维护本地化溢价分析还可使跨境团队了解各市场中已发生或未发生变化的内容，此种透明度可实现最佳实践共享、扩展市场之间的创新，并为全球化增长操作指南奠定基础，以加速扩张计划的势头（后者将于第 7 章中进行详细介绍）。

关联市场和模式识别

跟踪现有市场中的有效本地化可发现趋势、最佳实践和模式，有助于未来的市场选择和进入新市场的策略。本地化溢价分析可用于帮助了解相互影响的市场的工具，其中运营或进入市场的变化可适用于多个地区。

规划贵公司的本地化溢价

正如“多宝箱”公司 HelloSign 部门前首席运营官惠特尼 · 鲍克恰当地强调的那样：“人们普遍低估了国际化扩张的广泛性。”这便是为何我们开发出一个全面框架来规划进入新市场时所产生潜在溢价的广泛范围。

在对本地化溢价进行概念化时，我们发现使用蛛网图[①]（如图 4 所示）可对本地化溢价的各个子类别进行可视化，并帮助您了解各个领域的变化对当前业务模式的偏离程度。

分析中的每项溢价均代表可能需要本地化的业务领域，以实现新市场中的公司—市场契合。

① 蛛网图：数列递推关系可视化的重要工具。——译者注

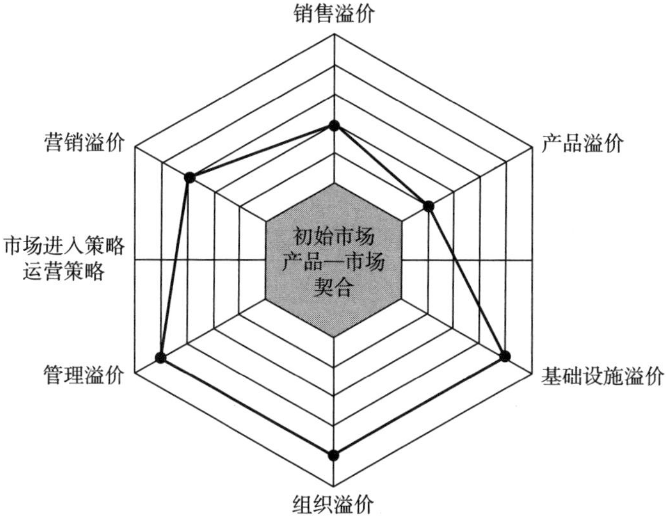

图 4　本地化溢价分析

图表的中心是核心模型，也可称为“初始市场”的产品—市场契合。如前所述，产品—市场契合以及在“初始市场”中证明规模化发展是实现有效国际化扩张的重要基石。

如果没有产品—市场契合作为“初始市场”的基础，中心便会不断变化。这会使运营陷入不稳定状态，因为新市场本地团队既无稳定基础，也无可依靠的支点。在确认产品与美国市场的契合之前，微软的工作场所分析团队也很快被日本市场吸引，他们发现可以顺利发展，成为最近政府启动的支持计划的众多解决方案之一，该计划要求日本公司解决有关工作实践的问题（包括“过劳死”的悲剧性问题）。微软在美国（初始市场）仍然缺乏适当客户用例和更全面的价值主张的明确性，在未能验证“初始市场”的核心参考点的情况下，公司很难在日本市场找到超越试点项目的发展动力。

围绕核心的是不同的层面，您可将其视为标准偏差（正如 Plaid

公司的保罗·威廉姆森所描述的），或与核心的差异程度。图表上各点之间的整体表面积越大，积累的本地化溢价便越多。

图表上的每个点代表业务及其运营中溢价可累积的区域。图表上半部分的子类别代表公司进入市场战略的要素，而下半部分的要素则代表公司的运营战略、支持本地运营的脚手架——这两类要素均需进行本地化以在新市场中获得发展动力。

构成本地化溢价的子类别包括：

- 销售溢价
- 产品溢价
- 营销溢价
- 管理溢价
- 基础设施溢价
- 组织溢价

让我们逐个来仔细分析一下。

市场进入溢价

市场进入溢价（销售、产品和营销）代表公司业务模式中面向客户的要素，需进行调整才能在本地市场获得发展动力并实现规模化发展。我们可将这些溢价视为冰山的可见一角。尽管政府监管可能会影响这些类别，但它们往往更多受到文化差异的影响。

1. 销售溢价

销售溢价是指公司为销售、分销产品和支持客户而必须做出的转变，包括在渠道分销（直销 / 本地零售商 / 增值零售商）、定价、收入模式、销售模式、销售、支持团队和客户服务等方面做出的变化。

Workday[①] 有机会与韩国三星公司完成销售，但他们必须聘请一支由韩国本土团队组成的专门销售支持团队。包括更改支持模式，以涵盖专门负责三星账户的额外服务团队。

日本商界领袖认为前期成本高的产品更好，他们拒绝支付附加产品和额外费用。他们会为产品或服务支付更高价格，但希望包括24 小时支持和保修等内容。

“全球类”公司会考虑竞争的差异、对竞争对手的反应进行预测以及考虑如何适应才能实现差异化。

2. 产品溢价

当您必须对产品或服务进行更改时，包括添加或减少职能、与其他解决方案捆绑或集成，以及产品本地化以适应文化差异，产品溢价便会增加。变更可小到添加或减少功能，也可大到改进整个产品。

有时领英需要对产品进行大幅调整以适应其他市场。如在印度，移动网络速度比其他国家慢。这意味着领英移动应用程序上的图形和图像密集内容需要很长时间才能完成加载。尽管该问题并非直接由领英造成，但这是他们需要应对的现实；如果不加以解决，客户便会开始抱怨糟糕的用户体验，或干脆停止使用这款应用程序。为避免这种情况，领英团队开发了一个新的、所需带宽较少的应用程序版本，内部将其称为“领英 Lite”。程序以较多的文本阅读体验取代图像和图形，加载速度更快，以适应本地移动网络的局限。

---

① Workday 是一家全球领先的企业云应用软件公司，专注于提供财务管理、人力资源管理和分析解决方案。——译者注

经常被忽视之处

领导层偏见会阻碍新市场的增长

印象笔记将自身定位为一家苹果商店，其总部仍偏爱 Mac 设备①。国际化前总经理特洛伊·马龙在对开拓亚洲市场进行研究时发现，95% 的消费者使用“视窗”（Windows）操作系统。这意味着“视窗”系统版本需与 Mac 设备应用程序保持一致，需要工程师团队投入额外资源和时间来改进“视窗”系统应用程序。公司的“亲苹果心态”对公司发现客户的需求和观点暂时造成了阻碍。最终特洛伊说服首席执行官菲尔·利宾（Phil Libin）投入资源来改进“视窗”版本程序，使其于一周内仅使用“视窗”系统个人电脑登录现有印象笔记应用程序。通过这次经历，菲尔认识到改进“视窗”系统个人电脑应用程序体验的必要性。尽管这确实会产生产品溢价，但改进“视窗”系统版本程序的决定使公司利润在该地区实现了增长。这是通往成功的更直接的道路。更改“视窗”系统个人电脑版本应用程序比说服目标客户购买 Mac 电脑以使用印象笔记程序更容易。

3. 营销溢价

营销溢价包括目标客户的差异、价值主张的变化、用例的变化、市场细分、竞争格局、需求产生者的差异、品牌变化、客户购买决策标准和营销策略 / 广告渠道的差异（获客、留客及客户增长）、公

① Mac 设备是苹果公司推出的个人计算机产品线，涵盖笔记本电脑、台式机及专业级设备，以设计精美、性能卓越、生态系统整合和用户体验出色而闻名。——译者注

共关系和品牌变化，以及语言翻译等。

正如第 5 章中提到的，领英必须转变其核心价值主张才能在德国市场获得发展动力，从职业发展和连接招聘人员和求职者（即在线简历和求职者过滤器）到将领英定位为探索求知欲的平台，领英全球客户支持和销售转型首席布道师桑卡尔·文卡特拉曼表示，“帮助您将已做的事情完成得更好”。

我们研究的许多企业均思考过品牌变革事宜。品牌的变化确实会积累营销溢价，但如果您的品牌名称听起来像“排泄物”的俚语，便很难被认真对待，如同韩国公司 Kakao① 翻译成多种其他语言时的情况一样。他们的主要产品之一——Kakao Talk 可能会引起当地人的注意，当地客户可能会将其名称含义理解为“胡说八道”。这使人们与该品牌建立联系变得更加困难，而这并非 Line 和微信等竞争对手必须面对的问题。

在考虑市场细分时，要认识到开拓新市场是重新定位品牌的机会。在美国，百威将自身定位为大众市场的中端品牌，而在中国和其他市场，公司将自身定位为溢价的高端品牌，这是饮料行业所采用的标准策略。

将“商业模式”和“交付”融入溢价

尽管我们努力将各元素按照“市场进入”或“运营”分类，但有些概念不局限于单一类别，即商业模式和交付。由于“商业模式”标签（及其各种公认定义）内容包罗万象，涵盖多个方面，因此不可能将其归入单一类别。根据一种定义，业务模型属于销售溢价中

① Kakao 是韩国一家互联网科技公司，业务覆盖多个领域，包括即时通讯软件 KakaoTalk 以及涵盖支付、电商、内容创作、金融科技、人工智能等多个领域的综合性数字平台，创办于 2006 年，总部位于首尔。——译者注

的收入模型类别，而根据其他定义，则包括产品和营销溢价（涵盖所有市场进入策略）。同样，“交付”概念也涉及多个溢价类别，如基础设施和产品溢价支持的产品/服务交付，以及销售溢价下的分销渠道和客户服务。

运营模式溢价

运营模式溢价（管理、基础设施和组织）代表公司业务模式的后端要素可能需进行调整才能在本地市场正确运营业务，我们可将此部分溢价视为冰山的水下部分。这些溢价往往被低估，并且在本地化过程中更难发现。尽管文化可影响这些类别（尤其是组织溢价），但它们往往更多受到政府监管差异的影响。

4. 管理溢价

管理溢价是最常被忽视的，也是最复杂的。该类别包括政府监管和合规、工资、税收（包括关税）、海关、许可、法人实体、保护知识产权、政治层面考虑、企业房地产、公用事业/通信服务以及与运营当地办事处和雇用员工（人力资源政策及其他）相关的一切。声誉风险[①]、财务处理差异（如单独的损益表）和其他财务影响也适用于此；甚至像生产力软件级别的企业系统也适用于此。

尽管“谷歌 Workspace”[②]等一系列服务看似无处不在，但如果公司员工由于受到限制而无法使用谷歌产品时，员工便不会仅使用一套生产力工具，而这会产生更多复杂性和更高溢价。优步便面临大量管理溢价，由于其所在城市交通法规而产生各种溢价。

① 声誉风险指由商业银行经营、管理及其他行为或外部事件导致利益相关方对商业银行负面评价的风险。——译者注

② Workspace 是谷歌提供的基于云计算的综合生产力协作平台。——译者注

例如，亚马逊核心零售业务需与印度当地合作伙伴建立对半持股的合资企业，以符合当地法律。公司寻找合适的合作伙伴并与其进行谈判，最终建立一项非常复杂的合作伙伴关系，这导致市场开拓计划的长期延迟。当 Slack 欧洲、中东和非洲地区总部办公室在都柏林和伦敦之间来回切换时，也会产生管理溢价。

不能向许多亚洲国家和地区的客户只发送 QuickBooks[①] 财务软件生成的电子发票，因为这些地区的客户可能仍采用复杂的纸质方法，合同可能必须通过邮件发送，才能进行签名并返回。

经常被忽视之处

资金进出

在前面章节中，我们提到在另一个国家和地区运营时的税务注意事项，以及如何注意优化运营以最大限度减少纳税的方法。除使用装满现金的信封之外，实际上经常被忽视的是资金进出该国的方式。在采访中，我们了解到将资本带回“初始市场”过程中出现的困难。资本规划、耐心和对当地法规的清晰理解是重要的考虑因素，也是全球化增长操作指南中值得重点关注的事项（我们将在第 7 章中对此进行论述）。

5. 基础设施溢价

基础设施促成产品或服务交付，且可能需要比通常考虑更多的调整以适应新市场。基础设施溢价取决于您销售的是实体产品还是数字产品。对于实物产品来说，除包装和标签之外，基础设施溢价

① QuickBooks 是一款广泛应用于中小企业的财务管理软件。——译者注

还包括供应链全部方面（包括运输），还可能包括供应商格局以及向新市场客户交付成品所需的流程和产品变化。对于数字产品，这包括技术基础设施、数据存储位置以及数据转移方式。互联网连接或移动网络的差异也适用于此。支付处理也是此类别的一部分，每个国家和地区可能都是独一无二的。

销售实体产品的公司，有一些既定标准，如 IATA 运输编号以及联合包裹服务公司（UPS）和联邦快递（FedEx）制定的规格，但国内承运商也有独特要求和不同标准。

软件提供商必须应对数据存储要求（如上所述，德国、俄罗斯和尼日利亚等国要求公民数据须保留于国内）以及根据软件运行位置不同的增值税（VAT）水平。

6. 组织溢价

组织溢价包括与组建新团队（即培训、招聘和团队建设）相关的成本、确立和管理为支持全球化增长所需架构流程所需的资源（此概念将于第 7 章中讨论并标记为“动力源”）、本地商业文化差异，以及“总部”团队致力于支持新市场而非在“初始市场”中履行核心职责的时间。

组织溢价因素取决于是否需要聘请全新团队来管理新市场，或区域资源是否足以供应整个市场。快速增长的公司资源有限，将新市场引导至全球化增长计划意味着其他项目和市场所获得的资源更少。组织溢价也包含公司管理策略可能需做出何种转变才能在新市场中发挥作用。

不同商业文化需要定制的管理实践，这可能会导致沟通、指导和激励团队的复杂性。如许多亚洲商业文化等级森严，这与欧美国家的商业文化截然不同。印度和日本等国员工希望收到有关其工作的更具体说明，包括详细说明日本市场情况的长篇电子邮件，同时给予和接受反馈方式也有很大不同。美国企业中常见的直接口头反馈对于一些更习惯于接收书面反馈的亚洲国家员工来说非常难以接受。这些差异不仅影响管理实践，还影响促进自主权和建立信任的方法。

组织溢价是一个更细致的类别，还包括在建立新的远程办公室时出现的公司与本地市场文化之间的差距。即使时区差异也会为运营带来挑战，因为工作时间不同的员工必须异步协作，这样才能无需等待 24 小时以调整决策或反馈（这还不包括尝试跨时区安排会议的日常问题）。

此外，各国均有独特文化考虑因素和开展业务方式，必须坚持关注这些因素才能取得成功（第 10 章中将进一步探讨）。数字信任和声誉平台"元图地信"非洲区扩张主管克劳迪娅·马卡德里斯托解释道，以非洲市场为例，由于非洲大陆使用多种语言（法语、英语、葡萄牙语、阿拉伯语、斯瓦希里语），与其他地区相比，支持相同规模客户群体所需的区域账户管理资源数量需要不同的设置。此类复杂性会使团队建设更具挑战性。

在第 7 章中，我们将讨论高效团队架构，如本地化资源团队和其他可助您对本地化溢价架构进行管理的团队架构。这些团队可成为模式识别者，他们将各个点联系起来并争夺资源，同时也了解其局限性，并为在新市场中实现公司—市场契合的过程中设置边界，确定哪些可以改变，哪些不能改变。

减少组织溢价的另一种方法。首要任务是聘请全球企业家，建立强大的"全球类"管理模型（将在第 9 章中进行论述）、强大的企业文化以及围绕全球化增长计划的发展动力（更多内容将在第 7 章中进行介绍）。

组织溢价在实现全球规模化发展的三大支柱中发挥基础性作用（将于第三部分进行论述），是实现公司—市场契合的主要推动者。控制此类复杂性正是成功的奥秘所在。

经常被忽视之处

组织溢价的广泛影响力

组织溢价类别对其他溢价有着巨大影响。组建团队、管理团队、创建组织文化以及实施支持沟通和与组织保持一致的架构发展方式可大大提高您在本地化、寻求产品—市场契合、实现公司市场目标方面取得成功的可能性，无论是在单一国家层面还是在全球范围内适应并达成规模化发展。

您对组织元素的投资。保费可帮助您最大限度减少本地化溢价中的其他溢价。有了正确的团队、管理模式和文化，决策便会更加容易，资源分配也可得到优化，从而为获得发展动力和实现规模化发展搭建更快途径。这三大领域（团队、管理和文化）也恰好是本书第三部分的重点。创建支持市场进入和增长的流程架构确实会诞生出组织，但溢价却是围绕全球化扩张产生发展动力的主要工具（将在第 7 章中就此进行论述）。随着运营中的分歧减少，业务本地化进程会加快，因为在其他优质类别中进行的本地化可扩展至其他市场。

组织溢价是组织在全球化扩张计划之初经常忽视的类别，直至国际市场成为重要收入来源，组织框架建设速度不够快，可能会导致时间和金钱的浪费。

A 部分：创建适合贵公司的本地化溢价分析

各公司在如何制定本地化溢价方面存在很大差异。尽管所有类别均很重要，但有些类别比其他类别更为重要。如在金融科技和制药行业，与组织溢价相比，繁复的政府法规和合规要求带来的管理溢价产生巨大影响。同时与企业软件公司相比，各个类别的重要性对于消费互联网企业来说明显不同。

为创建适合贵公司的本地化溢价分析，您需要：

1. 清楚了解进入新市场时可能需要对业务进行的改变。您可通过思考并回答一组与各个本地化溢价类别相关的问题来做到这一点。

2. 使用第 5 章中讨论的本地化发现流程进行研究。

3. 确定变革带来的客户利益和潜在投资回报。

4. 衡量本地化中各个溢价类别的新市场模型与“初始市场”（或您选择作为参考点的任何市场）的差异，然后在本地化溢价分析图表上绘制。

绘制所有点位后，将它们连接起来以对新市场本地化所需的适应总表面积的大小（即产生的复杂性总量）进行可视化。正如您所想象的那样，您认为各个点位应绘于何处（与当前市场相比，新市场的业务方面有多大的不同）将随着您收集更多关于市场的信息并实际进入市场而改变。本地化溢价分析是动态的，因此您可在需要时更改点位。在印象笔记进入印度市场的案例研究（本章随后部分进行论述）中，您可看到一个很好的例证，说明初始规划和市场需要的本地化实际水平有何不同。

备注：尽管本地化溢价分析的默认核心可以是“初始市场”中经过验证的模式，但其他市场中的公司—市场契合也可作为核心。

由于本地化溢价分析也是一个比较工具，因此可将其核心更改为公司所在市场的成功模式作为参考点，您可看到需要进行多少改变才能使公司适应新市场。

完成本地化溢价分析——Talabat 向阿曼市场的扩张

随着食品和杂货配送平台 Talabat 希望扩展至阿曼市场，团队认识到需要改变一些业务方面，以适应本地市场。以下是关于他们在进入市场时如何评估本地化以及如何在本地化溢价分析上进行规划的说明（如图 5 所示）：

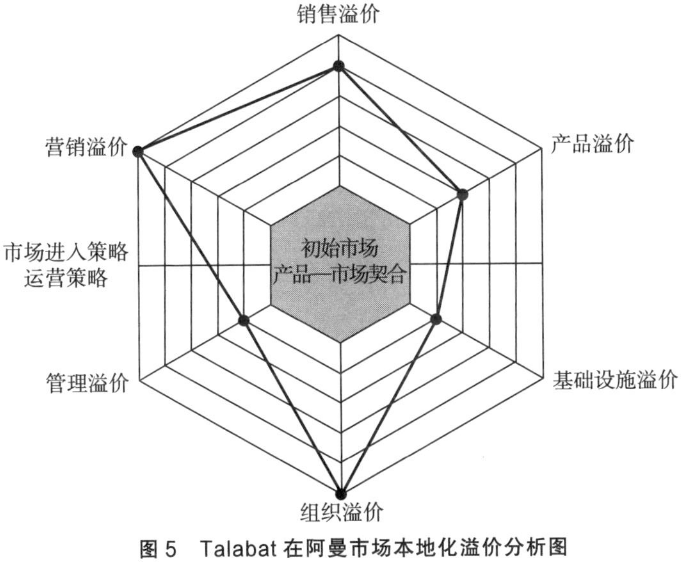

图 5　Talabat 在阿曼市场本地化溢价分析图

- **销售溢价**——从中心开始绘制四个级别，因为与 Talabat 的“初始市场”相比，向餐馆销售的流程非常不同。他们需要聘请一支实地销售团队前往小镇与个别餐馆老板交谈。他们在阿曼市场也采用不同营收模式。

- **产品溢价**——从中心开始绘制两个层面，因为所需产品并未产生太多变化。尽管该地区其他市场更偏好快速餐饮服务（QSR），但阿曼当地人更喜欢探索新口味，因此其移动应用程序和在线平台中的食物图像和描述均已经过调整，以适应此种偏好。谷歌地图在农村地区并不那么可靠，而且当地人对地图上边界的划定通常与谷歌的分类不同。考虑到地理区域对 Talabat 平台的重要性，团队成员必须开着车四处走动，手动为各区域绘制地图，并沿途停下向当地人请教。
- **营销溢价**——从中心开始绘制五个层面，因为营销策略需针对阿曼市场进行“超本地化”。团队发现三个关键广告渠道的重要性，这些渠道与该公司所处其他市场截然不同。首先，在阿曼，社交媒体网红影响巨大，如同名人在其他市场中发挥的作用一样。这些社交媒体网红的市场潜力尚未得到开发，品牌并未与他们进行太多接触。这使得 Talabat 能够以比其他市场上典型的名人代言低得多的成本运用网红广告策略。其次，阿曼人特别热衷于社交媒体，因此 Talabat 发现制定定制社交媒体策略的机遇。为此，他们创建 SnapChat① 过滤器和贴纸，供当地居民在斋月期间白天禁食时使用。人们全天使用这些增强现实过滤器来分享个人的口渴和饥饿体验。最后，阿曼市场上一个独特现象是小型活动的激增。这些小型活动主要发生于人们结群一起去的地方，通常是在不同房间有不同主题的院子里，这与其他市场经常举行大规模活动的情况截然不同。Talabat 赞助这些活动并获得很高的投资回报，这也是一个低成本渠道。

---

① SnapChat 是一款深受年轻用户喜爱的社交应用。——译者注

- **管理溢价**——从中心绘制一个层面。阿曼和 Talabat 在阿拉伯联合酋长国（UAE）的总部均属于“海湾合作委员会”（GCC）或海湾国家的“阿拉伯国家合作委员会”。这些国家政治经济制度相似，这意味着此类国家市场产生的溢价很少。
- **基础设施溢价**——从中心绘制一个层面。与管理溢价一样，由于阿曼和阿联酋均为“海湾合作委员会”成员国，因此该类别溢价很少。
- **组织溢价**——从中心绘制五个层面。由于第 5 章中描述的“阿曼化”计划要求某些工作职能须由本地人担任，且员工队伍中本地人必须达到一定比例，因此公司很难找到具备合适技能组合的人才（特别是在二三线城市）。公司必须制定不同的招聘和培训流程，以在市场上组建一支强大团队。

B 部分：结合本地化溢价分析

在规划出本地化溢价分析的预期定位后，下一步是定量评估这些变化所产生的影响。评估新市场需考虑的其他因素如下：

- 对业务的重要性 / 优先级（某些本地化工作会优先于其他本地化工作）
- 可扩展性水平（此次本地化工作部分流程可在其他市场延展）
- 核心价值观和企业文化的一致性（某些本地化工作可能会与企业文化中不可妥协的重要原则产生冲突）
- 实施阶段（并非所有本地化均可立即进行，应在市场进入期间随时间推移进行规划）
- 成本（本章稍后详细介绍的入门总成本公式有助于确定与每项本地化工作相关的成本，提供影响优先级和实施阶段的主

要数据点）

尽管所产生的复杂程度至关重要，但包含上面列表中的信息可提供更完整的分析，并作为规划和执行之间的桥梁，上面列表中五个项目中的每一项均会对新市场本地化战略的实施产生影响。

同样重要的是，本地化溢价分析流程还必须是涉及多个关键利益相关者的集体工作，而不仅是一个专注于独立运作的团队。这可使流程具有协作性，有助于减少偏差，因为确定各类别的复杂程度均存在主观因素。参与这一过程的团队成员可代表本地化资源团队的开端（将在第 7 章中进行论述）。

从商业模式本地化画布过渡至本地化溢价分析

全球敏捷项目管理流程的两个阶段均有不同但相互关联的目标。第 5 章所讨论的商业模式本地化画布的主要用途是促进本地化发现、市场识别以及识别新市场的潜在本地化。

本地化溢价分析则更多是作为一种实施、沟通、分析和优先级划分工具，可帮助贵公司进入市场并在市场增长阶段达成公司—市场契合。

它还额外提供其他比较维度，因为“初始市场”（或其他特定市场）中的发展模式可成为本地化溢价分析图表的中心，并用作参考点以突出进入新市场所需的变化。与一次性分析或商业模式本地化画布、商业模式画布等跟踪工具相比，本地化溢价分析是一个更为多元化的框架工具。您可在第 125 页的图表中看到这两个框架如何进行结合，并将商业模式本地化画布的见解转化为本地化溢价分析中的溢价。正如第 5 章中所建议的，您可使用六个本地化溢价来代替九个商业模式画布块，以设定新的假设，当在商业模式画布分析期间通过政府监管和文化过滤器运行经验证的现有发展模式时，业务模式在新市场中可能会出现哪些变化。这可以是一种更为直接的途径，以发现新市场需要进行哪些本地化工作，且可对本地化溢价分析图表上各个溢价类别的点位设置进行简化。

简而言之，商业模式本地化画布专注于迭代和验证，而本地化溢价分析则专注于在战略规划和实施本地化策略之间架起桥梁，同时注重复杂性。

困境：公司—市场契合和本地化溢价

此处“可能存在不一致”警报！此时您可能会说：“我明白了。我知道需要调整业务以适应新市场，但是您刚刚不是用了本章大部分篇幅来论述本地化溢价（复杂性）有多糟糕以及应如何有意去规避它吗？”是的，我们知道。欢迎迎接全球化业务发展的挑战，这并不易应对。

困境便在于此。一方面，您希望降低产品、业务和运营模式的复杂性和变化（即本地化溢价最小化），但同时，如果您不进行这些变更，您很有可能会失败。此外，进行业务变更以适应新市场的公司市场会使运营变得更加困难，但做出这些改变才能带来发展动力并实现成功。如果运营得当，达成这一发展动力的好处及其随后释放的规模化发展，会远超出为满足当地客户群体需求而产生的复杂性（特别是在市场规模巨大的情况下）。

解决方案是：意识到在本地化和复杂性之间寻求适当平衡的重要性；尽最大努力尽量减少对业务所做的各种大小改变。回想一下让·凡·卡斯特伦的观点，驾驭“任意独特性”与强制性的变化对于寻求适合市场的关键意义。如果贵公司在“初始市场”中直接销售，且这是贵公司价值主张和发展模式的重要组成部分，那便不要急于与一家当地公司建立合作伙伴关系。如果直接销售是更好的长期战略，他们会希望与您合作。

当您计划进入新市场时，将业务各个方面标记为“假设”（运用第 5 章中概述的全球敏捷项目管理方法），但需要不断评估哪些变化是必要的（如遵守当地监管规则）以及哪些变化并非必要（如为本地团队使用不同协作软件）。当您针对发展模式的障碍和更改制订解决方案时，请找到与当前发展模式各方面相关的有效解决方案，以降低本地化溢价。

以下是需要牢记的重要事项：

- 在整个过程中，将核心价值观置于首位。有些事情是灵活可改变的；其他事情则不是。Slack 的企业文化包括对专注的高度敏感。特别是当其与贵公司核心价值观相冲突时，您不必逐项做出改变。从客户最初请求开始，Slack 有时需要三年时间构建一项职能。达成国际规模化发展需要时间，尝试立即改变一切可能会造成太多混乱，无法在新市场中达成公司—市场契合。当然，另一方面则意味着行动太慢会失去机会和浪费资源。
- 在新国家寻求公司—市场契合的过程中，人才是有时会被忽视的一个方面。这是三大支柱的第三方面，还有上面详述的六项市场进入和运营溢价的本地化。考虑到团队对于成功的重要性，您需确保召集合适团队来执行新市场的扩张。

当本地化溢价可带来好处时

由于本地化溢价无法避免，因此关键是要更加意识到决策过程中产生的复杂性。

沿着这些思路，存在“良好”的本地化溢价，这意味着某些复杂性可能具有积极价值的结果。

溢价的主要（也是必要）领域之一是旨在吸引新市场目标客户的本地化。如果新市场客户因为语言不同而无法阅读贵公司的网站、营销材料或用户指南，可能很难被吸引购买您的产品。

话虽如此，您应限制标记为“良好”的复杂性；永远不要用其作为逃避效率的理由。着眼长远，保持警惕，并适应进入市场后不断发生的变化。

实践中的本地化溢价

本地化溢价的概念、影响及其权衡是您在扩张规划流程中进行内外部分析的核心部分。本地化溢价应包含在您为确保国际化增长计划获得支持而构建的案例中，它提供了一个讨论企业在新市场中运营方式需进行变更的渠道。了解您需做出的变更及成功实现这些变更所需的资源，以重新调整实现公司—市场契合，是公司扩张战略和计划的基本要素。

当您在新国家开展业务时，会发现“需适应以达成公司—市场契合”与“不想为运营增加太多复杂性或本地化溢价”两种考量之间持续存在着矛盾关系。这是很自然的。

关键是要意识到本地化溢价的来源，同时尽力控制它们。

Plaid 公司的保罗·威廉姆森建议：“不要离核心太远。在打开下一个标准差的光圈之前，您应感觉已耗尽目标客户群体。不要被拖往不同方向。”

如同您以其他方式扩展业务时会出现复杂性一样，本地化溢价总是存在于某些方面。以大型企业客户为目标的企业了解这些大客户通常需要一定程度的定制方案才能达成交易并实施解决方案。但多大程度的定制可换取企业客户带来的营收，多大程度的又不能呢？此种定制对其他客户的适用性又如何？

为说明本地化溢价分析的实际应用，以下是一些跨国公司在新市场成功本地化时所产生复杂性的案例研究。

苹果公司在巴西市场的案例

以下是苹果公司于 2014 年在巴西开设零售店时如何产生本地化溢价的案例（如图 6 所示）。巴西是苹果公司早期一个相对较大的国际零售市场，这导致公司将标准偏差偏离其在美国市场的核心公司—市场契合。

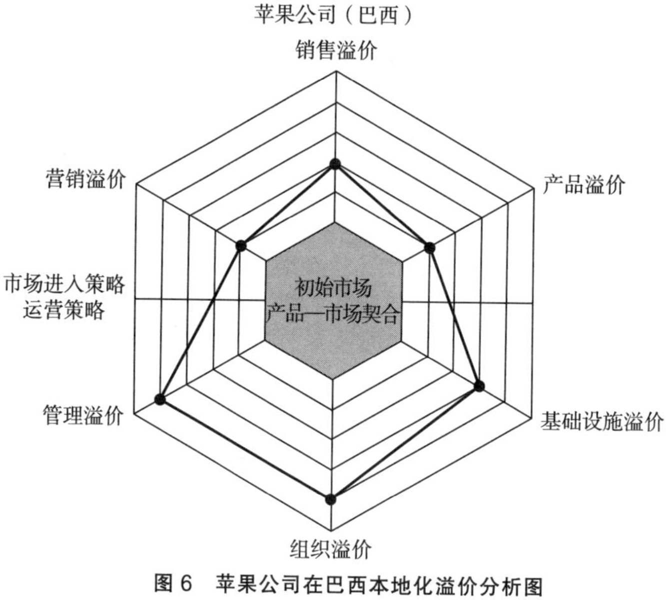

图 6　苹果公司在巴西本地化溢价分析图

苹果公司需通过多种方式进行改变才能在巴西市场获得发展

动力。其中最主要的是改变商店布局和价值主张。在巴西，由于关税政策（管理溢价），一部苹果手机（iPhone）的售价超过 2000 美元，而在美国则不到此售价的一半。这导致公司重新配置其零售地点，减少对销售设备（尤其是移动产品）的关注，而更多通过“天才吧”[①]等支持服务来为产品提供服务。这需要重新设计商店的后部，从存货仓储到更多的维修设备站（基础设施溢价）。客户旅程也有所不同，因为一些巴西消费者会出国旅行或使用其他渠道购买苹果设备（销售溢价）。苹果公司甚至不得不开始在美国佛罗里达州的部分地区的商店雇用会讲葡萄牙语的人，以便与那些飞往美国购买设备的巴西人进行沟通，因为即便加上旅行费用，也比在巴西本地购买苹果设备更便宜。

微小的改变也会产生溢价。巴西政府要求所有交易都有纸质收据，必须打印在特定类型的纸上（发票收据），这对苹果公司来说是一个问题，因为不能再使用无纸化的购买交易流程（在第 5 章讨论的商业模式本地化画布中，通过政府法规过滤器流程可发现的管理溢价）。

组织溢价特别高，因为本地团队必须修改其招聘和培训规程。尽管苹果公司通常会培训员工在特定产品领域拥有深入的了解，但巴西本地的员工须对公司整套产品线有更全面的了解。工会在巴西（以及其他拉美国家）也发挥更为突出的作用，公司必须建立当地合作伙伴关系并在这些架构内开展工作，以确保工会可作为合作伙伴而非作为竞争对手进行掣肘。此外，注重服务而非销售的策略要求公司调整投资回报率计算和盈亏平衡时间表，以应对销量下降和实现盈利所需的较长发展轨道的情况。

---

① 苹果公司零售店推出的服务，根据客户的需求或问题提供面对面支持服务，这往往比效果不佳的客服电话沟通或网络支持来得好，因而极受客户欢迎。——译者注

经常被忽视之处

不可低估运营溢价

请注意，苹果公司产生的溢价中有多少属于运营战略类别。这是一个典型案例，尽管市场战略变化显而易见（语言和文化差异更重要），但它们通常只是适应新市场吸引力和规模化发展所需本地化总量的冰山一角（这也是我们使用此种类比来比较两种溢价的原因）。

我们听说过多个跨境案例，其中有些是团队低估运营策略，导致大量延误并增加扩张成本。

有关相似市场的真相——熟悉度偏差

专注于进入新的国际市场的团队可能会认为，地理上与“初始市场”相邻的市场，或说相同语言的市场，将是很好的适合进入的市场，并且不需要做出太多调整便能达成公司—市场契合。事实并非如此，这是一种熟悉度偏差。这种偏见会导致做出危险的假设。主要讲英语的国家可能具有相似文化，但在许多需要转向核心业务模式的本地化溢价类别方面也存在差异。当一家来自西班牙语国家的企业希望向另一个西班牙语国家扩张时，情况也是如此。我们称之为熟悉度偏差，即某一市场因为使用相同语言或地理位置接近而被优先考虑。

印象笔记向印度扩张

特洛伊·马龙认识到公司市场进入和运营模式某些方面需要进行转变，但未意识到改变至何种程度（尤其是运营模式）。与许多企业一样，印度市场的规模和大量讲英语的人（印度是全球讲英语人口第二多的国家）相结合，使特洛伊相信进入印度市场比其他目标国家更容易。此种熟悉度偏差很大程度上是基于这样的看法：市场进入溢价（销售、营销、产品）会很小。就适应印度市场所需本地化而言，市场进入的溢价最终只是冰山一角。

在市场进入方面，印象笔记团队知道定价策略需不同（销售溢价）而产品能够保持基本不变（产品溢价），但未预料到需要通过合作伙伴销售业务产品（销售溢价）。

团队预计。如同在美国一样，个人用户将升级为商业用户，但相反，需要本地合作伙伴提供更多支持，才能使当地企业采用该产品。营销溢价高于预期，因为美国大部分营销均是针对台式电脑用户的，但由于印度移动设备优先发展，营销重点便须改为移动设备。

尽管市场进入策略发生显著变化，但运营策略的变化更加剧烈并出乎意料。在基础设施方面，团队预计需要进行的本地化工作量最少，结果确实如此。只有组织溢价最小化在预料之中，但事实证明并非如此。印度商业文化有一个不成文规定：不能质疑上司，员工只能按照指令行事，不得参与讨论和交流想法。这与印象笔记协作开放的企业文化相冲突。

最大的变量来自于产生的管理溢价数量。这一类别所有方面均产生复杂性，需引起注意。印度的法规要求企业在当地有实体，由印度本国国民担任实体主席，该实体董事会每年须举行两次现场会议（不包括视频会议），因此公司高管被要求定期飞往印度，以符合当地法规。

在开始实现营收后，由于文书工作和其他繁文缛节，很难将资金从印度转出。这些均导致意想不到的管理溢价和组织溢价。

在图表中（如图 7 所示），您可看到特洛伊和印象笔记团队最初认为各类别产生的溢价金额（浅色线）与市场进入期间最终发生的情况（深色线）之间的差异。

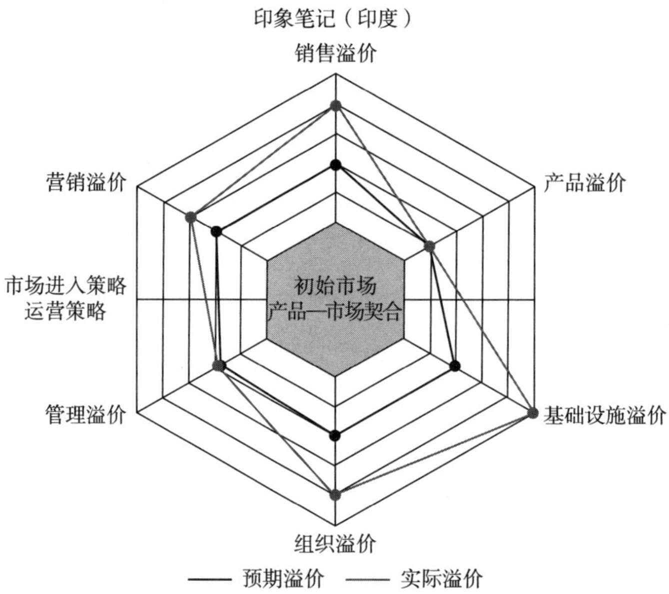

图 7 不同时期溢价的差异

经常被忽视之处

有机增长的风险

有机增长①可能会对全球化扩张造成误导。许多高管认为有机增长（在总部协同营销的情况下，客户便会从全球市场涌现）是市场机遇的一个强烈迹象。但这并不意味着这些新市场应自动置于优先事项。如同印象笔记在印度市场的情况一样，公司在印度的有机增长导致其在执行市场进入时过度自信。“我们认为我们了解用户，也了解他们想要什么”，特洛伊·马龙解释道。本地化溢价分析是该流程中的关键步骤，组织了解为实现有机增长而需要进行的变革程度，“全球类”公司了解在市场选择和优先排序过程中，必须对有机增长、市场动态/准备程度和复杂性等因素进行综合考虑。

① 有机增长指企业依托现有资源和业务，通过提高产品质量、销量与服务水平，拓展客户以及扩大市场份额，推进创新与提高生产效率等途径，而获得的销售收入及利润的自然增长。——译者注

关联市场

尽管相邻市场也存在关键差异并需要枢纽，但市场可具有关联关系，这意味着为在一个市场获得发展动力而做出的改变在进入附近市场时可能会被重复使用。换言之，进入一个市场时积累本地化溢价可能会限制进入相关市场时某些类别的溢价。关联市场可能在文化和语言上相似，可能具有相似的法律架构，或可能地理位置相

近（或两者均不具备）。某些市场的关联性质也会对部分市场的优先顺序产生影响。

爱彼迎在中日韩的拓展

在进入亚洲新市场时，爱彼迎将中日韩三个国家列为首选（首先关注的是吸引旅行者而非当地房东）。尽管中日韩三国均为其主要市场，但各国旅游业处于不同增长和成熟阶段（以及不同规模）。中韩两国消费者（尤其是爱彼迎的目标群体——年轻消费者）在旅行偏好上更加开放，也更富冒险精神；日本旅行市场则更加成熟，更多消费者认为爱彼迎的新型旅行方式风险更大。

尽管韩国在这三个国家中市场规模最小，但它仍是中日消费者的参考点，它们紧跟韩国之后追随最新趋势。有鉴于此，爱彼迎最初并未对三国市场一视同仁，而是将更多营销资源集中于韩国。

为吸引亚洲主要市场的关注，爱彼迎扩大在这些地区的客户服务范围，并提供亚洲语言的翻译支持能力（销售溢价）。应用程序中的文本最初仍是英文，因此团队开发并测试应用程序新版本，更多基于图像/照片，以吸引亚洲消费者并弥合语言差异（产品溢价）。随着旅游贸易展览成为更重要的关注点，公司对不同营销策略进行测试，与当地旅游行业组织和网红的合作关系也是如此（营销溢价）。这些旅游业组织代表了额外参考点，对于美国市场，公司采取更直接面向消费者的方式并非必需，但这对于在韩国乃至其他主要亚洲市场确立增长势头至关重要。

当进入中日两国市场时，针对韩国市场的应用程序、客户服务中心以及一些韩国营销策略所做的工作均扩展至两国市场，从而使得新的销售、产品和营销溢价比原先更少。此外，公司还形成一份经验证的操作指南，可加以实施和调整，从而增强市场渗透的动力和速度。

尽管爱彼迎确实产生了本地化溢价（如图 8 所示），尤其是基础设施和管理溢价。但由于在韩国市场所做的基础工作，爱彼迎团队得以在中国更快地扩张。

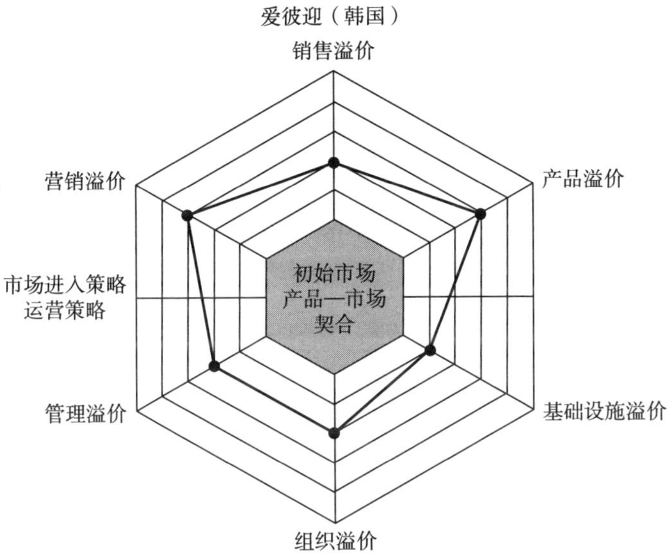

图 8　爱彼迎本地化溢价分析图

其他企业也看到了本地化的可延展性。苹果公司发现当公司扩展至墨西哥时，它在巴西市场所做的工作（特别是与组织溢价相关的工作）得以很好地延续，由于对员工进行培训，并且更熟悉如何与当地工会合作，公司在巴西制定的许多策略均可重复使用。在线教育平台 Platzi 也因此在整个拉美地区找到关联市场，而 Spotify 也于全球化扩张的早期便在挪威和丹麦建立起关联市场。

备注：如图 9 所示，爱彼迎在韩国实现调整公司—市场契合后，以显示了市场所需的较小变化，从而为其在三国市场上的扩张提供发展动力。

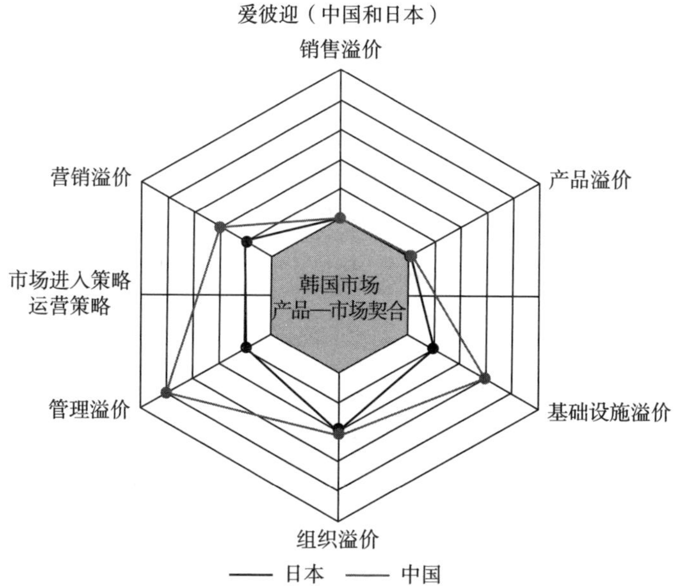

图 9 爱彼迎在中日本土化溢价图

本地化溢价类别间的相互作用

在扩展至目标市场时，何种本地化溢价类型对于贵公司的成功最为关键？您需决定哪些领域不能改变（通常因为其植根于公司部分核心价值观），哪些领域可为额外产生的复杂性处理提供支持，以及哪些领域应加以限制改变。

这最终揭示出您需做出的权衡，如牺牲速度以维持核心价值观，或允许本地市场层面具有一定自主权，以换取运营或市场进入变化所产生的本地化溢价。

在分析潜在的本地化溢价来源时，您还需了解某种溢价如何对其他溢价造成影响。如针对产品的变更可能会对营销、销售模式和基础设施造成影响。许多企业正应对遵守欧盟《通用数据保护条例》（*General Data Protection Regulation*，*GDPR*）法规中概述的规则所需的变化，因为许多企业将客户数据作为其业务模式的一部分（要么出售客户数据，使外部各方利用客户数据，要么使用客户数据生成建议和定制体验）。

此类变化可成为本地化溢价的重要来源（但也可跨多个市场进行扩展）。这些法规可能要求公司必须在国内建立新的技术堆栈（基础设施溢价），这会导致员工工作量增加（组织溢价），最重要的是需要新的管理流程和合规工作（管理溢价）。

以下是几个例子，说明本地化溢价各个子类别如何相互影响，以及领导者如何被迫在相互冲突选项中确定优先顺序并进行选择。

基础设施溢价与管理溢价。亚马逊在澳大利亚的基础设施投资减少纳税，但也增加了数据存储和数字服务交付的复杂性。公司必须考虑对新基础设施的大量投资是否超过不这样做所产生的潜在税款。

产品溢价与销售溢价和营销溢价对比。正如本章前面所述，领英开发了一个基于文本的移动应用程序独立版本，该版本支持在印度国内的低速移动网络上运行。由于应用程序必须完全重新设计，这些变化导致产品溢价增加。如果公司未做出改变，其产品将提供糟糕的用户体验，或使他们不得不改变目标客户群体并严重减少可接触到的潜在用户数量，要么专注于具有更高带宽条件的区域或针对拥有更好手机或个人电脑访问领英平台的当地富人。

市场进入总成本公式

在评估目标市场本地化所需潜在变化时，简单“进行数学计算”是一个经常被忽视但至关重要的步骤。创建本地化溢价分析（以及本书 169 页概述的优先级 / 可扩展性 / 核心价值调整考虑因素）仅是第一步；除此之外，还须进行定性分析，强调本地化工作需要开展的事项。

下一步是将这些变化置于当前发展模式各个相应变化需要多少财务投入的基础之上。为帮助解决这些问题，我们开发出市场进入总成本公式（TCE 公式）。您可将其视为与许多行业在制定采购决策时经常交流和考虑的总体拥有成本（TCO）公式类似的工具。该方程式有助于回答一些关键问题，例如：针对新市场进行业务本地化的成本是多少？成功的标准是什么？

完成本地化溢价分析至关重要，如果您不了解如何调整当前发展模式以成功进入新市场，便很难确定市场进入成本。

市场进入总成本公式直接对应本地化溢价分析图表中的各个类别。每一次改变均有其相应成本。这些加在一起便构成该溢价类别（销售溢价、产品溢价、基础设施溢价等）的总进入成本。所有溢价类别加在一起即可确定在新市场本地化的预估总成本。

成本包括预估营销成本、设置的管理成本、所需库存投入以及员工工资和福利待遇。人力成本应覆盖本地市场人员和“总部”致力于扩张工作的人员。值得注意的是，与基于软件的产品相比，销售实体产品的公司进入市场的前期成本通常更高，因为成本通常与供应链和包装本地化以及当地法规要求相关，具体取决于产品类型。由于软件产品不存在许多此类成本，因此该类产品发行的障碍往往要低得多。

重要的是要在现实的时间表上审视这些成本，以确定市场进入总成本。尽管所需时间根据行业和资源有所不同，但应考虑至少两年内所需的成本，还必须考虑时间因素（时间倍数）。这与扩展计划所需的变革和支持相关的人力资源成本尤其相关，且可按月或年列出。当纳入时间 因素时，最好将一次性成本与持续/随时间变化的成本分开，且仅在后者中纳入时间因素。

市场进入总成本公式模板

（一次性市场进入成本）+（持续进入成本 × 时间倍数）= 扩张总成本（TCE）

或提供市场进入成本的详细信息（包括本地化溢价分析中涉及的溢价类别）。

市场进入成本包括：

- 销售溢价（SP）
- 产品溢价（PP）
- 营销溢价（MP）
- 管理溢价（AP）
- 基础设施溢价（IP）
- 组织溢价（OP）

有些市场进入成本是一次性的，如更改产品功能（软件）或包装（实物产品），而其他成本则是持续的，如维持本地团队所需成本。对于持续的市场进入成本，需要考虑时间倍数（TM）（预估两到三年内均有这些持续成本）。将一次性成本和持续成本相加即可得出总进入成本：

（一次性销售溢价＋产品溢价＋管理溢价＋组织溢价＋营销溢价＋基础设施溢价）＋［（持续销售溢价＋产品溢价＋管理溢价＋组织溢价＋营销溢价＋基础设施溢价）×时间倍数］＝总进入成本

实践中的市场进入总成本公式

“全球类”公司了解一些变化可更有效帮助实现公司—市场契合。鉴于此，“全球类”公司优先考虑各项本地化工作（或溢价类别），将其分为不同层级。总进入成本公式在分析中添加一个成本层，指导决策并帮助团队回答以下问题：实施最高溢价的本地化需花费多少成本？

“全球类”公司意识到有效本地化计划并非试图立即开展所有必需的更改。总进入成本公式在确定多阶段市场进入的每个阶段的成本方面也很有用，可帮助团队回答以下问题：在新市场中，完成第一个实施阶段的成本是多少？在新市场完成第一个实施阶段需要多少费用？

回顾苹果公司在巴西市场的扩张历程，公司因对零售布局重新设计而产生的基础设施溢价、雇用和培训新员工产生的组织溢价，以及在关税和其他合规要求方面的管理溢价很快便会显现。

然后需将总进入成本置于市场潜力的背景下进行审视，这反过来有助于估算投资回报和投资回收期[①]。如苹果公司需重新调整其销售指标和目标以应对其在巴西商店销量下降的情况，这些商店更专注于维修设备而非销售新设备。

在计算一段时间内的总进入成本后，您的重点将转移至如何实施这些本地化更改。

① 投资回收期（Payback Period），又称投资回收年限，是指投资项目投产后获得的收益总额达到该投资项目投入的投资总额所需的时间（年限），是使累计的经济效益等于最初的投资费用所需的时间，一般作为辅助评价指标。——译者注

将有效的本地化发现、本地化溢价分析的正确使用以及进入总成本公式进行结合可有效引导您正确开展本地化，并意识到所消耗的资源。如果缺少这些要素，任何全球化增长计划的成功均会面临风险。正如元图地信（MetaMap）的克劳迪娅·马卡德里斯托所说，“不想乱花钱，试图破坏一个本不了解的市场，而非使用本地化策略。”

降低本地化溢价

由于积累本地化溢价是不可避免的（且不应被视为破坏交易的因素），因此制定适当系统和策略以减轻所产生溢价及其影响范围十分重要。围绕扩张确立正确的流程架构并使“总部”利益相关者参与为国际化团队提供支持并花费时间和精力是值得的。请记住，这不仅是进入市场速度的问题。

只需将本地化作为沟通重要组成部分便可限制复杂性。当向“总部”请求资源时，本地团队应提供与请求相关的复杂性 / 本地化溢价的溢价视图。这可确保直接进行决策和准确提出预期。

国际化

本地化溢价最小化的最有效策略之一便是开展国际化工作。在这一过程中（通常在软件开发的背景下使用），您可设计集中式流程，这些流程可进行定制（或本地化）以适应所进入的各个单一市场。此种方法有助于限制可能产生复杂性的领域，采取更为主动的方法来最大限度减少本地化溢价。为此，您可对进入市场或运营模式的某些部分进行标准化，同时在可能发生本地化的地方确立不变性。从产品功能或外观（在软件上放置特定国家 / 地区的界面或在实物产品上采用不同颜色的能力）到支付处理再到人力资源流程的一切均可通过这一视角来看待。如为响应上述欧盟《通用数据保护条例》规则，一些公司决定在全球范围内遵守这些规则，将其用作所拥有客户的各个国家 / 地区数据的单一政策。

尽管本地化是“全球类”公司所做的事情，但国际化是它们得以大规模实施的机制。

例如，一种国际化策略可能是与业务流程外包（BPO）或专业雇主组织（PEO）提供商签订合同，以首次开拓各个市场。在您证明市场可提供发展动力之前，这会降低在各个新市场建立公司的复杂性管理投入（管理溢价）。另一个例子是建立一个集中式本地化团队，负责管理所有涉及非母语的内容（网站、营销等）。本地团队可与其分享关键见解，他们可帮助本地团队进行定制以适应本地市场（营销溢价）。国际化还可包括选择在多个目标市场拥有强大影响力的分销合作伙伴，使合作伙伴成为更广泛国际化扩张计划（销售溢价）中渠道分销的单一焦点。

作为国际化工作的一部分，“可画”在灵活的产品基础之上为各个本地市场创建模板和图标，以实现本地化（产品溢价）可控。

西姆科[①]前首席执行官克劳斯·霍尔斯（Klaus Holse）分享了他在微软动态产品部门担任高管的经历，他了解到“全球类”战略与传统战略的对抗。

微软当时以内部竞争文化著称，在六个月内相继收购 Navision[②]和 Great Plains[③] 的产品线。Great Plains 的产品当时看似很优秀，但

① 西姆科（SimCorp），一家总部位于丹麦哥本哈根的金融科技公司，也是全球领先的综合投资管理解决方案提供商。——译者注

② 起源于丹麦，1984 年开发，2002 年被微软收购后成为其商业解决方案的核心产品。——译者注

③ Great Plains 是微软 2000 年收购的一家会计和商业管理软件公司，成为微软推出的一款功能强大的企业级财务管理软件。——译者注

团队并未考虑到本地化溢价，在需要适应新市场时遇到了问题。Navision 团队具有“全球类”思维，公司构建的产品线仅使用一小部分代码库，并且具有代码的“组件化”，使其更容易适应。组件化允许软件开发团队重用组件，可更轻易更改或替换部分代码，以满足新市场的独特需求。这带来了更快、更有效的本地化，最终导致微软使用 Navision 的产品而非 Great Plains 的产品（产品溢价）以进行扩张。

您还可采用国际化策略，使相同的发布团队成员在多个市场中发布产品，以便在发展模式上保持一致（组织溢价）。国际化涉及在本地化溢价分析核心要素之间确立一致性，但也可成为支持国际化增长架构和资源一致性的工具。

国际化可被视为限制允许实施变更的标准偏差的范畴。

了解国际化过程中存在需要接受或克服的障碍。正如本章前面提到的，看似简单的决定（如使员工在全球范围内使用“谷歌 Workspace”电子邮件和生产力工具）可能会遇到挑战。如果您投资在最初的市场推出“谷歌 Workspace”，然后需要更换至另一个全球平台，则可能会花费大量资金及数月时间。简单的决定也可产生深远影响。如乐天将其官方办公语言改为英语，甚至在其日本“总部”也是如此，以更好将自身定位为一家能够与全球人才和客户沟通的跨国公司（公司将这一过程称为“英语化”）。

传统上为企业提供基于 SaaS 技术的人力资源和财务管理解决方案的 Workday 由于部分市场的劳动力就业结构，在进入某些市场时不得不转向引入新的定价模式。基于工作日的定价基于客户拥有的员工总数（指定全职员工、全职同等员工和小时工）。这并未体现在那些按月支付工资或有更多季节性员工的国家，也未体现在那些客户习惯于按活跃用户数量而非公司规模收费的国家。

为解决这些差异，公司经历了一个艰难过程，将价格点全球化为基于价值，在此过程中最大限度减少定制方案（一项降低销售溢价的国际化举措。将在第 7 章中进行论述）。

不过，国际化不只需要在全球范围内实施。公司可根据相似性对地理区域进行细分，旨在协调多个国家 / 地区的运营模式。然而更重要的是，不要将同一大陆上的各国市场混为一谈，在像亚洲这样广阔而多样化的大陆上的国家 / 地区运营业务的方式之间也存在重大差异（对于其他大陆来说也是如此）。这些区域可基于共同线索，从语言（如在将拉美市场分组以简化西班牙语市场本地化工作时排除巴西）到法律体系等。

经常被忽视之处

也需要做一些不具备延展性的工作

尽管您的主要关注点是效率和本地化溢价最小化，但也可做一些不具备延展性的工作，如与新市场中的早期采用者[①]（以及本地化发现过程）互动。正是这些更直接（和人工）的参与提供了关键经验，并帮助企业在新市场中达成公司—市场契合。

① 早期采用者是新产品采用者类型之一，他们是第二类采用创新的群体。这类采用者多在产品的介绍期和成长期采用新产品，并对后面的采用者影响较大，他们对创新扩散有着决定性影响。——译者注

全球敏捷项目管理的核心原则是：在对多个国家的变化背景进行分层时，必须兼顾敏捷项目管理的累积性质。没有任何一项本地化是独立的；每一种均会和其他混合在一起，大幅增加复杂性，变成难以管理的混乱局面。**因此实施具有复杂性意识的敏捷项目管理方法至关重要。**

有效使用全球敏捷项目管理将发现在一个新市场中找到产品—市场契合的必要本地化（第一步），而有效运用本地化溢价分析工具将帮助团队对多个国家本地化所带来的复杂性进行管理，保持组织发展轨道，实现公司—市场契合，并达成全球规模化发展（第二步）。

除这些策略之外，集中精力维护第三部分中概述的实现全球规模化发展的三大支柱也将帮助您对本地化溢价进行有效管理。

了解在多个国家 / 地区运营产生的复杂性（本地化溢价），并将其与您实施本地化所产生的影响取得平衡。意识到这一过程，将复杂性作为沟通的一部分，并寻求将其最小化并加以监控的方法。

• • •

后续章节将继续向您展示如何在本地化和复杂性之间取得平衡，通过构建组织能力（确立正确架构、建立正确团队、管理组织以及平衡不同文化以支持全球规模化发展）以实现公司—市场契合。

凭借对在市场上取得成功所需本地化的深入掌握，以及用于限制复杂性的本地化溢价分析框架，您便可采取下一步以实现真正的全球规模化发展：建立流程和运营架构，以形成发展势头并促进规模化发展。

第 6 章小结

- 本地化的结果是复杂性的产生。通过全球敏捷项目管理流程的第二步，“全球类”公司学习如何平衡本地化和复杂性，以在本地市场获得发展动力并对多个国际化市场的规模化发展进行管理。
- 这些复杂性（本地化溢价）分为两类：市场进入溢价（销售、产品和营销溢价）和运营溢价（行政、组织和基础设施溢价），可通过有针对性的（国际化）予以降低。
- 本地化溢价分析有多种用途，包括作为新市场分析工具、市场优先顺序确定工具、沟通工具、风险可视化、路线图调整工具、实施跟踪器和链接市场 / 模式标识符。
- 总进入成本公式可帮助确定本地化相关成本。

第 6 章思考与实践

1. 您如何对本地化和复杂性进行平衡？
2. 在国际化扩张过程中，哪些溢价是最困难或最意想不到的？
3. 当贵公司的领导团队成员对全球化增长计划持短视观点时，您面临哪些挑战？

第 7 章

发展动力

“全球类”公司如何促进快速增长

优步是一家独特的“全球类”公司。从 2012 年开始，随着优步开始进入多个国际市场，他们建立起一个系统，使公司在市场进入方面非常有效，利用竞争节奏缓慢、地方政府行动延迟以及丰富的财务资源来刺激快速采用。但随后强烈的反对随之而来，公司并不擅长应对他们造成的破坏，有时在影响期间未能将业务本地化以适应本地文化的细微差异。

优步经常以一种“非全球类”的极端方式优先考虑公司行事方式而非适合本地市场的行事方式，且未确立具有普遍吸引力的核心价值观。与此同时，优步创建并运用流程架构促进市场进入并实现快速增长的能力则是同类企业中最出色的。

通过协作竞争、绩效透明和最佳实践共享的结合，优步能以极快速度扩展至大量市场。

优步创建了一个可重复运用的系统，其中包括拥有强大专业知识的启动团队和克服障碍的有效操作指南，以及跟踪明确和有针对性的指标的仪表板，这些指标使团队专注于快速实现里程碑。

各市场的表现均通过明确指标来衡量，并与全球整个组织共享并积极跟踪。公司通过集中团队收集和共享的详细文档以及该集中团队开发的有关哪些工作通常有效、哪些无效的知识建立起智囊团。

优先考虑透明沟通，并创建起架构以识别并激励快速增长，同时确保将最佳实践转化为其他团队。

我们不惜一切代价避免了第6章讨论的复杂性。由于优步依靠其普遍认可的价值主张及其所解决的问题的普遍性，该团队试图找到可扩展的解决方案来解决市场进入和市场增长过程中出现的障碍，以便所有全球团队都能受益。

虽然大多数公司不具备如此普遍的价值主张和解决方案（也没有足够的资源），但我们可从优步创建集中资源和架构来收集和交流最佳实践的能力中吸取教训并实现进步。

> 一旦在本地化和复杂性之间取得平衡，接下来便是规模化发展问题。随着全球级公司从规划和市场进入转向市场增长，公司领导者必须特别注意创造发展动力，以实现全球规模化发展。

拥有坚实的团队、产品和企业文化不足以在全球取得成功。从单一市场的成功转向多市场规模化发展是企业成长历程中的关键点，需要适应性的支持模式。“全球类”公司并不将目光投向单一市场验证；而是专注于全球市场渗透。这与成功进入任何一个国家市场并获得发展动力无关；这与在全球范围内运营有关。**支持本地化并为其设置边界的有效流程架构是实现规模化发展的关键。**

设计并实施此类架构也促进第 4 章中概述的全球化成功增长的四项承诺。有了有效的流程，资源可更好加以协调，沟通更有效，在分布式足迹中更清晰和一致；信任变得更强，总部更愿意给予自主权；作为全球敏捷项目管理过程一部分的迭代亦可加速。

从市场进入到市场增长的转变需要本地市场团队和“总部”的共同关注。通过第 4 章中概述的四项承诺（尤其是充足资源）至关重要。此种转变需要流程架构来支持规模化发展和日益分散的团队。同时，这些制度流程必须对复杂性加以限制，而非增加复杂性。

流程是规模化发展的基础，有助于管理市场进入到增长之间的飞跃。当公司有意识地决定从多个国家运营过渡到全球运营时，它们就变得越来越必要，以验证您的解决方案是否通用或仅在有限的市场中相关。第 4 章中介绍的自主曲线为应建立的适当流程提供了指导，以与扩张阶段（市场进入、市场增长或市场成熟）所需的自主权程度相匹配。正如第 6 章所论述的，对这些架构（属于组织溢价类）的投入有助于最大限度减少企业进入更多市场时产生的整体本地化溢价（复杂性）。

为提供必要发展动力，重要的是进行组织评估，以更好了解从单一新市场中的公司—市场适应过渡到在多个市场中真正扩展组织的全球规模化发展时可能出现的挑战。此时，复杂性可能会膨胀至无法控制的水平，且随着组织面临协调人员、团队、系统、预算和资源的艰巨挑战，组织偏见变得更加明显。

“全球类”公司确立流程架构以支持本地化和扩展工作，从而实现对沟通、资源分配和复杂性进行管理。“总部”创建流程架构，通过战略制定、实施支持和跟踪以促进本地化，但同时使本地团队可自由发现和验证本地化所需的内容。为更好描述此类支持机制，我们将它们统称为“动力源”。

市场进入动力源

正如第5章所论述的，市场进入的目标是评估目标市场、发现必要的本地化并获得发展动力。最后的主要里程碑是通过寻求产品—市场契合来验证市场。

进入市场有点儿像在较大的组织内经营一家初创公司。只要本地团队获得所需的资源、领导层的支持、关注和自主权，使他们能够专注于寻求所需的本地化、发展动力和最终的产品—市场契合，他们就会很高兴。只要本地团队能快速改变并推动本地市场测试，成员便会保持积极性和参与度。确立动力源使此目标更进一步。

旨在加速市场进入的架构包括：

- 本地化发现
- 商业模式本地化画布
- 全球化增长宣传材料
- 开拓市场团队
- “初始市场”与“总部”分离

本地化发现

正如第5章所述，本地化发现是在本地市场进行实地研究的过程，以观察并真正了解市场的细微差异，以协助本地化进入市场和运营模式。

正如我们在第6章中讨论的，在考虑本地化溢价分析时，重要的是考虑一系列问题，以便充分了解新市场的潜力和最佳市场进入策略。为回答这些问题并听取客户的声音，访问目标市场非常重要。我们发现这是许多有效扩张的“全球类”公司进行的分析中的一个常见因素。有些人将调查之旅称为“聆听之旅”（这是一个恰当的标签，毕竟聆听是关键），但我们将其称为本地化发现。我们采用这个标签是因为重点不仅在于识别市场机会，还在于发现有关贵公司需要如何进行本地化才能有效进入新市场的关键见解。

市场本地化发现对于真正了解本地市场的细微差异至关重要。“谷歌 Nest”项目管理、国际化和产品发布全球主管埃莉斯·鲁宾解释道，即使是“新鲜空气”一词也可能意味着完全不同的含义，具体取决于本地市场。在收集开发新款 Nest 产品的见解时，埃莉斯了解到，在日本，新鲜空气的概念涉及打开窗户并使室外空气进入。对于韩国人来说，“新鲜空气”意味着关上窗户并打开空调。韩国人非常担心空气污染，空气净化器是那里的必备电器，韩国人在户外时经常戴口罩。

本地团队的投入至关重要。印象笔记前国际部总经理特洛伊·马龙指出，“扩张过程中最困难的事情是充分了解市场并执行连贯战略。你不能从‘总部’做到这一点。最大的机会是从最初的研究中获得前端分析，并将其与实地研究相结合，以制定连贯战略。”回想一下阿尼班在影响印象笔记在印度市场的战略方面所发挥的作用。

经常被忽视之处

听取普通人的观点

我们特意将“普通人”列入本地化发现过程中要与之交谈的利益相关者列表中（第 127 页），部分原因是该类别反直觉且经常被忽视，但更重要的是因为它具有难以置信的价值。在本地化发现过程中与普通人交谈时（即使是随机交流），您可以获得有关目标市场最为准确的见解。不会像政府机构那样试图掩盖市场上的经济问题，也不会出现潜在合作伙伴试图向您推销与他们合作的粉饰，您会获得诚实、未经过滤的意见。您接触过的每一位司机、餐馆服务员、接待员和店主——他们都可能有有价值的见解。对于消费品和服务来说尤为如此。

商业模式本地化画布

在准备和规划阶段，您应完成第 5 章详细介绍的商业模式本地化画布。这将使您能够从本地化发现中获取见解，并通过将其纳入一组新假设中，在通过政府监管和文化过滤运行现有运营模式后在新市场中得到验证，从而使其具有可操作性。您可使用商业模式画布块、六项本地化溢价（销售、产品、营销、管理、基础设施和组织）或您自己的标准，将当前经验证的业务模式转化为假设，以测试新市场如何运作。

全球化增长宣传材料

与经典的初创企业投资者推介材料类似，全球化增长推介材料旨在对国际增长战略和本地化工作进行简单且易于沟通的总结和解释，以实现公司—市场契合。展示内容应包括在本地化发现过程中发现的见解。尽管设计简短而直接，但它可提供详细的研究和客户的声音。下面您将看到一份融资方案大纲，您可使用它来更好地传达您的扩张战略，即全球化增长融资方案（请注意，根据设计，各个目标国家 / 地区应拥有一个单独方案）：

- **为何选择这个市场？**——介绍您计划扩张的国家，包括市场背景信息、关键经济指标、趋势以及本地市场动态的详细信息。
- **本地化发现结果**——分享您在市场本地化发现过程中发现的内容。重点介绍对国家文化、整体市场机会以及在市场上取得成功所需本地化的见解。
- **客户**——概述客户原型、能引起他们共鸣的价值主张类型以及其购买力。将您的目标客户拟人化。结合本地市场文化元素，突出客户行为模式及决策标准。
- **本地化溢价分析**——绘制出预期本地模式与当前市场进入和运营模式的偏离程度，通过本地化溢价分析框架实现新市场的公司—市场契合。包括有关如何计划最小化和监控复杂性及其对组织影响的详细信息。这张幻灯片作为接下来两张幻灯片的概述，详细介绍本地化溢价分析的内容。
- **实现公司—市场契合的途径：市场进入策略**——概述计划的分销渠道和营销策略。您的客户在哪里获取信息？他们受哪些渠道影响？需求如何产生？如何在客户面前传达销售信息（marketing message）？如何将产品送到客户手中？这映射到本地化溢价分析图表的上半部分（销售溢价、产品溢价和营销溢价）。概述源自商业模式本地化画布的相关假设（如第 5 章所述）。

- **实现公司—市场契合的途径：运营模式**——除运营方式之外，概述从工资、纳税到基础设施的法律和监管因素。包括因与您本国市场不同的法规而可能造成的公共政策威胁、风险和复杂性。这映射到本地化溢价分析图表的下半部分（管理溢价、基础设施溢价和组织溢价）。概述源自商业模式本地化画布的相关假设，这些假设也将在此进行测试和迭代。
- **团队建设策略**——解释需要在本地市场雇用哪些团队、“总部”所需资源数量以及组织架构（描述职能报告以及集中 / 本地化的内容）。
- **发展动力源**——概述新市场进入将运用现有流程架构，并强调需要构建的新流程架构，以确保持续得到支持和所需资源。这是讨论本地化资源团队和全球化增长手册（均在下一节中论述）以及其他动力源的地方。
- **进入总成本**——运用市场进入总成本（TOE）公式来计算支持该计划所需资金和资源。可以按重要性级别或实施阶段进行分类（如第 6 章所述）。突出显示计划的时间表，并包括根据优先级和（或）实施阶段开展每项本地化工作的时间。
- **成功的全球化增长的四项承诺**——强调成功的全球增长的四项承诺，每一项承诺如何适用于这个特定国家，以及确保每项承诺得到高管支持的计划。

尽管全球化增长宣传片的主要目的是从组织内部获得支持，但其创建过程有助于将您的想法具象化，建立更有力的叙述方式，并发现分析中的差异。另外，它是一个简单参考点，可在正式启动时调用。将创建全球化增长宣传材料视为进入各个新的国际市场之前要采取的重要步骤，也是一份动态文件，可在您转向新市场并从新市场进入中学习时进行调整。最重要的是，本文档（以及本地化溢价分析）为创建对扩展至关重要的工具（全球化增长手册）奠定了良好基础。

市场开拓团队

虽然并不适用于所有类型的业务，但创建一个专注于为在新市场中成功立足奠定基础的启动团队可帮助加快市场进入速度并围绕全球扩张计划提供发展动力。

尽管本地化是针对各个市场专门定制的，但市场开拓很多项第一步工作在各个市场都是相似的。有针对性的团队可开发可在许多市场快速复制的相关技能。以优步为例，前亚洲扩张主管山姆·格尔曼（Sam Gellman）是公司在北美以外聘用的第一位员工，他担任市场开拓者的角色，并与全球扩张团队的其他成员一起，构成第一批实地工作人员。

对于山姆和优步的其他发起人来说，最大的目标很明确：聘请一支团队，尽快在市场上发展和进行扩张。其他关键目标包括确保早期采用者（乘客和司机）的安全，并达到一个里程碑，通过优步应用程序在五分钟或更短时间内便可完成市区中心的多数网约车服务。随后山姆会前往一个新市场重复同样的流程。为确保重点并增加成功可能性，请将市场进入期间本地市场的衡量指标上限设定为三个。优步则只专注于两个指标。

在发展速度至关重要的情况下，市场开拓团队所积累的专业知识可能极具价值。此种高度发展的技能、明确目标以及通过动态协作手册进行的强有力的最佳实践共享是建立市场开拓团队取得成功所需要的工具。

将“初始市场”与“总部”分离

帮助公司从市场进入到市场增长乃至更进一步的一个重要（但经常被忽视）步骤是将最初的市场组织架构与“总部”组织架构分开。在全球扩张的早期阶段，“总部”和“初始市场”运营是一回事。鉴于迄今为止只有一个市场，在公司开始扩张时，在“初始市场”中领导某些职能（销售、营销、工程等）的团队成员与负责在全球范围内领导整个职能的团队成员是同一批人。继续此种情况往往会在初期便形成市场偏见。对于领导者来说，青睐他们一直管理的“初始市场”以及公司大部分收入的来源是很自然的。不幸的是，此种偏见可能成为本地市场计划获得所需资源的障碍，并且可能会降低在这些新市场中寻求适合公司市场所需本地化的溢价。

“全球类”公司了解“初始市场”和新的本地市场必须处于平等地位。“初始市场”应具有与其他本地市场相同的组织架构。因此，如果本地市场有总经理，“初始市场”便应有专属总经理，如果本地市场有自己的营销和客户服务团队，“初始市场”也应配套相应团队。

此种分离产生很多效果，包括：

- **消除“他者”心态**——在第1章中，我们讨论了“他者”心态对国际化扩张计划的毒害。当“总部”偏向“初始市场”时（如果一套领导班子同时领导“总部”和本地市场，这是很自然的），国际市场中本地团队需求可能会让位于“初始市场”需求。将“初始市场”与“总部”分离，将“初始市场”团队与本地团队置于同一水平，是一个急需的均衡器。

- **激活分布式工作**——正如本书前面提到的，由于分布式工作的加速，“总部”的概念对于当今的“全球类”公司来说有所不同。将“总部”与“初始市场”分离，使“总部”与特定地点脱钩，这与维持分布式团队的组织非常吻合。所有市场一视同仁，而且“初始市场”之外的团队成员的劣势相对较小。正如第2章案例研究中所讨论的，“可画”从沟通渠道中去除“总部”标签的行为便是这种分离的体现，将国际市场中的“初始市场”和本地团队置于平等水平上。
- **使“总部”成为推动者**——通过这种分离，“总部”不再是员工专注于“初始市场”的运营商。“总部”是一个独立内部架构，其主要目标是成为多项本地业务的推动者和支持者（“初始市场”便是其中之一）。进行分离之后，“总部：不再是初始市场区域运营商，而是一个完全专注于实现全球化的独立集团”。

重要的是，在公司进入多个市场后，要尽快进行这种转变，以免使“初始市场”过多植根于“总部”。事实上这是实现公司—市场契合的重要前提。正如让·凡·卡斯特伦所指出的，您不希望（“初始市场”）过于植根于“总部”。

经常被忽视之处

“国际化”在组织架构中应处于何种位置？

“国际化”在公司组织架构中通常并无标准归属。一些公司拥有一支国际团队（例如亚伯·史密斯在Zoom领导的团队），而另一些公司则采取更加集中的职能方法。“全球类”的概念和心态为国际化转型为全公司范围内的承诺成功提供了避风港和试验场，但在国际化产生足够收入以凭借自身优势获得资源之前，仍然需要受到保护。在此之前，全球计划需要一个能够跨职能工作并有权力团结团队的管理者，负责所有国际化增长工作；否则，全球化工作便更难获得全公司的支持。

市场增长动力源

当一个组织开始在多个市场中寻求公司—市场契合时，便会出现一系列新的挑战。重点从获得发展动力转向实现规模化发展。快速扩张需要发展动力，而跨国组织通过高效反馈闭环和架构协同运作，消除摩擦和复杂性，有助于实现这一点。消除偏见、避免“他者心态”以及维持均衡均是需牢记的主要考虑因素。

尽管在市场进入过程中找到合适人选是至关重要的里程碑，但在市场增长过程中所追求的势头必须保持下去。

进入市场增长阶段，团队思维方式发生变化，本地化经验的增加和流程的优化有助于开展本地市场扩张。正是在这一阶段，本地团队通常十分愿意承担更多责任，这样他们便可在本地市场推动工作，而无须“总部”的许可。挑战在于应在多大程度上授予自主权（考虑到实现全球规模化发展的更大目标以及自主权如何为各个本地市场收缩以提供发展动力，如自主权曲线所示）。当一家公司开始在多个市场进入和市场增长阶段时，重点应转向促进全球化增长，而非单一市场渗透。

旨在加速市场增长的工具架构包括：

- 本地化溢价分析
- 本地化资源团队
- 全球化增长手册
- 工作职能钟摆

本地化溢价分析

第 6 章中讨论的本地化溢价分析在市场进入过程中非常有用，可以规划本地化以在规划和实施之间架起桥梁，保持领先地位并正确确定市场的优先顺序。在市场增长期间，作为一种识别和实现本地化的方式，它也很有价值，可扩展至多个市场。

如同本地化溢价分析这样的跟踪机制可将差异和复杂性带到最前沿，从而揭示关键信息。在全球范围内跟踪席位可揭示本地化溢价的模式。举例来说，业务、供应链和库存（基础设施溢价类别）的特定领域需要改变才能成功进入新市场。如果本地化同时在多个市场独立完成，与集中式工作相比，公司可能会造成更多复杂性。运用本地化溢价分析工具可使这些模式更加清晰，引导“全球类”公司创建通用（国际化）解决方案。这也是可扩展性的一个信号，显示相互关联的市场并揭示新市场评估的附加标准（如上第 6 章所述）。在评估期间，返回您在计划期间创建的本地化溢价分析图表，以便您将实际溢价与预测进行比较。印象笔记进入印度市场的案例表明，预期并非与实际相符。

经常被忽视之处

全球敏捷项目管理在动力源中的作用

您为促进市场进入和增长而创建的架构必须以全球敏捷项目管理为中心。正如第 6 章所讨论的，创建流程以允许测试本地化假设和基于关键学习的迭代对于在新市场中寻求公司—市场契合至关重要。采用客户开发思维，结合进行测试的资源和分享关键经验的反馈闭环，对于寻求获得发展动力至关重要。市场进入期间的验证转变为市场增长期间的优化 / 创新。发展重点会变，但心态始终不变。在此过程中，“全球类”公司不断从单一市场寻求可能具有全球适用性的见解和最佳实践。

本地化资源团队

本地化资源团队（LRT）是一种跨职能团队，理想状态下由来自不同工作职能和部门的代表组成。通过消除障碍和分享 / 实施最佳实践来为发展提供发展动力。本地化资源团队帮助本地团队交流关键知识并实施本地化，汇总最佳实践以在组织的全球化扩张过程中加以运用。在图表中的“总部”一侧（如图 10 所示），图表上大圆圈内的每个小圆圈代表本地化资源团队中的一个人。他们是报告制度架构中各自部门的一部分，但与跨职能团队一起代表其部门并在其专业领域协助本地团队。

本地化资源团队的工作指示告诉本地团队应做什么，充当“总部”和本地市场之间的桥梁。它可成为分享问题和本地化想法的平台，也可作为一支智囊团，可在组织进入更多市场时熟知什么行得

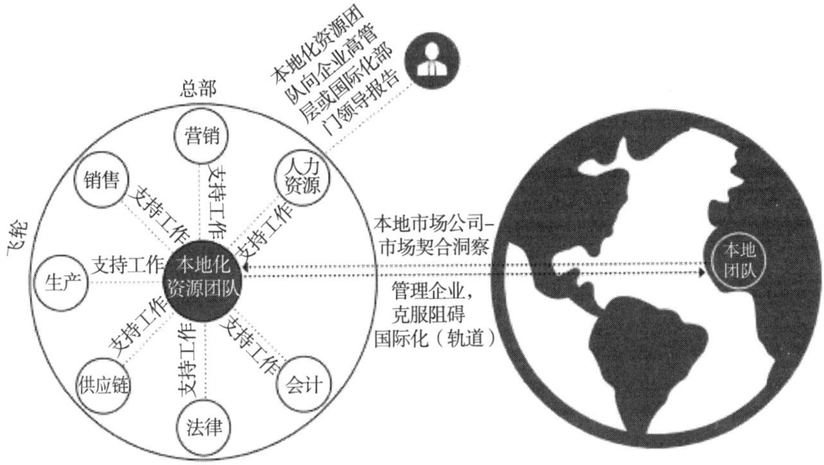

图 10　本地化资源团队分工图

通、什么行不通。团队不设定方向或做出决定；而只是为本地团队提供便利。

在实践中，如果本地市场团队领导层遇到最好由“总部”解决的问题，或需对产品或运营模式的某些方面进行本地化，可向本地化资源团队求助。他们无须花时间跟踪如何开发新功能来开展产品本地化工作，可将请求提交至本地化资源团队，由本地化资源团队来执行此项任务。

从概念上讲，本地化资源团队成员知道如何比本地市场团队领导层更快、更有效地完成这项工作。此外，消除这种负担将使整个本地市场团队能够专注于更重要的任务，发现新的见解、获得发展动力并实现公司—市场契合。

如果组建得足够早，本地化资源团队可带头进行测试并为全面开拓市场做好准备。团队已经组建，便可提供战术支持，消除障碍，以便各市场团队可专注于寻求公司—市场契合并获得发展动力。一些组织将这个团队称为“市场进入”团队或“国际化”团队，但我们有意使用“资源”一词来准确描述该团队的核心职能和目的。

高效本地化资源团队可促进反馈闭环，将核心价值观从“总部”向本地团队传达，又将关键见解从本地团队传递给“总部”，以解决文化差异带来的问题。由于本地化资源团队成员定期与本地团队沟通，但也通过“总部”进行报告，因此他们能够清楚了解优先事项之间的矛盾以及可能抑制增长的潜在冲突。

本地化资源团队是产生发展动力的催化剂，因为它有助于全面决策、理解权衡以及“总部”和本地团队经常相互竞争的优先事项。其成员同时也是“总部”和本地团队之间的桥梁和缓冲。本地化资源团队既可作为媒介，也可作为将日益分散的组织凝聚一处的黏合剂，使不同团队专注于同一目标。

强大的本地化资源团队充满了在文化好奇心和文化敏感性之间取得适当平衡的全球企业家。他们具有识别本地化需求所需的同理心，也具有敏捷项目管理的思维方式，以驾驭现有组织架构来完成任务。团队成员担任内部销售人员、布道者和全球化增长计划倡导者，他们可确保高管持续提供支持，以激励参与国际化扩张计划的各方。

在为本地化资源团队招募成员时，您应寻找职能专业知识和内部创业技能，特别是公司特定的内部创业技能。换言之，拥有敏捷项目管理思维方式并能够驾驭跨职能的科层制度是一回事，但熟悉在公司具体执行这些操作才是最重要的。团队成员必须具备较强沟通能力、影响关键利益相关者的能力以及高效项目管理技能。牢固的公司内部关系、成员相互信任以及在公司完成工作的良好记录，造就了强大的本地化资源团队。

本地化资源团队带来了成功完成扩张所需的公司专业知识。团队所有成员一开始不必致力于市场开拓工作，但他们必须参与这些工作（无论是作为共享资源还是完全专注，具体取决于可用的公司资源）。团队中必须有全部关键职能和部门的代表，以减少失败可能性。此外，团队可帮助最大限度降低复杂性，他们对公司如何跨境运营更具全球化视野，这并非本地市场团队的强项。通过明确可变和不变事项，本地化资源团队有助于指导开展本地化工作，同时确保核心价值一致，并最大限度减少随意的独特性。

根据行业、目标客户（B2B/B2C）和产品（实体产品或数字产品），本地化资源团队牵涉的部门示例包括：产品、工程、生产、销售、营销、供应链和物流、法律、会计、人力资源等部门。每一位成员均会成为公司特定职能领域的“单一联系点”（SPOC）。

在某些方面，本地化资源团队有些类似美国宇航局太空任务调度中心。如同本地化资源团队为市场团队成员提供支持，调度中心的设立旨在为太空中的宇航员提供支持——给予授权、监测生命体征并解决遇到的问题。正如调度中心团队想出如何仅使用“阿波罗13号”太空船上的物品来制造空气过滤器一样，本地化资源团队成员在遇到障碍时也会卷起袖子寻求解决方案。

本地化资源团队中最关键的角色是项目经理。项目经理引导团队工作并充当前门，协调各部门参与，并充当本地团队和高管团队之间的主要沟通渠道。各部门颁布启动计划，由本地团队执行该计划。正如第四章案例研究中所述，“飞协博”版本的团队（范围更窄）是技术项目经理收集和跟踪产品需求并确保产品本地化。

尽管“总部”成员可能不具备与实地团队相同的详细知识，但本地化资源团队可提供跨职能协作的平台。对于市场团队来说，使用本地化溢价分析来突出本地化、专注于验证假设（在商业模式本地化画布练习期间创建）及执行全球化增长操作指南非常重要。同时，本地化资源团队还运用本地化溢价分析工具与本地团队合作跟踪本地化工作的进度。

本地化资源团队的主要作用是成为国际扩张与公司其他部门之间的结缔组织，召集跨职能团队来解决问题并使高管层了解最新情况。

高管层的支持对于本地化资源团队的成功至关重要。如果公司尚未组建国际化团队或没有国际化团队，则需要外部高管的支持。Slack 前国际产品扩展部主管凯瑟琳·海姆斯表示，拥有一名高管级别的支持者会有所帮助，担任该职位的人通常会提出不少好问题，但他们并非总是支持国际化增长工作，因为他们更专注于其他工作职责。高管的全力支持十分重要，因此最好有多名高管参与其中。

尽管并非每家公司均拥有此种水平的资源或高管支持，但 Slack 保留了两个专注于国际化增长的跨职能团队。第一个反映我们所讲的本地化资源团队概念——一个专注于执行而非战略设计的工作组。

第二个在 Slack 被称为“国际理事会”，是一个跨职能的高管小组，负责产品、营销和运营。他们确定战略并将职责委托给（本地化资源团队）工作组。这个高管级别的智囊团帮助概述并推动围绕市场进入和增长所需的清单上的所有主要项目采取行动。职能部门领导提出一些关键问题，如营销部门希望知道如何描述 Slack 在日本市场的业务？他们负责处理上至高管层和董事会的问题，并负责管理下放至工作组（本地化资源团队）和本地团队的任务。

经常被忽视之处

过快创建太多流程会导致增长速度放缓

当公司扩张时，很自然会考虑想要采用的所有流程，以实现全球化职能并支持全球化运营。然而凯瑟琳·海姆斯对此提出警告，应意识到企业可能会犯这样的错误：假装自身规模比实际规模更大，在并不真正需要数据时增加额外科层制度和数据校验步骤。有上万名员工的公司和两百人的公司制度流程肯定不同。前者比后者需要更多流程架构。如果您未牢记这一点，可能会实施不必要的流程，从而增加复杂性并阻碍企业发展。

当问题出现时，本地化资源团队可充当虚拟作战室[①]（war room），为全球市场团队提供支持。这一点很重要，正如Slack向欧洲市场扩张的创始人詹姆斯·谢雷特所说，“大事都是从小事开始的，所有小事都是微不足道的。”对于本地化资源团队来说，识别跟踪这些问题非常重要，因为：①本地团队专注于市场开拓实际工作，②本地团队可能不了解哪些无关紧要的事情可能会在之后演变成大问题（从而增加本地化溢价）。如果本地化资源团队已开展多次市场开拓工作，他们会对潜在问题有敏锐的洞察力，并能在问题涌现之前予以解决。

此外，本地化资源团队成员还对那些并无改变空间的领域有深

① “虚拟作战室”（war room）项目管理学概念，强调集中办公，并对项目运作进行模拟演练。——译者注

刻的见解。他们是国际化工作的坚定执行者，知道由于运营复杂性、坚持核心价值观或其他原因，哪些可以改变，哪些不能改变。例如，Workday已将其指标和定价全球化。公司本地团队可能希望改变某些事情以更好服务市场，但这将违背组织的全球战略。本地化资源团队承担监控本地化溢价的职能。

定价策略是否需要变更？本地市场领导者需花费很多精力完成正式流程，使变更获得批准，然后与从产品团队到营销和财务部门的全体成员一起实施。本地化资源团队可解决这一问题。是否需选择本地律师事务所拟订新的劳动合同？本地化资源团队的法律代表可参与新公司审查，并作为公司联系人，以确保遵守本地法律，同时最大限度降低本地化溢价。还有许多其他挑战的例子，这些挑战会使本地市场团队的注意力从更好了解客户、确立新销售渠道、调整产品供应以适应本地市场上转移。

对于本地化资源团队的永久性，存在多种观点。在某些情况下，最好是在发布前组建一个团队，并在发现市场发展动力后缩小规模。在其他情况下（特别是当您计划在多国市场进行扩张时），拥有一支永久团队可能更具意义。例如，优步正进行广泛的扩张活动，本地化资源团队往往有更多市场需要关注，因此保留“总部”资源专门用于为新地区市场提供支持是十分必要的。在优步，各个市场开拓者在早期建立起紧密联系，相互指导，克服障碍，而非组建正式的本地化资源团队。

尽管我们不为那些不打算维持永久团队的人规定本地化资源团队应维持多久，但在本地团队实现公司—市场契合之前，维持团队不同程度的运营极具战略价值。如果不断开拓新市场，本地化资源团队会成为公司架构中的固定配置。

本地化资源团队可帮助诊断公司为何在新市场中面临规模化发展问题，并根据团队的全球权限，从多次市场进入进程中汲取见解和最佳实践。反馈闭环是本地化资源团队用以确定公司为何未能获得发展动力或实现规模化发展的重要工具。这一工具还通过提供突出关键问题和障碍的渠道，协助团队对市场策略重新进行调整。

全球化增长手册

全球化增长手册是一种资源，它列出了在新市场中成功启动和增长所需的全部步骤，并为市场进入和市场增长捕捉最佳实践。它应是一个集中式（数字）存储库，本地化资源团队和市场开拓团队成员均可根据经验教训实时进行补充。我们有意将其称为“全球化增长手册”，而非“市场进入手册”，我们认为手册应具有更广泛的内涵，不仅是在开拓新市场时使用；也应有助于本地团队继续在新市场扩大业务。

高效的全球化增长手册既是协作性的又是动态的，会随着时间推移而进行调整。多市场团队必须提供意见，且所有元素均必须进行迭代优化（如产品和公司运营），以便随着公司全球影响力的成熟，兼顾各市场的最佳实践和关键经验。

这份文件加快本地团队在市场中寻求发展动力、限制复杂性并确保不会在不同地区多次犯同样的错误。

拥有一个由多方贡献的集中式操作指南可成为一个很好的最佳实践共享工具。优步完善了跨区域共享，确保所有当地办事处了解并实施最佳实践。从管理的角度来看，这些沟通渠道也可视为坚实机遇，以表彰成就和加强公司价值与按地区分布的团队。如果这些基准和沟通渠道不存在，优步“只管去做”的指导原则会创造更多的本地化溢价，因为很多地区市场会同时进入。

正如“缤趣”前增长和国际产品主管斯科特·科尔曼所指出的，“在市场上挫伤团队积极性的最简单方法之一便是使其成为执行部门。使他们参与战略决策并与他们合作制定相应流程。如果人们参与到建设过程中，那获得支持的机会便会更大”。使他们参与全球化增长手册的创建和持续开发是收集这些意见的一个很好的渠道，这是“全球类”公司的标志性战略。

“飞协博”在设立前两个国际办事处时并无正式的操作手册，这意味着地区创始人必须自己制定扩张流程。尽管没有正式的操作手册来确保“飞协博”的企业文化保持一致，但定期回访“总部”和访问各地区市场的高管可确保两个新办事处践行“飞协博”的企业文化。基于这些初步经验，公司现在拥有更好的操作指南制度。除战术技巧（如设立办公室和对公银行账户）之外，更重要的是深入捕捉不同市场的复杂性，以组建可供公司其他人员请教的智囊团。

对于优步来说，操作指南代表所有新地区市场的领先优势。前优步发起人、北美以外的第一位员工山姆·格尔曼指出，该方案并未使发布团队每次都从头开始，而是将他们成功启动新市场所需了解和要做的 80% 的内容编撰成文。这使他们能够专注于学习另外 20% 的内容，其中大部分是针对正在开拓的市场的。山姆解释道：“如果您在孟加拉国学到一些行不通的东西，您可将其补充至操作指南中。”无论在哪里吸取教训，均可与其他地区分享，以帮助市场团队开拓不同市场。甚至还有一个集中式团队来对操作指南进行管理，接收来自实地团队的经验和建议（类似本地化资源团队）。

通过强大的集中式智囊团取得了 80% 的进展，这为优步带来令人难以置信的优势，使他们能以惊人的速度进行扩张。

与企业家在开拓新市场时所做的所有事情一样，操作手册应具有一定程度灵活性，而且能随时调整。因为各市场情况各不相同，所以成功的途径也会不同（这就是需要发现的 20% 的地方）。只要该操作手册仍是一个敏捷项目管理文档，而不仅是一个必须遵守而不进行修改的路线图，它便可成为在新市场中获得发展动力并实现规模化发展的宝贵工具。

无论是包罗万象的宝典，还是一份可衡量进展的简单集中清单，发布和增长战略文件都是许多公司成功的关键因素。

一个警告……

尽管建立这些架构可带来发展动力并实现规模化发展，但如果实施不当或架构过于冗繁，便会适得其反。为制定各项流程提供明确依据，并不断监控其有效性，否则快速发展的组织会受到“科层制度”一词的困扰。

案例分析

搭建流程、架构和规范来支持快速的全球化扩张

从各个方面来说，Slack 均是国际化成功的一个真实成功案例。公司通过超千万用户在 150 多个国家改善业务沟通，有效创建流程架构，从最初规划和市场进入到支持快速全球扩张，在每一步提供帮助。

以下是 Slack 支持全球化增长的可行方法。

运用全球敏捷项目管理方法论提出关键问题并进行研究以寻找答案

在进入新市场时，Slack 团队会思考一些关键问题，以指导本地化发现，例如：在某国市场，知识工作[①]是如何开展的？需要什么支点？更深层次的问题，如“本地市场的沟通是什么？”（为行业 / 公司模型定制）可提供一个可识别本地化的视角。

团队专注于本地化发现，与本地新员工和外部顾问合作进行研究，前往国内采访现有用户和潜在客户并观察其使用 Slack 的情况。当进入日本市场时，洞察不仅包括工作生活对个人身份的普遍性和重要性，还包括 Slack 在等级森严和注重形式的日本商业文化成为一种解放和透明的工具。

收集正确反馈并将产品交到合适的人手中

Slack 团队建立了收集产品反馈和了解客户需求的机制。同时，他们确保衡量和分析反馈与成熟市场的反馈不同。正如凯瑟琳·海姆斯所解释的，必须提供适当数量的客户反馈。由于新市场对特定产品本地化的需求数量总是比拥有庞大客户群的市场要少，因此需要进行一些放大，同时还要有先见之明，以估计随着新市场规模的扩大，产品变更可能产生的影响。下

① 知识工作，即将知识运用到工作，是生产率大幅度提升的关键，将知识运用于工作分析、改进流程、开发工具、产出激励、行动实践、持续改进。——译者注

一个重要步骤是从本地化发现和客户反馈中获取这些信息，并将其提供给可使用这些信息的人员。

组建跨职能团队支持国际化发展

随后 Slack 组建了两层、跨职能、国际化的团队（如本章前面所述）。由职能领导者组成的更具战略性的“国际理事会”和更注重执行的工作组在从确保行政协调和资源一直到实施的全过程中均发挥着重要作用。

即使团队尚未建立，也要先确立流程

Slack 在进入日本市场之初只有一名员工，即企业销售团队的成员。除具备必要敏捷项目管理（客户发现）思维外，团队成员还将参与客户研究工作，甚至参与已建立架构（如与“总部”进行季度业务审查，尽管不对市场盈亏负责，但在聘请本地市场总经理之前，这些流程的实施不会延迟）。

Slack 最大的优势之一便是拥有自有平台。Slack 团队受益于自有平台提供的可见性和透明度（尤其是在分布式虚拟办公团队间进行沟通时）。

促进内部关系建设

如何在内部完成工作的知识和整个企业的关系的结合是在全球范围内成功扩张的秘诀。尽管关系的建立应是有机的，但可创建适当架构以促进关系确立。主要驱动力是建立固定流程

（如区域市场每月客户反馈会议）并邀请公司人员参与这些仪式（具有可见性并为团队提供发展动力）。

为实现这一目标，Slack 使用了“创建流程，让世界更小”的口号。为实现这一目标，Slack 本地团队创建了所谓的“小手会议”。尽管全员会议将所有人有效聚集在一起，但“小手会议”则分区域聚集。这些会议允许更多沟通，而非“总部”自上而下的信息共享。副产品是更紧密的跨区域联系和最佳实践共享；这些会议还促进了区域市场保持一定程度的自主权和认同感。

创建、维护和调整操作指南

操作指南是 Slack 团队的重要资源。事实上，团队保留了一份关于如何开拓新市场的操作指南，以及一份根据特定市场相对投入来维护市场的操作指南。尽管您很容易认为可计算出所有问题的答案，但在 Slack，操作指南致力于估算市场所需的必要投入以及相对于投入的投资回报率。

请勿在开拓市场后离开

还有一种很自然的趋势是在开拓一个市场过程中投入大量精力，随后逐渐减少对该市场的关注，转而为计划中开拓的其他市场提供支持。在新市场中扩张，团队必须继续专注于寻求公司—市场契合，并为可持续增长的团队建设和运营提供支持。正如我们引用凯瑟琳的说法，不要“在开拓市场后离开”。本地化溢价分析使领导团队能够了解在本地市场取得成功所需条件以及实现目标所需的资源，从而帮助确立一条可持续的发展路径。

经常被忽视之处

拐点

在通往全球规模化发展的道路上，重要的是要意识到一个拐点，它经常会改变围绕全球化增长的思维方式（特别是在高管团队和董事会中）。在市场进入的早期和全过程中，组织中不少人员尚未“发现”将资源和精力集中于全球化增长的好处。他们将确定当前市场收入如何使国际市场的吸引力相形见绌，并开始评估在当前市场上投入资源的短期投资回报率将远高于投资于新的市场进入过程。

然而一旦国际化营收超过某个阈值，情况便会发生变化。这没有具体的目标数字，但根据我们的研究，一旦全球市场占公司总收入的 30% ~40%，趋势便会发生变化。随着机遇规模和对业务的影响更加明显，高管团队和董事会开始认识到在全球市场中发展的重要性。此时，资源整合（成功实现全球化增长的四项承诺之一）会更易于进行。在达到此拐点之前，困难在于如何管理预期并保持支持，这需要勇气和毅力，而这正是全球企业家所拥有的。

当然还有其他发展拐点。布兰奇计量公司前国际化扩张和销售主管、“入境口岸合作伙伴”（Port of Entry Partners）创始人拉姆齐·普赖尔将全球化扩张的过程比作寄居蟹的行为，定期丢弃当前的壳，再进入更大的壳中继续生长。随着时间推移，自主权沿自主曲线变化，团队增长超出支持架构的范围，组织架构在职能模式和总经理模式之间发生变化，以及其他值得为团队提供新“外壳”（支持流程架构）的拐点。

工作职能钟摆

如前所述，国际化扩张通常在传统公司中没有特定地位。通常没有集中式的国际化职能，即使有一个专注于全球化增长的团队，其成员也必须应对团队无法控制的跨职能经验和实施。从负责增长、收入或运营、从销售到产品以及介于两者间各部门的高管可能会对国际化职责感到惊讶。

对于专注于全球化增长的团队来说，没有神奇的架构或功能性；很大程度上取决于公司发展的驱动力——无论是产品驱动、工程驱动、客户驱动或是其他类似原因。相反，控制运营开销并管理哪些职能是集中化、区域化或本地化，具体取决于特定工作职能的情况和所需本地化水平。

事实上当企业在多个市场实现市场增长时，必须围绕如何组建团队以支持对全球化扩张做出重要决策。在向新国家 / 地区市场扩张的过程中，当业务开展达到一定程度时，您需要对支持模式做出变更。这往往会导致公司根据业务功能、可用财务资源、人力资源以及产品或行业类型来选择需要进行本地化、区域化或集中化的内容。

我们称之为工作职能摆，因为国际化增长计划随着时间推移逐渐成熟，事项可能会在本地化和集中化之间一直来回摆动。其核心是决策权的分配或集中、“总部”和地方办事处之间的权力划分（将在第九章中进行详细论述）、运营规模以及推动业务发展职能所制定的指导方针。产品驱动型企业倾向于将产品决策和资源集中于“总部”的集中式报告架构下，但他们更愿在被认为不太核心的职能领域开展本地化业务。

早期，一些职能必须是本地化的（如销售），而其他职能可维持集中化（如产品）。随着新国家 / 地区市场的增加，本地化职能可能会服务于整个地区，直至新市场提供一定程度的发展动力，届时新的国内市场人员将接管该职能。随着时间推移，在各个国家使不同的人负责相同职能范围可能不能发挥作用，所以会转向集中式管理。如果结果滞后，区域化或本地化职能会再次发挥作用。最好在最初的市场开拓和产品—市场契合搜索阶段（为加快发展）获得当地有关部门支持，而应集中于市场增长阶段。您应在此过程中进行成本效益分析以对此进行优化，并且应考虑投资回报率。

前“缤趣”和谷歌员工斯科特·科尔曼将其视为一组“堆叠的S 曲线”，其中缓慢的初始阶段增长更快，随后进入平稳期，然后进入下一个周期。不同的支持模式适合 S 曲线上的不同级别，不同策略将决定发展速度的快慢。如果公司已筹集一大笔风投资金，那其增长之路将与有机增长的公司截然不同。在前一种情况下，重点是验证是否存在全球化发展机遇，在此过程中快速配置资金。在后一种情况下，来自较小市场的企业必须确定合适的大市场，以尽可能运用敏捷项目管理的方式扩展至该市场并测试运营，毕竟企业所有资源更加受限。

特定本地市场和公司开展的整体全球化增长计划在自主曲线上的位置（已于第4章中论述）对于某些工作职能多于扩张时间表中的特定节点在职能摆上的位置起到重要作用。重要的是要使本地团队在开拓市场最初阶段保持自主，以最大限度学习关键知识，并使他们专注于影响最大的活动，而非遵循“总部”工作方式（本地化职能）。随着时间推移，为限制本地化溢价并在区域市场内创造连续性（集中职能），取消部分自主权是有意义的。然而在扩展的最后阶段，一定程度的自主权成为赋予本地团队权力的重要工具，因为他们自认为可以管理业务的某些方面，而不必只做“总部”远隔重洋所指示的事项。一个值得注意的考虑因素是，无论何种情况，无论处于哪一阶段，授予本地团队自主权必须与企业文化保持一致。

通过正确流程和组织架构在市场进入和市场增长过程中提供积极发展动力，您便拥有建立全球规模组织的基础。这些硬编码流程还须与一组软编码原则保持一致，使快速发展的组织保持一致并朝正确方向迈进。成功的全球化增长计划的这三个催化剂是“全球类”公司的支柱（将在第三部分中进行论述）。

第7章小结

- 组织从市场进入阶段进入市场增长阶段的动力源是为支持全球规模化发展而构建的流程架构（动力源）。它们是必不可少的，因为验证一家企业是否具有全球化发展潜力对其来说如同在“初始市场”中寻求公司—市场契合一样决定着公司的成败。
- 双向沟通链接（以及成功实现全球化增长的四项承诺）对于本

地团队内化企业文化和核心价值观以及“总部”从本地市场获取洞察以制订相关本地化方案至关重要。

- 有许多动力源旨在为国际化扩张的市场进入阶段（如本地化发现、商业模式本地化画布、全球化增长商业计划书和全球敏捷项目管理方法）和市场增长阶段（如本地化溢价分析、本地化资源团队、全球化增长操作指南和工作职能摆）提供支持。

第 7 章思考与实践

1. 您如何创建流程架构来产生发展动力？本章中所讨论的哪一项动力源最能引起您的共鸣？
2. 贵公司内由谁负责国际业务？
3. 您如何让公司高管了解公司的全球化扩张计划？

03

赋能
实现全球规模化发展的三大支柱

“全球类”公司确立于三个关键原则之上。企业若想实现全球规模化发展，最重要的因素便是员工。具有全球意识的管理战略可确保分布式组织的协调一致，“总部”将发挥推动者的作用，而平衡的文化方法则为快速扩张的组织提供指引。

实现全球规模化发展的三大支柱

1.“全球类”团队建设。正如所有顶级商业领袖都了解的，团队成员是决定全球化增长计划或企业后续失败的最关键因素。第 8 章以创业精神的概念为基础，详细介绍如何通过关注本地团队所需关键特征以组建适当团队，从而实现全球规模化发展。

2.“全球类”管理模式。“全球类”领导者意识到，在全球范围内的成功并非仅源于正确的思维模式或策略，必须与有效的落地执行相结合。第 9 章将全书所讨论的理念汇集至一个可行框架中，该框架可用于构建并有效传达全球组织管理的最优模式。

3.“文化平衡”。全球企业家们了解文化几乎超越经营全球企业的所有其他方面，从在分散式扩张中努力确立企业文化一致性，到适应本地市场的独特规范和理念；文化为王。第 10 章论述三种不同类型文化的重要性，并深入探讨如何在这三种文化之间建立可持续的平衡，同时介绍一种新兴文化（社区文化），企业在全球范围内扩张时应注意运用此种文化。

第 8 章
人才
打造“全球类”团队

卡姆莱什在印度长大，从孟买大学毕业后，在塔塔咨询服务公司开启职业生涯，对印度商业文化有着深入了解。尽管已走上职业发展的良性轨道，但他意识到自己想要更多，并期待出国发展的机遇。这种愿望促使他在加州大学圣地亚哥分校获得硕士学位，在那里他体验了美国本土文化。

在 RealNetworks[①] 短暂工作后，卡姆莱什前往亚马逊西雅图总部担任工程经理。在随后的五年半时间里，卡姆莱什深入了解美国商业文化，更重要的是了解了亚马逊内部运作方式。通过在零售和亚马逊 Prime 视频部门担任工程管理职位，他巩固了自身与亚马逊企业文化的一致性，掌握在公司内部跨部门协作的技巧，磨炼自身领导力及人员管理技能，并最终为团队赢得良好声誉，赢得全公司领导层的信任。

---

① RealNetworks 是流媒体技术和数字娱乐领域的科技公司，公司总部设于美国华盛顿州的西雅图。——译者注

在得知位于班加罗尔的亚马逊应用商店团队的领导职位空缺后，卡姆莱什看到下一个巨大的发展机遇。与此同时，亚马逊领导层在卡姆莱什身上看到在国际市场上成功领导团队所需的理想平衡。

卡姆莱什拥有敏捷项目管理/敏捷开发基础经验，可以领导一支快速发展的开发团队，并仍在巩固其角色，拥有克服内部障碍和获得支持所需的对公司的了解。他掌握的本地知识可帮助公司了解在其祖国印度组建并管理工程师团队细微差别。他对本地市场的了解不仅来自于年轻时的经历，还源于他对本地市场的了解。用他自己的话说，通过既定关系，他与印度的发展和变化保持着持续的联系。最后他萌生出回国的愿望。他审视了所有的应聘条件（还有更多），并得到了这份工作。

转岗六个月后，卡姆莱什遇到一个问题。他的团队成员正在反抗他，事实上他们是在反抗亚马逊的一些“以美国为中心”的政策。卡姆莱什的团队认为“总部”对他们缺乏尊重，也缺乏同理心。“总部”为印度团队制定的时间表不切实际，还会在美国工作时间安排会议，要求印度团队在当地时间深夜或凌晨参会。此外，印度团队抵制美式直来直去的沟通风格，这在印度商业文化中并不常见。这导致许多团队成员退出。

作为回应，卡姆莱什立即采取行动。他利用自己对印度职场的了解，对团队成员表示同情并试图了解他们关注的问题。不久之后，他呼吁西雅图“总部”的网络（尤其是用卡姆莱什的话来说，是一位与他建立关系的“极端倡导者”）来影响一些政策，以更好匹配他的印度本地团队。然后，他提倡团队本地文化，并确保他们知道他是本地团队的拥护者，他将努力工作以获得“总部”的支持。

卡姆莱什能够让“总部”团队在中途与他们会面，将一些会议安排在印度工作时间，而将其他会议安排在美国工作时间。卡姆莱什还通过定期的会议节奏确立更强大的沟通流程，指导印度团队进行过度沟通[①]并比典型美式沟通更加透明，以更好适应美国商业文化。结果员工士气、绩效和留存率均有所提高。此外，印度和“总部”的团队建立起相互信任和更为牢固的关系，从而使团队获得更多自主权。到第三年，印度团队获得新产品线的所有权和S级团队目标（亚马逊最重要的目标级之一）。

卡姆莱什的案例代表了多数企业在新市场组建团队时均极力追求的理想——将公司与本地市场知识与领导技能相结合以完成工作。卡姆莱什的国际化经验帮助其培养了自身跨国创业思维，他的反思性领导风格以及影响权威和消除障碍的能力使其成为高效领导远程团队的合适人选。尽管多数企业在组建国际团队时没有类似卡姆莱什的途径，但也可使用一些策略和框架来组建拥有卡姆莱什技能的“全球类”团队。

采访高管时，我们询问他们国际化增长中最重要和最具挑战性的方面是什么。这两个问题的答案的首要方面均是组建合适的人员团队。**这就是为何实现高效全球扩张的第一个支柱是“全球类”团队建设。**

在我们的访谈中，领英的桑卡尔·文卡特拉曼将全球化扩张最困难的部分描述为“在正确的时间找到正确的人、扮演正确的角色，而这在国际市场更要难上数倍”。“软件营销部队”公司首席采用官波莉·萨姆纳肯定了团队的重要性，她表示：“企业须具备人才差异

① 过度沟通：一种沟通模式，强调时刻跟进反复沟通以达成共识，使沟通双方、多方对目标要求更加明确、——译者注

化优势。”所有这些都促成了本地化溢价分析中的组织溢价发挥的巨大作用；聘用适当团队并处理本地市场中团队成员的运营问题可能很复杂，且会影响到企业的其他方面。

尽管本地法律规定了离职补偿金等雇佣条款，但真正造成困难的是实地距离以及文化和心态方面的差异。在距离遥远的市场建立信任更加困难，当语言和文化翻译介于其中时更是如此。

国际商务中人性化的一面已发生变化。

在新的全球商业环境中，异邦人士凭借司机和费用报销账户在新大陆开拓创新、签署新的合作协议并释放新市场的巨大潜力的浪漫形象已成为过去，而且与现实相去甚远。

现在的情况是，团队分布于全球各地，企业已开始认识到使团队成员熟悉本地市场的重要性。“全球类”公司发现，集中式甚至集群式的招聘策略限制他们接触到有才能的求职者。

公司用于组建本地团队的旧有标准已然过时。“全球化伙伴”平台（Globalization Partners）创始人兼首席执行官妮可·沙欣（Nicole Sahin）强调，许多向新市场扩张的美国企业会选择具有最佳英语能力的候选人，而非具备与招聘岗位相关其他技能的人员。

为了在这个新的全球人才市场取得成功，您需要一项新战略，该战略兼顾加速进入市场和市场增长阶段所需的各个方面。让我们来了解一下“全球类”团队建设框架。

“全球类”团队建设框架概述

各家企业均有自己的招聘口号。例如，领英寻找具有3C的人才：

1. 融会贯通——了解业务某一领域正在发生的事情，并将这些最佳实践应用于其他部门。

2. 沟通——跨时区以书面和口头形式进行有说服力的沟通，合理坚持己见并保持对他人的同理心。

3. 协作——与他人合作共同决策。

对其他企业来说，所列出的公式可能完全不同。

无论公司目前的招聘做法如何，全球领导者在组建国际团队时均需考虑一系列独特因素。

“全球类”团队具有以下特征，我们称之为“全球类团队建设框架”：

1. 全球企业家心态是第 3 章中概述的敏捷项目管理、公司和文化心态的结合。

2. 本地知识传达了对本地文化（和商业实践）和本地市场经验的理解。

3. 公司知识表明对企业文化的理解和一致性以及与“总部”之间建立的信任。

4. 分布式组织的领导技能特别涉及在“总部”之外高效运营分布式团队的要求。

该框架的一个独特方面在于，该标准用于对有凝聚力的团队进行评估，而不仅针对单个候选人。正如您将看到的（如图 11 所示），找到能够完全涵盖框架中四个关键类别的人才并不容易，但涵盖全部类别以达到“全球类”状态至关重要。事实上，对于大多数公司来说，涵盖所有这些类别的人凤毛麟角，甚至可能并不存在（尽管随着全球企业家的重要性在人才库中更加突出，将会出现更多这样的领导者）。

拥有像卡姆莱什这样涵盖四种特质的员工的企业也很少见。这就是为何建立在整个团队中共同具备所有这些特征的“全球类”团队通常是最为高效的。

“全球类”团队能够识别所需的本地化和市场机遇，迭代客户开发流程以实现公司—市场契合，并构建和利用流程架构以确立发展动力并实现规模化发展，在做到这一切的同时保持稳固的沟通渠道并与“总部”和公司领导层的协调——这是需要胆略的一系列任务。

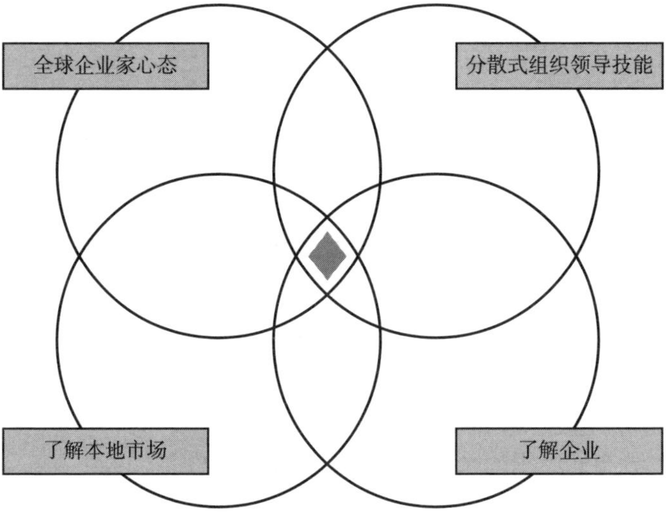

图 11　全球类团队建设框架

全球企业家心态

正如贯穿全书的一个观点，全球企业家是“全球类”公司的秘密武器。他们的敏捷项目管理思维有助于有效处理客户开发流程，他们所具备的公司思维模式帮助他们与“总部”协调来完成工作。同时，他们的文化思维有助于有效应对本地市场并确定在那里实现契合和规模化发展所需的本地化。

全球企业家的特征包括：

敏捷项目管理思维——企业家精神

- **毅力**——坚持不懈、百折不挠、千方百计、克服障碍、永不放弃
- **坦然面对不确定性**——在不确定性面前勇往直前
- **对失败持开放态度**——了解失败是成功之母，愿意承担风险并学习教训积累经验
- **解决问题**——以创造性解决方案为导向
- **客户开发思维模式**——能够身兼多职，同时跨职能协作以实施全球敏捷项目管理方法

公司思维模式——内部企业家

- **强协作**——跨国界、跨职能、跨文化；通过他人获得支持并推动实现成果
- **应对科层制度**——克服通过既定流程在既定组织内获得支持的复杂性
- **“建设者”心态**——创造持久影响，为更宏大的事业添砖加瓦

文化心态——文化情商

- **全球化视野**——作为全球公民，发现机遇无处不在
- **重视多样性和包容性**——集思广益
- **控制偏见**——制止团队用信念、假设加以判断
- **文化好奇心**——开放式文化学习，能够完成跨文化翻译工作

- **同理心**——采用新的视角（并据此采取行动）

正如 Ritual 首席人力官、苹果零售部门前组织设计主管珍妮弗·科尼利厄斯与我们分享的那样，允许“总部”和本地团队进行试验非常重要。这是磨炼企业家心态和内部企业家技能的核心，而这也是成为一名高效全球企业家的一部分。正如优步前员工埃米尔·迈克尔所说，“必须在公司内部各层面磨炼解决问题所需的行为准则。”首先要组建合适的团队，然后制定流程并通过培训促进团队成长。

尽管这些全球企业家技能在市场进入过程中至关重要，但在市场增长过程中同样十分重要。本地团队需要不断努力优化流程并不断自我挑战，持续进行迭代。企业需要此种全球企业家技能来优化运营，同时需要文化框架（cultural framing）来理解什么在市场上有效。

在商业文化高度结构化的国家中，可能要花些时间才能找到具有这种思维方式的人。正如“飞协博”欧洲市场业务创始人、前欧洲市场负责人让·凡·卡斯特伦所指出的，“如果团队没有全球企业家思维，你会感到失望，而且在某些国家寻找具有这种思维的人非常困难。例如，在德国，本国传统商业文化更加严肃，等级森严，可能会使寻找合适人才更加困难”。

若想发现一个潜在雇员是否具有正确的全球化思维，一种方法是为他的国际化经历创造依据。例如，苹果公司前国际副总裁约翰·布兰登表示，他会寻找“有一本厚厚护照的人士”。换言之，拥有丰富商务旅行经验的人更有可能成为全球企业家。

了解本地市场

了解本地市场（最好是从本地人视角）对在新市场的成功至关

重要。能够识别运营模式的变化，并运用与潜在合作伙伴和客户的关系来获得发展动力是多数市场开拓过程中所需的两大妙招。

了解本地市场的特征包括：

- **本地商业经验**——（最好）能以本地人视角了解本地商业文化
- **本地语言技能**——多语言，适用于本地和“总部”
- **本地网络**——与本地市场的影响者和利益相关者群体建立牢固联系
- **对本地文化的自豪感**——开展本地市场价值驱动的热情

了解本地市场对于与新市场中的客户建立联系、遵守当地法律并调整解决方案和运营模式以实现规模化盈利至关重要。对本地市场特征的了解并非来自于参观市场，而是来自于本地人或在当地拥有丰富工作经验的人。在许多国家，维护关系至关重要，可能需要数年时间才能建立起牢固的关系，并非通过本地化探索访问便能轻易达成。了解本地市场还有助于将企业文化和价值主张转达给本地市场客户和员工。

正如在线教育平台易睿拓思（Emeritus）亚太区企业业务主管玛纳斯·马因莱（Manas Mainrai）所解释的那样，理想候选人应能构建正确的市场框架、强大的关系网络、市场经验和相关专业知识。根据不同市场的情况，这些因素的权重也有所不同。例如，在新加坡，专业知识受到高度重视，而在日本，当地商业文化中最重要的属性是关系。了解这些细微差异本身也是对本地市场了解程度的关键指标。

我们在研究中有一个有趣的发现：这一类别中最后一个特征是

对当地文化的自豪感。尽管并不完全普遍，但多数倾向于为快速增长国际化企业工作的商业专业人士均希望将创新带入自己的祖国，以解决本国问题并提升人民生活水平。他们将“全球类”公司视为改善当地社区的工具，并热衷于促进其影响力。前文提到的卡姆莱什便是此种心态的一个绝佳例证。

了解企业

由于在新市场中发展的团队必须利用“总部”的资源和架构，因此团队了解如何有效应对组织的科层制度以完成工作（确保资源、对当地运营模式进行变革等）。

了解企业的特征包括：

- **公司价值观和原则一致**——对核心价值观和愿景的认同
- **文化契合度**——接受团队所处的环境类型
- **在内部完成工作的能力**——了解公司内部运作以及完成工作的模式
- **信任**——在领导层和（或）关键利益相关者中确立声誉，培养自主权

了解企业的特征转化为完成工作的能力（获得必要的本地化支持、为本地市场争取额外资源等）。

在内部完成工作的能力并不取决于以前在“总部”的工作经验，但这很有裨益。然而尽管这是一个有价值的专业知识领域，但了解企业并不等于一劳永逸。了解企业并不能取代了解本地市场或全球企业家精神。换言之，雇用/教导员工将企业文化内化于心比掌握当地文化更容易。

尽管“全球类”团队建设框架中概述的完整技能集合创建了一支全面的团队，能够应对运营当地办事处的挑战，但了解企业的一个特征更为突出的作用，并直接影响许多其他特征，那便是文化契合度。在某些方面，当运用全球企业家思维时，文化契合度会取代技能契合度的地位。在公司层面，确保跨地区企业文化的连续性比引进不认同核心价值观的摇滚明星更重要。在个人层面上，与公司价值观的深刻联系可以激发激情，培养成功所需的一些技能，但反之则不然。

文化和核心价值观还可促使公司对希望鼓励所有员工（尤其是领导团队）具备的技能做出更明确的规定。这可专门为分布式团队设计，例如 Zendesk 公司概述了四个“路标”来推动目标员工特质的发展：

- 通过增进了解提高生产力
- 培养跨团队协作能力
- 过度沟通并寻找新的沟通渠道
- 自动化基本工作流程

这些原则可用于筛选团队成员，并可用于选择公司投资资源所需的流程架构。这些“路标”也非常适合国际化扩张，并最大限度减少本地化溢价（尤其是组织溢价）和复杂性。

我们的目标是找到一位同时了解企业和本地市场的领导者，但建立一支多人覆盖这些特质的团队也很有效。正如苹果公司的约翰·布兰登所说，当涉及企业文化时，需要“足够聪明的人知道什么是可商榷的，什么是不可动摇的”。这同样适用于本地文化。

分布式组织的领导技能

鉴于专注于全球化增长的团队几乎总是分布于本地市场和“总部”之间，团队必须具备与“总部”有效沟通的必要技能，与领导层互动并对领导层施加影响，同时消除增长道路上遇到的阻碍，这一点十分重要。其中许多问题均可通过第 7 章论述的动力源来解决。

分布式组织的领导技能包括：

- **强大的沟通技巧**——促进本地团队和“总部”之间的双向翻译沟通
- **自主决策**——独立行动，运用核心价值观，了解在哪些方面需听取“总部”的意见
- **影响权威的能力**——通过“向上管理”来推动他人变革
- **十分正直**——坚持真理而非明哲保身
- **反思性领导力**——了解团队成员内部差距并取长补短，有情商（EQ）
- **消除障碍**——消除干扰和阻碍，使团队专注于获得发展动力并实现发展
- **建立高度信任的文化**——促进真诚、透明的工作氛围及互相支持
- **文化意识管理**——创建兼顾本地文化的应急管理方法（第 9 章中将进一步介绍）
- **建立合作伙伴关系**——与本地团队和“总部”建立文化上具备一致性的牢固关系

上述特征尤为重要。本地团队远离“总部”运作，但仍必须对

“总部”决策施加影响，同时获得调整产品和运营以适应本地市场文化和商业文化事项上的自主权。团队还必须拥有必要的资金以克服障碍并利用“总部”为支持全球化团队而建立起的流程架构。

诚信至关重要，但当地的商业文化在某些情况下可能会与此抵触。创建高度信任的文化可帮助解决这些细微差异和更激烈的文化冲突。

并非每家公司都有像亚马逊的卡姆莱什这样的“全球类”团队建设框架核心的人，但凭借这四类技能，任何企业均可组建一支拥有框架中概述所有特征的团队。

经常被忽视之处

缺乏职能和文化方面的专门知识

尽管找到这些类别中的重叠是理想的，但没有重叠可能会导致灾难。正如前“缤趣”和谷歌员工斯科特·科尔曼所说，如果你聘用的人对该职位和该国市场不熟悉，那公司的全球化增长工作便会处于不利地位。处于此种情况的人不会关心如何履行自身工作职责，也不了解本地市场的细微差异。不要雇用在职能和文化领域专门知识上有差距的人员。优步通过在市场开拓团队中安排人员国际流动来降低这种风险。尽管他们通常对本地市场并无深入了解，但他们清楚如何在新市场中重复执行策略。我们以亚马逊为例，它处于另一极端，从本地人角度对本地市场的了解和在企业“总部”的工作经验通常是受聘担任新职位的先决条件。

本地团队领导的重要性

尽管“全球类”团队建设框架旨在作为雇用整个团队的指南，但该团队总体上具有成功实施团队建设的特征。

正如Slack人力资源高级副总裁道恩·夏里凡所说：“领导者是‘孤岛办公室’（指‘总部’以外的办公室）的关键所在。该领导者比总目标市场规模更重要。如果领导者决策失误，文化便会分崩离析，便无法完成业务方面需要完成的任务。”

本地领导者必须与“总部”一起制定战略，同时做出必要转变，以确保在本地市场成功落地执行。他们需要具备发现新机遇的能力，并激励“总部”和国内团队围绕这些机遇团结起来。最重要的是，他们需要充当“总部”与国内团队之间的沟通渠道并充当翻译，设定期望并弥合文化分歧。他们必须具备上述一切条件，此外还要负责设立银行账户、与本地律师合作以确保一切合法运营，并充当公司在新市场的形象大使。

正如让·范卡斯特伦所分享的那样，对于这位本地市场领导者来说，厨房水槽是更贴切的一个例子。那里是所有脏盘子的去处，也是所有液体流走的地方。

本地团队领导者必须塑造本地市场办事处的身份、当地存在以及本地办事处相对于“总部”和本地市场的地位。正如亚马逊前员工伊森·埃文斯所说，本地市场领导者必须作为“文化守护者和文化传播者，因此聘用愿意接受重新规划的人非常重要，不仅需适应本地市场，还需适应企业文化”。

一个重要注意事项：尽管拥有能够以自主创业精神“奋力拼搏”的本地市场领导层对于有效处理开拓新市场时遇到的模糊性十分重

要，但必须与其他一些特征和企业文化维持平衡。正如爱彼迎前美洲营销主管珍妮弗·袁所说："不需要太多孤胆英雄。英雄们可能会在短期内获得成功，但可能会摧毁内部沟通渠道。企业需要的是一个具备创业精神但能将公司核心价值观内化以指导决策和战略的人。"作为本地团队的一员，本地市场领导者仍必须是团队合作者，且必须具备第 3 章中所论述的公司思维模式。

高效"全球类"团队建设策略

"全球类"公司使用以下四种策略来建设"全球类"团队：

- 促进团队成员对公司与本地市场的了解
- 选择、培养和造就全球企业家
- 实现分散式的人才战略
- 为实现成功搭建合适系统

促进团队成员对公司与本地市场的了解

促进团队成员对公司与本地市场的了解对国际化增长计划的影响最大。本地团队必须了解本地市场，以了解业务本地化开展方式的必要性，并与"总部"明确沟通技巧和信任，以完成新市场的支持工作。

理想情况下，全球化增长招聘工作的负责团队可找到一家拥有上述一切特质的"独角兽"：具有在公司担任领导职务的经验，具有良好的业绩记录，建立了信任、紧密的跨职能关系，实践了人员管理技能，对海外职能的理解，具有在该地区成功创办具有相似文化和产品的公司的经验。与公司核心价值观高度契合，当然，他是母语人士，对当地商业文化有敏锐的了解，拥有现有的当地联系和在本地市场工作的经验。他们不需要神奇地束缚在一个地点，而是能够前往任何需要的地方。在目前的队伍中几乎不可能找到能够满足所有这些条件的人。

公司的“初始市场”和目标市场之间的文化差异越大，便越需要对本地市场更多的了解。此外，产生发展动力的流程架构越到位，公司知识和内部关系方面的差距便越能被填补。

在面临选择时，我们采访的多数高管均表示，当地经验比公司经验更重要。对本地商业文化和目标客户的深入了解比了解如何解决内部流程问题更为重要。对公司的了解始终可通过流程和接触来传授。

同时，要认识到，来自本地市场、不具备国际专业知识或经验的候选人可能不具备在本地团队和“总部”之间确立牢固合作伙伴关系所必需的创业技能。

当“全球类”公司的本地知识和公司知识之间缺乏重叠时，团队会通过实施策略来构建这种重叠，将本地团队成员带到“总部”工作数月。这是加强本地团队成员与“总部”之间联系的好方法，同时也增加了其对公司的了解。

BlaBlaCar 在进入新市场之前便有效实现了这一点，公司雇用当地人来管理市场进入前的准备工作，并让他们在“总部”以外的地方工作。这有两个目的。其一，它允许对目标市场有当地了解的员工影响产品和运营模式，以便他们更轻松地在新市场开展工作。其二，这些员工能够掌握与本地市场知识相匹配的丰富的公司知识。当他们回到本土市场时，公司和市场知识的结合带来了成功，因为这些员工了解如何针对市场本地化产品以及如何通过“总部”远程完成工作。

在谈到扩张准备时，Ritual 的珍妮弗·科勒尼厄斯（前苹果公司员工）建议，当团队规划产品和其他元素时，关键的本地团队成员应从一开始便参与到流程当中。

为了促进本地和公司知识之间的重叠，将这些本地市场团队成员纳入市场开拓的规划阶段，而不仅是执行阶段，通常是有意义的。请记住，招聘可从本地化发现过程中对求职者进行面试开始。因此，如果您发现了一些优秀的候选人，那么尽早聘用他们也许是值得的（这不仅是指在他们接受其他工作机会之前留住他们）。他们的观点有助于形成全球化增长操作指南，完成商业模式本地化画布练习，以及创建支持本地市场的工具和流程。

Plaid 公司有效运用的另一种策略是“派一雇一”模式。本地市场领导者可以是双岗制，由来自“总部”的一名领导者和从当地雇用的另一名领导者担任。尽管这肯定涵盖了本地和公司知识的重叠，并提供额外的高级资源，但请注意，当涉及决策和责任分离时，可能会导致一些问题。

选择、培养和造就全球企业家

正如本章和全书中所论述的，全球企业家是全球化增长的催化剂。“全球类”公司了解如何识别、雇用并激活这些候选人以在全球范围内开展业务。

“雇用可以胜任这些项目的人员”经验丰富的前优步创始人山姆·格尔曼在谈及组建合适团队时解释道。团队成员需要能够完成交给他们的任何任务，但最重要的是，他们必须能够处理好这些任务，而不必每次都去“总部”协调以获得指导和许可。这些需求与全球企业家的技能组合十分吻合。

同样，曾供职于爱彼迎和脸书的珍妮弗·袁表示，全球化增长最困难的事情是“找到合适团队，帮助企业实现从零到一，从而走上充分发挥市场发展潜力的道路。”使员工具备适当技能以及真诚透明等特质至关重要。合适的团队是理解企业文化并将其转化为与消费者产生共鸣的关键。

为帮助识别全球企业家人选，企业通常会建立自己的原型，以便更好发现可靠的候选人。

Zoom 的目标是雇佣那些在硅谷工作过的人（或至少在一家硅谷公司工作过，但在卫星办公室工作的人），然后回到自己的祖国发展自己的职业生涯（这些经验在今天的分布式团队中更有可能出现以及转向虚拟工作）。同样，DocuSign 寻找的是曾领导过市场扩张工作、代表一家美国公司进入其市场并了解如何充当通往“总部”的桥梁的人员。换言之，他们聘用的人并非被培养为特定角色，而是凭借其经验可使该角色成长为对应位置的人。

有些企业更为规范，坚持本地市场领先的原型，如同您对目标客户所做的那样。冈萨洛·贝加佐寻找的是年轻的专业人士，他们希望获得经验，以充实自己的简历，并帮助他们进入顶级商学院，为查兹基开辟新的市场。对于优步来说，这个原型是二十多岁的贝恩前顾问，他毕业于美国顶尖商学院，有能力分析并深入研究有关数据。优步对贝恩顾问的关注是有意为之，因为优步发现贝恩员工比麦肯锡的同事“更坚韧”，而且具有与企业文化相匹配的凶猛态度，且能够在不伤害感情的情况下接受直接反馈。

组建团队时不应做的事情：日本有一种基于任期（“下一个内线”）的文化，这可能会使“总部”设在日本的公司在国际上失败。奖励、地位和晋升是给予那些在公司工作很长时间并拥有适当内部关系的人，这与上述高效国际化领导者的技能完全不同。日本模式的另一层复杂性是他们通过使员工每三年更换一次角色来培养多面手，例如从会计转向业务开发。尽管成为一名多面手可能是一种积极特质，但缺乏职能领域的基础和缺乏基于绩效的职业发展可能会让错误的领导者担任关键角色，特别是如果国际化团队不优先考虑对本地市场了解的话。

相反，“全球类”公司优先考虑全球企业家思维而非资历。很可能合适的候选人在公司的任期不是最长的，或者职业生涯没有那么长。Zoom 的客户经理在公司国际化扩张初期便主动开始在拉美地区建立客户群的故事便是一个很好的案例。他亲自建立了该地区顶级潜在客户的主要目标名单，并在获得领导层批准后，开始在该地区的企业客户群奠定基础。通常，级别更高的员工不太适合本地市场的主导角色，他们习惯于在“总部”拥有充足资源的条件下开展工作，往往处于舒适区。本地市场领导者则需要更少的资源，并且经常处于舒适区的边缘或之外，这也是为何拥有敏捷项目管理心态重要。

在组建团队时，从整体上看待团队也十分重要，找到合适的人在团队中扮演最适合该成长阶段的关键角色。正如孵化器公司“火箭互联网”前全球董事总经理兼合伙人麦德斯·福霍尔特所说：“我们倾向于找到一个能胜任所有工作职能的人，但事实是，选择合适的人有点儿像组建足球队。你需要的并非万金油一样的人才。你想要的是最好的前锋、守门员和后卫。”

实施分散式人才战略

传统公司建立人才集群，重点是在特定地理区域组建整个办公组织。如果企业需要软件工程资源，则策略是聘请以班加罗尔（被誉为印度的“硅谷”）为中心的整个市场开拓团队。“全球类”公司则找到了不同的路径。

“全球类”公司非但没有拒绝近年来分布式工作的加速发展，反而将此种变化视为一大机遇。他们完全接受我们现在生活的新的分布式团队建设理念。

“全球类”公司聘用才华横溢的人才，无论他们身在何处。他们明白，人才不再需要集中在一个“总部”地点，也无须因为该地区拥有丰富的特定技能而聚集于特定地点。他们意识到，能够在世界任何地方识别和培养人才是一种解放。由于“全球类”公司不受地域限制，因此能够利用全球发达市场和新兴市场支持员工的增长，并找到最优秀的人才。

然后，“全球类”公司利用团队成员对其祖国市场的了解，更好了解并最终进入该市场。

此外，“全球类”公司认为，聘请一支认同企业文化的多元化团队以确立相互联系并避免沦为信息孤岛十分重要。这可能会导致创新（从更多样化的角度看待问题），特别是促进双向创新，在此种情况下，本地团队的影响力与“总部”一样大。

为实现成功构建适当体系

一旦合适的团队就位，“全球类”公司便会通过为他们提供产生发展动力和支持规模化发展的流程架构来激活团队能力。

这种支持可能会有多种形式。思特沃克公司被设计为全球优先的组织。关键的领导原则和员工评估与这一观点一脉相承。更具体地说，该公司的目标是让 20% 的员工在本国以外的任何特定办公室工作。思特沃克专门派遣员工到其他国家执行基于项目的任务，以使他们获得国际化视野。团队成员带着跨文化团队进入一个新的国家市场，组成一个小组，并寻找本地市场领导者作为办公室的基础团队。一两年后，国际化团队将转向其他任务，并被带回各自“总部”。

在创立这些体系时，“总部”为各市场提供公平的竞争环境。在一个存在关系的组织中，由于本地市场领导层的内部声誉和对公司内部运作的了解，一些市场被赋予巨大的话语权。“全球类”公司“总部”努力消除对某些市场（包括“总部”所在市场）的任何偏见，创立使所有团队处于平等地位的体系。

经常被忽视之处

投资当地优质资源

对于知识工作者来说，廉价劳动力的时代正在迅速消失。您需要意识到付出代价总会收到回报。当进入一个新市场时，如果公司“总部”设于一个生活成本较高的市场，不要太沉迷于生活成本和工资的降低。无须大幅高估当地资源，但提供有竞争力的薪酬比试图使成本最小化要更有意义。这适用于员工，尤其适用于法务律师等服务提供者。一般来说，您为优秀律师支付的费用是物超所值的。

案例分析

全球企业家弹性——Slack 公司

每个企业，无论是在一个国家市场还是在全球范围内，其核心均是围绕一件事：人。这不仅与他们作为员工的生产力有关，还与随之而来的一切有关：整个人。在这种情况下，对于任何全球企业家，尤其是那些在国外工作的全球企业家来说，最重要的特质便是韧性。“全球类”公司认识到这一点，并寻找具有一定韧性的人才来克服在新市场拓展业务过程中所遇到的阻碍。与此同时，“全球类”公司了解，推动新市场扩张的员工并非机器，而是预设关系和需求的人，他们必须支持那些远离“总部”扩张的团队成员的职业和个人生活。

正如 Slack 在欧洲、中东和非洲市场的首位员工、该地区的前负责人詹姆斯·谢雷特所证明的那样，雇用和管理团队、寻求发展动力并实现公司—市场契合是十分困难的；所有这些均伴随着失败，需要勇气来克服。但个人的韧性也是必要的。

当詹姆斯离开北美搬到欧洲时，生活并未停止，但风景和生活方式的变化影响的不只是他。

请记住，团队中的一些成员正在扰乱他们的生活，并离开家庭，成为公司全球化增长的一部分。虽然需要考虑生活安排和医疗保险等更多细节问题，但也必须关注相关人员（员工及其家人）的心理健康问题。在一个新的国家市场寻求公司—市场契合已经很困难了，但当你还要应对远离家乡和对本地陌生所带来的文化冲击时，情况便会更加复杂。

詹姆斯的妻子和年幼的孩子与他一起搬家，但有时远离家乡和大家庭十分困难。有一段时间，詹姆斯的父亲身体不好，而詹姆斯远在大洋彼岸，不得不规划 Slack 的区域战略，并帮助父亲制订医疗保险计划。当他还在国外生活时，他的继父去世了，他也曾有相同的感受。

正如詹姆斯所指出的，“我们都是人，那些（与家庭有关的事情）是我们回首往事时首先想起的事情。没有人会把自己曾参与（公司的）扩张计划写在墓碑上”。

关键是要帮助创造一个支持本地市场（尤其是远离家乡的市场）团队的环境，并培养韧性意识，以帮助个体和整个团队取得成功。对于本地团队来说，保持韧性非常重要，如果没有韧性，整个团队的发展动力便会转向错误的方向，毕竟失败会分散注意力并降低团队士气，而非体现勇气并利用困境来改善团队内部的联系。

“全球类”公司拥有正确的招聘框架流程，将合适的人放在合适的岗位上，并为他们配备正确的架构、工具和思维模式，以成功完成工作。

一旦合适的团队就位，组织必须能够在市场进入和市场增长阶段管理这个分布式团队，从而应对业务本地化的复杂性。下一章概述的全球类管理模型旨在提供正确框架，以便明确如何开展工作。

第 8 章小结

- 人才是成功的全球化增长计划最重要的组成部分，必须具备全球企业家思维和分布式组织的领导技能，以及对本地市场和公司的了解，兼具后两者最为关键。
- 由于不可能在一个人身上体现所有特质，因此“全球类”团队建设框架可帮助确保集体本地团队拥有成功获得发展动力并实现扩张的技能和心态。
- “全球类”公司采取以下措施来打造“全球类”团队：促进对公司和本地市场的双重了解；选择、培养和造就全球企业家；实现人才优化分配；为成功搭建合适的体系架构。

第 8 章思考与实践

1. 您如何确保本地团队很好兼顾了解公司和本地市场？
2. 您如何识别和培养符合所有四个团队建设特质类别的顶尖人才？
3. 对于那些对公司不甚了解的团队成员，您如何向他们灌输企业文化？

第 9 章

管理

“全球类”管理模式

“关键是创造一个无国界交流思想的环境”，软件营销部队公司首席采纳官保利·萨默解释道。

“这适用于内部沟通以及与客户的联系。”

软件营销部队公司全球化领导者理解高效的双向沟通在建立信任（公司第一价值）中的重要性。他们还了解如何创立具有文化意识的管理体系，实现双向创新，使所有人均处于平等地位——无论他们是本地团队还是“总部”的一员。随着分布式工作和数字化员工的激增，“全球类”公司认识到“总部”的传统定义已成为过去。

为解决这一问题，“总部”的角色必须转变为一个连结团队联盟的推动者，而非集中权力和控制的纽带。软件营销部队公司以数字化“总部”的形式将“全球类”思维定性化。启用虚拟“总部”的概念以促进发展动力的信念、规范和流程的形式表现出来（如第 7 章所述）。软件营销部队公司的价值观、文化和架构使企业能够快速行动、识别组织边缘（本地市场）的创新并采取行动。随着软件营销部队公司开始专注于确立更强大的全球影响力，领导层认为有必要确保“总部”能听到本地市场的声音，因为本地市场层面的创新是客户成功的关键（公司的第二价值）。为放大本地市场的声音，软件营销部队公司创建了“文化大使”计划，呼吁企业全体领导层帮助消除“总部”和本地市场之间的界限。

软件营销部队公司内部的领导者被派往主要国际市场，充当与“总部”沟通的桥梁。这与第 8 章中概述的“全球类”团队建设思维方式密切相关（特别是需要对公司和本地市场具备双重了解）。

在日本市场，文化大使是一位美籍高管，她年轻时曾在日本生活过，培养了弥合语言和文化差异的能力。在她的帮助下，“总部”工程团队加深了对日本客户需求的了解，并弥合了语言和文化差异。

2008 年，软件营销部队公司收购了亚历克斯·达永领导的法国软件公司。亚历克斯和保利“身份互换了”。亚历克斯搬到旧金山领导软件营销部队公司产品团队，保利则担任法国市场的文化大使。她与法国新组建的销售团队并肩工作。保利将她对软件营销部队公司“总部”内部运作的了解与她在软件营销部队公司销售和客户成功方式方面的经验相结合，推动了法国市场业务的增长。

与此同时，亚历克斯为软件营销部队公司位于旧金山的工程、交付和营销团队带来国际化视野和洞察力、创新力（公司第三大价值）的蓬勃发展。

软件营销部队公司的法国客户获得了与 7500 英里之外的旧金山客户同等的交流 / 亲密程度，确保了本地团队的成功。

这些“总部”和本地市场之间的沟通桥梁对于企业以所需速度应对不断变化的客户需求至关重要。他们还必须大规模运营，而非通过在各市场开展额外的本地化工作来增加复杂性。

正如软件营销部队公司案例所阐释的那样，全球范围内的高效管理包括平衡“总部”提出的核心价值观与本地市场的需求，通过反馈闭环、透明度确立双向沟通和创新，并授权本地市场团队所有员工和客户权利在全球范围内改善公司。

除建立一支由具有全球视野的全球企业家组成的强大团队之外，“全球类”公司还有效实施了一种了解文化并支持全球规模化发展的管理模式，同时在本地市场和“总部”的影响力之间取得适当的平衡。

这就是为何有效全球化扩张的第二个支柱是实施促进国际化增长的管理体系：“全球类”管理模式。

全球敏捷项目管理背景下的管理

为使敏捷项目管理方法在全球化组织中蓬勃发展，身处本地市场的公司领导层和管理团队必须构建一个迭代环境，接受持续性的测试、失败和与既定计划的偏离。尽管规范和决策权（决策权如何在“总部”和本地团队之间划分）达成一致，但两者均具有一定程度灵活性，以兼顾本地文化的独特性、需求以及鉴于全球增长倡议的阶段相应的自主权，每项方案均有自身的应对方式。

需要一种平衡的管理方法来有效开展本地化工作并提供发展动力，同时又不会带来太多复杂性。因此，管理分布式全球团队需要一种能够激励和授权本地团队的模式，同时仍保持“总部”的可见性和影响力。这种管理模式的有效实施是公司实现公司—市场契合和全球规模化发展的催化剂。

架起一座桥梁——“全球类”管理模型（GCM 模型）

在第 2 章和整本书中，我们讨论了“全球类”思维的重要性。

通过以下管理模型，我们概述了一个系统，用于如何实施此种“全球类”思维方式，并将领导原则和战略转变为可在全球范围内使用的可操作流程。

“桥梁”的比喻最能概括“全球类”公司如何管理全球化扩张的细节事项和主旨精神。

“总部”和当地办事处之间存在文化和地理差异。在国际化发展过程中，“全球类”公司实际上是在搭建桥梁：在其品牌与另一国家的客户之间；在其品牌与其他国家的客户之间搭建桥梁；“总部”团队与实地管理团队之间的关系；企业文化与本地市场文化之间的关系。

在搭建这些桥梁的过程中，敏捷项目管理是“全球类”公司“总部”和本地团队之间的通用语言，它们运用强大的沟通渠道（反馈闭环）和流程，如第 7 章中所概述的本地化资源团队和全球化增长操作指南。敏捷项目管理跨越语言和文化鸿沟，将各方与共同目标和公认流程连接起来。

沟通桥梁框架

为更好帮助指引您开展全球化工作，现在请试想一座两端都是海岸的吊桥（如图 12 所示）。左边的海岸是“总部”，支持功能使全球化组织变得越发分散式 / 虚拟化。右边的海岸是本地市场及其客户。一条带有塔楼和悬吊的道路位于其间，连通两侧。

塔楼

模型中的桥梁有两座塔楼；左边代表“总部”为支持本地团队并产生发展动力而创立的流程架构（动力源）。正如第 7 章所述，

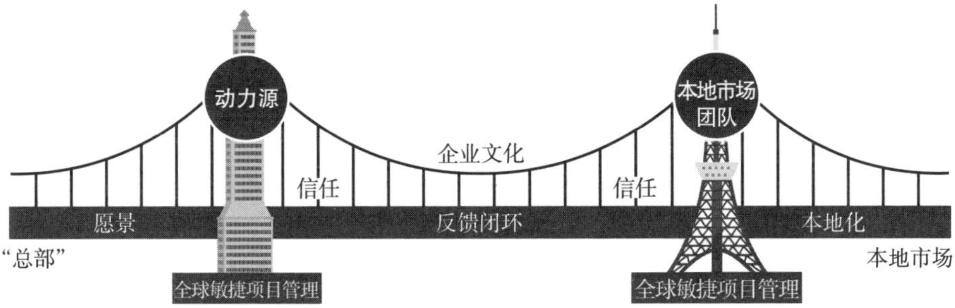

图 12　全球化沟通桥梁框架

这包括全球化增长操作指南和本地化资源团队以及其他工具和资源，这些工具和资源可加速在市场进入过程中实现产品—市场契合，并在市场增长中实现公司—市场契合和规模化发展。这些塔楼之间的连接强度直接影响该市场本地化计划的效益。

右侧的塔楼代表支持本地市场（市场内、区域内或“总部”）的团队。他们的本地知识与企业资源（左侧塔楼）相结合，推动了增长计划和本地化工作的实施。团队对本地市场的了解程度对实现公司—市场契合的能力和增长计划的效益产生直接影响。

全球敏捷项目管理方法论是左侧塔楼和右侧塔楼的基石，支持组织得以实现公司—市场契合和规模化发展。桥塔的深度代表了敏捷项目管理在组织文化、流程和规范中的扎根程度。敏捷项目管理的基础越深，组织实现全球规模化发展的效率便越高。您可构建许多形式的架构和反馈闭环，但如果没有对全球背景下敏捷项目管理方法的重要性（以及认可）有基本了解，失败的可能性便会加大。

如同真实的架构一样，如果一座桥塔太单薄，那这座桥便会垮塌。这就是为何建立一支能够高效开展本地化业务的强大本地化团队（右侧塔楼）至关重要。“总部”必须投入充足资源，创立符合核心价值观的架构（左侧塔楼）以及双方之间强有力的沟通协作（桥面道路）。这一切均必须符合共同的工作原则，如敏捷项目管理，以支持全球化增长。在软件营销部队公司，信任是第一位的，客户服务是第二位的，因此企业决策标准的建立旨在在确保盈利能力之前与这两大核心价值观保持一致。在国际地区确立强大的核心价值观至关重要，因为在这里开展业务风险更高。当做出关键决策时出现问题，员工会被教导如何找到这些核心价值观和盈利能力交叉的解决方案。正如软件营销部队公司员工成功战略和人员分析副总裁欧内斯特·恩格（Ernest Ng）所说："如果您的客户遍布全球不同地区，最好保持企业文化和行事方式一致。"

桥面道路

该模型中的道路是"总部"和本地团队之间进行协作以完成工作的所在。

道路左侧连接"总部"的道路部分是公司愿景和核心价值观（这有利于左侧塔楼所代表的架构）。组织全体成员，无论是"总部"还是本地团队，均需真正了解公司愿景，并将其作为所有业务活动的指南。"总部"制定这一愿景，并负责确保本地团队理解并将其重要性和原则进行内化。

正如 Zoom 的亚伯·史密斯所说："在忙碌和充满压力的时期，清晰的愿景和核心原则将人们聚在一起。"强大的核心价值观为反思式领导提供了肥沃的土壤。Zoom 的慈善价值观促使该公司首席执行官袁征为数百万学生提供免费 Zoom 账户，以便他们在疫情期间参与学校活动。他在心里对自己进行了二十年后的预测，并扪心自问，到那时他是否会觉得现在这样做是正确的决定。

同时，您应认识到全球化和本地价值观可能有所不同，并且应积极主动地就此进行管理。这就是为何对于全球级公司来说，普及其核心价值观十分重要，传统公司不会这样做，后果自负，也是全球化企业失败的十大原因之一（如第 1 章所述）。

将本地团队与本地市场联系起来是为满足市场需求而实施的本地化工作（市场进入或运营模式的改变）。了解公司和本地市场的强大团队有助于高效开展本地化工作，促进更深层次的市场渗透。

连接两座塔楼的桥面道路跨度是“总部”和本地团队之间进行的双向沟通和翻译。这包括关键目标的沟通和公司愿景从“总部”到本地团队的翻译，以及与本地化流程相关的结果和见解从本地团队到“总部”的传递。翻译工作包括克服“总部”和当地办事处之间的语言和文化差异以及观点的差异。

有效的反馈闭环促进沟通和翻译工作的开展，提供透明度并加速公司从市场进入到市场成熟的转变。这些环路位于连接“总部”和本地团队的桥面道路沿线的不同地点。它们有助于以结构化的方式解决问题，是建立植根于定期沟通的信任的有效工具。在谈到“总部”和当地办事处之间需要强有力的沟通联系时，“缤趣”公司前增长和国际产品主管斯科特·科尔曼表示，本地团队“如果无法接触到这一核心，便会早早失败”。形式化的反馈闭环可有效促进此种双向沟通。

模型的桥面道路部分十分重要，因为它是权力和职责相遇的地方。“总部”和当地办事处必须共享持续沟通和翻译的权力和职责；因此，沟通必须是双向的。

反馈、沟通和翻译的多向性是至关重要的，因为“总部”需要了解新市场的关键学习和进展，而本地团队需要“总部”的指导、资源和反馈来为扩张提供支持。桥面道路（及其双方建立起的反馈闭环）也是完成本地化工作并产生复杂性的地方，因此必须积极加以管控。

此次合作的目标是为新市场、市场进入期间的产品—市场契合提供经验证的模型，以及在整个市场增长阶段实现公司—市场契合所需的发展动力和规模化发展。在此过程中，“总部”将企业文化转化为与本地市场产生共鸣的形式，本地团队将满足本地市场需求所需的变革转化回“总部”。

必须进行的翻译不仅涉及所使用的词汇，还涉及所设置的流程。例如，在一些有着浓厚报告文化的亚洲国家，大量时间和精力均花费在编写要发送给指挥系统的正式报告上。无论是否对其进行详细审查，这些沟通架构均会将注意力从寻求公司—市场契合的核心目标向在新国家市场实现扩张转移。这成为管理溢价的源头。在美国或具有不同商业文化的其他市场开展业务的团队必须在这些不同的沟通方式和商业文化之间找到中间立场。促进平衡架构的深度和范围将取决于组织的成长阶段。从最低限度开始（正如凯瑟琳·海姆斯在第 7 章案例研究中所建议的那样），然后随着公司的成长而确立更多正式制度，请勿为本地团队设置障碍和不必要的科层制度，从而分散他们实现公司—市场契合的注意力。有效沟通也是维持“总部”支持联盟的关键。Chegg 的克里斯蒂娜·李指出，维持这些联盟是她成功的关键。因此，她花费大约 10%~15% 的时间与“总部”保持沟通联系，以支持她的国际化团队在新市场的业务拓展。

对于维持遍布全球的整个组织的支持也是如此。不调整沟通方式以适应分散的劳动力是一个错误，这导致那些渴望在全球范围内扩张的公司的失败。

换言之，沟通必须清晰简洁。Zendesk 拥有 200 名高级领导者，他们可依据自身看待信息的角度以多种方式解读信息。这就是为何企业要确保沟通是集中的，整个领导团队是一致的，这样他们便可使超过 6000 人的公司团队的其他成员围绕着同样目标迈进。Slack 还通过詹姆斯·谢雷特所说的“摘要器和简化器”来实现这一点，它控制共享信息的数量并突出显示最重要的信息。

经常被忽视之处

应对时区差异问题

与此相关的是，仅处理全球化组织的时区差异可能十分困难。为分散于世界各地的团队成员找到一个统一的见面时间本身便是一个挑战，并且最终会使当地办事处和“总部”领导层产生疲惫感。意识到这一点，并通过会议安排和团队协调找到适合的应对方法。微软的一个业务部门按时区（而不仅是地区）来当地办事处进行协调。Slack 通过其“小手会议”系统解决了时区问题，来自附近地区的本地团队的成员会面分享最佳实践，而不依赖“总部”来促进沟通［如第 7 章案例研究（第 215 页）中所述］。

缆绳

在这个“桥梁”的比喻中，支撑桥梁的主要水平缆绳便是企业文化。与悬索桥一样，塔楼（动力源和本地团队）支撑着缆索（企业文化），缆索支撑着桥面道路。如同桥上的缆绳一样，文化是将一切联系在一起并承受管理模型所有其他要素的重量的共同线索。如果缆绳（企业文化）不够强大（或发生破裂），桥梁和模型便会分崩离析；如同20世纪著名的“塔科马海峡大桥倒塌事件”① 一样。当强风袭来（即挑战）时，脆弱的缆绳可能会折断并引发灾难。这一点值得反复强调：如果没有强大的（且一贯的）企业文化，整个架构便会分崩离析。

像著名的旧金山金门大桥这样的悬索桥也配有一个较小的垂直电缆系统，使主缆与桥面道路连通。与国际化管理相关，这些较小的缆绳代表了信任点。

信任是企业文化强大的有力延伸，因此是成功实现全球化增长的四项承诺之一。从桥的一端到另一端，信任的存在支撑着桥面道路的每一部分，正如连接“文化缆绳”到桥面道路和拖车的垂直缆绳所显示的那样。尽管主要的“文化缆绳”是单一的，贯穿模型的所有部分，但这些“信任缆绳”数量众多，存在于桥梁的整个跨度上。

各个本地市场领导者必须相信团队能够执行；本地团队必须信任支持其市场开拓工作的本地化资源团队；等等。如果任何一个信

---

① 塔科马海峡大桥于1938年开始修建，耗时两年成功，1940年7月1日建成通车。桥长1810米，宽12米，当时为仅次于金门大桥和乔治·华盛顿大桥的世界上第三大悬索桥，仅投资就花费高达640万美元，可以说是举世瞩目并且重金打造的项目，大桥建成后四个月便发生了坍塌。科学家经调查对此给出官方解释：建桥之前没有充分考虑到空气动力学的原理。空气动力学表示在一定的风速范围内，风穿过大桥的气流会产生两串平行反向漩涡，这些漩涡会产生周期性作用力。如果这个作用力和大桥之间的作用力产生共振，且振动周期越接近，造成的压力也会越大，最终桥梁结构彻底扭曲倒塌。——译者注

任点（缆绳）断裂，整座桥梁都可能不稳定，导致其他断裂并最终导致垮塌。建立关系的流程以及强大的反馈闭环可建立信任，支持核心价值观的采用，并进一步使本地市场团队与企业文化保持一致。

正如我们从与爱彼迎前高管珍妮弗·袁的对话中了解到的，实地距离使得建立信任变得更困难，导致工作通过各个孤岛完成。在“总部”以及本地团队和分布式团队之间直接建立联系和沟通桥梁十分重要。正如伯克利哈斯商学院教员丹·希梅尔斯坦所说：“人们希望与他们喜欢和尊重的人一起工作。这是很普遍的。”这与培育企业文化的架构一道构成建立联系的基础。

回想一下桥梁图中从主缆绳延伸至桥面道路的小缆绳如何代表信任。与吊桥一样，信任点必须存在于整个组织、“总部”与当地办事处之间以及当地办事处自身内部。

本地市场领导者和其他本地员工之间的信任点也非常重要。根据办公地点的不同，对沟通透明度和信任的舒适度也会有所不同，因为这些并非所有商业文化的共通之处。聘请合适的本地市场领导者至关重要，这样才能使这些内容正确转化为本地市场。高度信任有利于协作和分担挑战，因此问题可得到解决，而非被掩盖。正如第 4 章有关“飞协博”的案例研究中所详细介绍的那样，首席运营官桑内·曼德和欧洲主管让·凡·卡斯特伦之间的强烈信任是公司成功进入欧洲市场、实现“初始市场”中的产品—市场契合以及通过扩张以达成公司—市场契合目标的催化剂。

话虽如此，重要的是要明白，由于之前存在的关系或业绩，在公司的扩张中，各个本地市场均会有不同程度的信任。这可能会影响权力动态，为那些与“总部”关系更密切或表现更好的人提供更多发言权。确保对此进行管控，以免妨碍决策和资源分配。

这座桥梁的力量来自“总部”和本地市场利益相关者的承诺。这包括承诺开展透明的双向沟通、利用“总部”建立的流程架构、维护企业文化、建立信任（桥梁缆绳）以及针对市场开展本地化。

搭建“总部”与本地市场之间的桥梁

成功实现全球化增长的四项承诺是公司扩张过程的开始，“总部”和本地市场均可在核心运营原则上保持一致。确保这些承诺得到支持，可确认愿景和资源的一致性，同时建立信任并对本地团队进行组织文化教育。

确认四项承诺的一致性使“总部”能够承担新的推动者角色，避免传统指挥与控制管理策略带来的所有问题，并为未来的成功奠定基础。

“全球类”管理模型中的整个桥梁架构是建立在团队对四项承诺的遵守之上的。

例如，当“总部”向当地办事处适当放权，并辅以当地办事处强有力的沟通意愿时，信任便会产生。围绕绩效指标的重要性进行明确沟通可增加实现既定目标的可能性；围绕本地市场的障碍和必要的本地化工作进行沟通可增强新市场所带来的发展动力；通过全球敏捷项目管理方法实现本地化和复杂性的平衡可实现公司—市场契合；强大的资源整合可加速增长；等等。“全球类”思维有助于在“总部”和本地团队之间架起一座桥梁，通过这种思维，“总部”明白自己最有效的角色是成为本地团队的推动者和支持者，而非指挥和控制本地团队的力量。总部采用这种推动者角色和一种认识并适应公司和当地文化差异的管理风格，是成功管理一家全球性组织的关键驱动因素。

“总部”的新角色

“全球类”公司正在“总部”和本地团队之间维持不同的状态，管理层在其中扮演着不同的角色。传统公司一直保持指挥与控制策略，“总部”的行为更像是将军向本地团队发出行军命令。“全球类”公司了解，本地团队不仅是执行部门，管理者必须使这些团队参与规划和战略制定并赋予这些团队权力。

正如第 1 章所提到的，分布式工作的加速改变了“总部”的概念。“总部”现已与地理关系脱钩。它不再是公司整个权力架构所在的单一建筑或企业园区。由于接受分布式和虚拟工作，包括公司高管在内的各级员工现在分布世界各地。分散式的员工队伍使沟通更具挑战性，但也可能更加公平，特别是对于那些不在公司办公空间外工作的人来说。

事实上，这种趋势使公司更容易将“总部”的角色转变为本地团队推动的本地化和牵引工作的推动者和支持者（如第 2 章所述）。远程位置的团队成员不再是唯一需要适应更好的沟通和影响决策的人。“总部”仍然设定愿景和核心价值观（如“全球类”管理模型图示桥梁中最左侧的桥面道路跨度所指），但更多充当教练的角色，消除障碍并提供观察和见解，帮助团队保持达成最佳绩效。“总部”仍须优化招聘，让合适的全球企业家担任最好的岗位，但他们也必须成为自主权的管理者。

文化意识管理

在进入新的全球市场和扩张的背景下，管理层必须具有文化意识，管理策略必须兼顾本地市场的规则。“多宝箱”旗下 HelloSign

业务部门的前首席运营官惠特尼·鲍克指出，当“总部”不再是一个地区的单一建筑，最初的市场运营/职能与“总部”正式分离时，“全球类”公司的管理策略本质上要更为全球化。相反，管理模式正在转向更加分散的模式，这需要更多地兼顾文化因素。

四大承诺中的第三项（信任和自主权）与具有文化意识的管理思维是一致的。这种心态的核心目的是认识并强化本地团队在理解市场细微差异方面的价值。建立信任和授予自主权是实现此点的最佳方式。了解本地市场是成功开展本地化的关键。赋予本地团队自主权不仅可赋予本地团队权力放手开展工作，还可更好促进本地化计划。给予信任和自主权还使“总部”更多扮演推动者和支持者的角色，在这种情况下，当地实践的采用可平衡任何命令和控制措施。“总部”的全球企业家必须是文化意识管理的实施者，包括将管理最佳实践转化为本地市场最佳实践。

这一理念包含了应急管理方法，根据团队面临的情况和涉及的人员情况，管理策略会有所不同。例如，在成长环境中，成熟的高绩效团队需采用与绩效不佳的新组建团队不同的管理方式。文化意识管理建立在此种应急方法的基础上，并融入文化因素。

整体管理技术需适应本地市场风格。在荷兰或丹麦等一些欧洲国家，更直接的反馈、直面问题是很正常的，而在日本，员工更愿接受书面反馈。不同的文化适用不同的业务架构。与硅谷的扁平化组织架构相比，许多拉美国家员工更习惯于层级管理架构。

当做出文化上忽视的决策时，以“总部”为中心的倾向就会被阐明，例如将欧洲、非洲和中东这三个截然不同的地区归为一类，并置于集中管理之下，并形成一个单一的分组（即欧洲、中东和非洲大区）。“全球类”具有文化意识的管理风格建立了一种兼顾本地市场细微差异的企业文化和组织架构，并且处理不同地区的情况时不会一刀切。西姆科前首席执行官克劳斯·霍尔斯分享了他在一家先前任职的公司与日本团队合作的经历。克劳斯当时不得不与一位不同意“总部”项目完成方式的当地总经理合作，但考虑到颜面和尊重权威是日本商业文化的核心原则，本地总经理不能公开与克劳斯（代表“总部”）争论。相反，克劳斯解释说，当他表达任何担忧时，本地总经理将如何以非常公开的方式致力于解决问题。不幸的是，当克劳斯后来回来确认解决方案时，问题只会变得更糟。

本地团队在总经理的指导下故意将事情变得更糟，以证明他们的想法比“总部”的更好，因为公开反对“总部”会违背当地的商业文化。经验丰富的本地市场总经理被解雇，因为公司的高级管理人员不了解此种文化动态。

后来，一位年轻的本地总经理被引进，他随后向克劳斯解释了此种文化动态，然后提供了一种文化上可接受的解决方案：“总部”和本地市场领导者将共同决定最佳战略和前进道路，本地市场领导者确保团队能够完成工作，随后“总部”高管会介入并对本地市场领导者的工作进行赞扬。这很有效。底线：公司“总部”采用的市场管理模式无法直接在全球范围内普遍应用。

这个故事是一个很好的案例，说明聘请合适员工（能够融通两种文化的全球企业家）的优势，他们可与战略（成功实现全球化增长的四项承诺）保持一致，并将“全球类”管理风格本地化。

然后，“全球类”公司将这种具有文化意识的管理思维与“总部”和当地办事处之间的角色、责任和决策权的有效划分结合起来。

决策权

国际管理战略的基本要素之一就是决策的过程。哪些决策可由本地团队独立做出，哪些决策需要共同协商，哪些决策应由“总部”控制和决定？

将某些决策交给任何一方都是合乎逻辑的，例如通过集中使本地化溢价最小化，通过分散式来实现本土化以达成公司—市场契合；从拥有消除障碍的专业知识和了解全球市场情况，到赋予本地团队权力。

我们不能规定谁应决定定价、绩效评估程序或营销活动。企业均应自己决定何为最优决策。重要的一点是正面解决这一问题。在我们的研究中，我们反复听到这个被冠以“决策权”或“决策权威”标签的话题。无论决策由何方做出，保持透明是很重要的，它将促进强有力的沟通和信任，并提升参与度。

制订决策权计划可使通常不透明的流程变得透明。它有助于将架构纳入公司核心价值观，并使“总部”和本地团队更易于了解何时冲锋在前，何时停下请教咨询。

作为四项承诺之一，信任和自主权对于全球化增长的许多方面均很重要。这在委托决策时尤为必要。授权是将决策权推向地方层面的副产品，同时“总部”愿意接受失败（这符合全球敏捷项目管理思维）。信任是赋权的核心，在本地团队中制造意义感和使命感也是如此。最重要的是，本地团队授权是“总部”放弃命令和控制风格转而支持推动者和支持者角色的副产品。然而，本地团队的参与并非来自全权自主。即使“总部”设定了界限，当给了一个可以流畅移动的容器时，人们往往会感到被赋予了权力，而非不清楚由谁决策。

一直以来，“总部”和本地团队在“全球类”管理模型中桥梁道路上的不同地点交汇。根据公司阶段和本地市场的成熟度，决策会更接近“总部”或本地市场。团队需一路调整决策权，根据市场阶段（市场进入、市场增长或市场成熟）、企业文化和其他因素来回摇摆——所有这些均应与第 4 章中所论述的自主曲线保持一致。

始终服从“总部”的企业在本地化方面的效率可能较低。同时，过多服从本地团队也会带来过多复杂性。需要维持一种均衡。企业必须找到本地化的行事方式，而非依赖公司固有行事方式。同时，他们必须设立边界，以确保与拥有全球化工作权限的“总部”的一致性。

重温钟摆工具

正如工作职能钟摆一样，决策权领域也存在钟摆工具。您如何处理决策权是一个推动钟摆工具的战略决策，并且对“总部”或本地团队的这些权力的偏好会随时间推移而变化。

您可在业务中的许多方面向国际化团队授予不同级别的自主权；没有一定之规。优步和苹果在早期扩张过程中的国际化管理方面处于两个极端，前者近乎完全向当地办事处放权，后者则维持更为集中式的控制架构。二者均是有效的。但请记住，正如斯科特·科尔曼所说：“如果‘总部’确切地告知本地团队应做什么，他们便没什么权力。”

正如亚马逊欧洲家庭创新项目前产品总监约瑟·查帕所指出的，内部组织通常有一个复杂网络，收集积累经验以转化为产出，随后传递给其他团队并成为他们的工作经验。换言之，公司内部组织是相互联系的，信息是有机流动的。如果没有集中的可见性或流程，那科层制度、复杂性和办公室孤岛便会产生问题。将需要规模化的事物集中起来十分重要，这适用于决策权，以及旨在确立发展动力的其他流程架构（如第 7 章所述）。

集中其中一些决策可创造公平的竞争环境，因为如上所述，对于位于多个地区的企业来说，通常会偏向某些市场而非其他市场，并由于与“总部”建立的信任而给予偏爱市场的团队很大的发言权。

与此同时，可将责任转移至本地市场，正如融文首席执行官兼创始人约恩·里塞根所说，“距离问题越远，解决方案便越愚蠢”，而“总部”往往也远比本地团队更能解决这一问题，特别是当它涉及需要在本地市场进行规模化发展做出改变时。

也就是说，“总部”应是推动者而非指挥官。正如新加坡“能者物流”首席执行官兼联合创始人黎常文所说：“‘总部’并非控制塔，而是支持公司运营的地下缆线。”

制订决策权

职责分配对于公司的行业、客户群、目标市场和成长阶段来说是非常特殊的。根据我们的研究，我们唯一敦促的是，控制权和决策权的分配应由企业文化和核心价值观驱动（并与之保持一致）。决策权应是透明的，并在整个组织中公开传达。

我们反复被告知文化的重要性（正如第 10 章中将论述的）。无论贵公司的文化由何构成，它都是（而且应该）您管理全球影响力的驱动力。

允许自主权还可产生发展动力并鼓舞团队士气。只要公司拥有合适的支持架构（如本地化资源团队），目标运营领域的自主权便可快速取得成功，为新生本地团队的参与和承诺提供支持。

Ritual 首席人力官、苹果零售部门前组织设计主管珍妮弗·科尼利厄斯表示："从长远来看，你越频繁地委托团队做出更重要的决策，你学到的东西就越多，参与度也越高。"

正如我们之前引用蒂芙尼·史蒂文森的话，"自主权可实现规模化发展"，不仅是在早期，在更长的时间内都是这样。自主权并未给予本地团队完全的自由，但它可防止"总部"陷入细枝末节之中，导致将注意力从整个公司更具战略性的举措上转移开。

"总部"可能还须突破文化规范，使本地团队接受并利用自主权。尽管公司希望通过雇用具有第 8 章所概述特征的本地市场领导者来缓解此种情况，但有些文化本质上与速度相悖。

在日本，公司决策通常是集体行为。在管理日本本地团队的背景下，这可能意味着本地团队不太愿意在没有"总部"指导或批准的情况下自行做出决定。鉴于对复杂性进行协调管理对于产生发展动力十分重要，此种文化规范可使组织在市场增长期间受益，但此种心态可能会在市场进入过程中减缓发展动力。为克服这些地方的细微差异，"总部"必须传达运用自主权的重要性，并在地方市场领导层掌握所有权时表示支持（即使他们有失误）。

为回答前"缤趣"和谷歌员工斯科特·科尔曼提出的问题（"如何建立一定程度的控制权？"），对于当地办事处来说，被授予自主权便可产生控制权。对于"总部"来说，则是明确核心价值观以及国际化和统一平衡控制的边界。

需要维持一种均衡。维持指挥与控制、以"总部"为中心的观点将阻碍高效本地化工作的开展，如同偏向当地办事处将迫使公司管理大量不同的模式一样，这些模式既难以管理，也难以延展。公司必须找到本地化的行事方式，而非依赖公司固有行事方式，但同时也必须设立边界，以确保与“总部”的一致性。

案例分析

熟悉度偏差管理——微软

本地化溢价分析案例研究中提到的熟悉偏差不仅会影响市场选择，还会影响公司管理。在管理遍布全球的分布式团队时尤为如此。微软前智能通信副总裁斯科特·范·弗利埃特（Scott van Vliet）的情况就是如此。

斯科特坐在微软华盛顿州雷德蒙德总部，管理欧洲、中东、非洲和亚太地区的团队，以及距离加拿大温哥华不到150英里的团队。在管理虚拟团队时，斯科特了解面对面沟通和接触领导对于管理分布式团队的重要性。本地市场团队无法像“总部”领导团队那样了解“总部”的情况。

他了解，解决“总部”和远程团队之间公司运营和决策不对称的最佳方式是营造公平竞争环境。斯科特通过建立包容性文化有效地实现这一点。他还花费大量时间拜访其他大陆的团队，确保他们能够获得远程团队所不具备的面对面的沟通时间。

这里只有一个问题。在他努力将来自世界各地的团队聚集起来的过程中，他却忽视了位于自己眼皮底下、距离温哥华不到150英里的那支团队。进入新市场的公司通常会对邻近性产生高度偏见，但在管理团队时可能会发生相反的情况。如同斯科特所遇到的情况，有一种倾向是认为分布于附近（地理上、文化上和语言上的附近）的团队成员不需太多支持或指导便能实现团队目标。情况并非如此。

正如斯科特所指出的，“近距离会使你自满或无视差异”。考虑到温哥华办事处离他很近，他在每季度拜访其他地方时都不会前往该办事处。忽视差异以及忽视不同办公室特性会损害与团队的关系。尽管他们使用同样的语言，但事实上附近两个地方之间存在许多差异。

斯科特最终扭转局面，使本地团队重回正轨。他永远不会忘记，他们仍需要和远隔万里的人一样的关注和指导。

“全球类”管理最佳实践

管理一个全球性组织很困难，不仅是因为距离遥远和时区差异。有效管理跨国组织需要一套特定技能和管理原则，以匹配管理用例的复杂性。

以下是“全球类”公司的高效管理者用来建立和维持强大的跨国沟通桥梁的十大最佳实践。

搭建跨国管理沟通桥梁的最佳实践包括：

- 愿景与核心价值的一致性
- 文化意识管理
- 平衡本地化和复杂性
- 组建一支全球企业家团队
- 有效沟通
- 平衡自主权和决策速度

- 沟通透明和建立信任
- 为本地化赋能
- 明确优先顺序及重点
- 清除阻碍

愿景与核心价值的一致性

尽管在任何管理场景中都很重要，但在管理国际组织时，愿景和核心价值观的一致性至关重要，因为领导者必须克服物理距离和文化差异。管理者必须不断重复核心价值观并将其与决策结合起来，这一点十分重要。制定一套清晰的领导原则有助于国际化员工了解适当行为并形成良好习惯。

经常被忽视之处

一线管理者是企业文化的真正推动者

请记住，一线经理是企业文化最重要的传达者。各个级别的招聘（而不仅是高管级别）均需体现核心价值观的一致性，并且这些层级较低的经理必须获得所需支持来传达企业文化并确保员工遵守。

文化意识管理

正如本章前面所讨论的，文化意识管理是一种植根于全球企业家心态的管理风格。它使领导者能够克服文化差异和细微差异，做出尊重文化并取得更好成果的改变。同理心是此种管理风格的核心。

这与传统形象形成鲜明对比：一家自信的美国公司进入市场并决定只能按照公司固有行事方式做事（就像沃尔玛坚持让友好、微笑的员工依照沃尔玛公司的固有方式行事，这使德国购物者感到很不舒服）。文化意识管理的核心要素在于文化智商和情商的交叉点——文化情商。这意味着以同理心和理解来进行管理，同时能够解决差异问题。这种管理方式也可以减少随组织发展而产生的组织溢价。

平衡本地化和复杂性

正如许多章节中所讨论的，平衡新市场中实施的本地化与各市场所产生的复杂性是全球敏捷项目管理的基石，也是“全球类”公司的一项技能。当企业在多个国家运营并管理多种模式时，如果不实现此种平衡，将会导致管理困难，从而阻碍公司发展势头和规模化发展。

打造一支全球企业家团队

正如第 8 章所论述的，团队建设是企业在全球化扩张时面临的最困难任务。高效的团队招聘基于特征和企业文化，而非经验（以“全球类”团队建设框架为指导）。切记：组建错误团队的企业往往无法实施全球化增长战略，并在此过程中造成时间和金钱的浪费。

有效沟通

沟通可成为成功的催化剂，也可能是造成失败的障碍（这就是为何沟通和清晰是四项承诺之一，也是“全球类”管理模型中的关键职能）。对于所有国内组织情况是这样，对于国际化组织来说更是如此，因为存在额外的翻译层面问题；不仅是语言翻译，还涉及文化翻译。成功的全球企业家或领导者能够促进有效沟通。

案例分析

管理分布式团队——苹果公司

一旦建立了反馈闭环，领导者便必须从“全球类”团队建设框架的右侧（了解公司和领导技能）磨炼自身技能。

无论您是领导市场中的本地团队还是远程监督团队成员，了解公司对于您成为与“总部”的沟通渠道、确保资源和支持、引导内部科层机构完成工作或沟通实现必要变更以在本地市场扩张的能力至关重要。

下一个重要元素是“全球类”团队建设框架中列出的领导技能，最重要的是分布式组织的领导技能列表（第 238 页）顶部列出的技能。有效沟通是利用分布式团队并帮助实现崇高目标的最重要工具之一。

领导力（“总部”层面和当地办事处层面）为沟通定下基调。除传达明确信息之外，高效管理者树立正确基调的其他方法之一便是使自己的作用可见。

在监督苹果公司的全球市场布局时，前国际化副总裁约翰·布兰登通过各种虚拟渠道促进分布式沟通，但也纳入面对面沟通机制。

约翰的策略包括以下四种接触点方法，这些方法帮助他管理起一个年收入超千亿美元的全球化组织。

1. 季度拜访——正如约翰所说，“接地气”十分重要。他努力确保于每季度亲自对各个主要市场进行考察。

2. 团队主导的业务审查——在销售财务团队成员的陪伴

下，他会听本地团队介绍最新情况，特别要求团队所有成员都在场，而不仅是总经理，这样他便可与本地团队各层级建立关系。

3. 年度全体会议——当整个组织聚集在一起时，他会确保关键信息可直接从高层获得，而非通过报告架构传达。

4. 每周与总经理一对一面谈——约翰与全体总经理确定周度固定会议。无论他位于哪一时区，会议都会在每周同一时间举行，允许他和直接下属之间保持同频。通过这些定期接触（通常有一个开放会议议程，使总经理可以在业务运营方面寻求帮助），他能够深入了解当地办事处的问题，并通过提供建议和加强沟通透明度来建立信任。

这一强有力的沟通计划取得了一些富有成效的成果：

- 约翰可确认各个市场内的文化和核心价值的一致性。
- 使本地市场员工感受到“他们很重要”且正受到重视。
- 正如约翰所说，提醒员工“我们该如何思考并行动”。
- 提示挑战和阻碍的早期征兆。
- 员工向他展示本地市场情况，他可直接与总经理直属员工沟通。

数字工具有助于吸引分散式团队，但对于全球化扩张而言，实体存在仍是一种高效管理策略。“全球类”公司有效运用数字工具来连接和吸引分散的团队。然而，面对面的人际互动仍具有价值（特别是在帮助本地团队提升对公司了解以及“总部”了解本地市场方面）。即使有许多高效技术工具可使虚拟分布式团队蓬勃发展，但有些事情还是应亲自完成。

维持一个全球分布式的团队会造成与“总部”或更邻近时区的员工会面时间的差异，从而获得更多与公司领导团队互动的机会。重要的是要注意一些员工在“总部”与在当地办事处员工相比之下的优势。商业文化的差异和对等级制度的尊重可能会使这些差异更加明显。Vivino 创始人兼前首席执行官海尼·扎卡里亚森（Heini Zachariassen）确保全球化领导团队和本地团队之间进行虚拟面谈，使分散式团队能够与“总部”领导进行直接沟通。

上述苹果公司案例研究中提到的定期节奏适用于组织各个层级：从本地化资源团队到本地市场团队领导者，然后再到本地团队其他成员以及他们之间的协调者。应努力确保各个层级均存在沟通渠道和反馈闭环（无论是虚拟还是面对面的形式）。

平衡自主权和决策速度

正如我们在本章中所说的，平衡“总部”和当地办事处之间的主要要素之一便是自主权。在我们与高管的对话中，这一话题引起不同的反应。那些在当地办公室工作过的管理者倾向于获得更多自主权，而那些只在“总部”从事过国际化扩张工作的人则相对要求较少。尽管如此，所有人均同意这是一个重要因素，需要通过特意构建的流程来主动进行管理，以为所需自主权级别提供支持。在实践中，与控制直接相关的自主权是一种可根据全球化增长阶段进行调整的杠杆工具（正如第 4 章概述的自主曲线概念所示）。“给予本地团队多大自主权”这一话题最好的描述便是回答这样一个问题：当地办事处有能力实现什么？

一个相关因素便是执行速度，这通常与自主权成正比。“总部”给予的自主权越大，本地团队便能越快地根据本地市场情况采取行动（除非“总部”和本地团队之间缺乏一致性，导致沟通中断）。

沟通透明和建立信任

即使没有本地团队的意见，决策方式和原因的透明沟通也可增进“总部”和当地办事处之间的信任。有效沟通是实现这一目标的主要手段。整个组织的信任点可有效实施运营和市场进入战略（本地化溢价分析的两部分），并有助于促进客户参与并提升品牌在本地市场的形象。

为本地化赋能

在信任和自主权的激发下，授权领导团队采取行动并取得成果。从管理实践的角度来看，授权始于激励。正如亚伦在《年轻专业人士管理指南》（*The Young Professional's Guide to Managing*）一书中所强调的，“发展动力的核心源于信念……一般来说，发展动力往往出自外部。另一方面，赋能是自我产生的。当一个人坚信自己的事业时，便会有所成就”。此外，“当赋予人们权力时，便赋予他们实现目标所需的权威”。

沿着这些思路，他提供以下公式来将员工内在动机转化为赋能：从影响力入手。如果您允许员工发挥影响力，他们便会更加投入。此种参与会带来满足感，而满足感反过来又会产生赋能。最后以循环的方式，此种赋能会自发产生更多影响。

明确优先顺序和重点

鉴于资源有限且要做的事情很多，因此将本地团队工作重点转向最具影响力的领域非常重要。明确优先顺序和重点有助于实现这一点，并提供最有可能的成功路径，这就是为何它被强调为“全球类”思维的核心原则（见第2章）。可创建强有力的规划和规范性沟通（如上述策略）以及全球化增长操作指南等工具并提醒团队关注的重点领域。“资源整合”承诺应支持主要关注领域并设置边界，并由本地化资源团队协助。

清除阻碍

正如亚伦在《年轻专业人士管理指南》一书中所强调的，管理人员经常被忽视的作用之一便是消除阻碍。管理的其他作用，如设定愿景和动机，会得到更多“出场时间”，但消除阻碍是理想管理者所使用的隐藏工具。这样做可使团队保持专注，产生发展动力，提升工作满意度（并最终提高员工留存率），并帮助团队克服逆境。反馈闭环是发现阻碍并提供如何消除阻碍的最有效的工具之一。

在国际背景下，这些障碍可采取多种形式，包括“总部”科层制度（阻碍当地办事处自主权的流程）、缺乏足够资源，或与必须进行调整才能获得发展动力的当前运营模式之间的某些文化冲突。

当拥有合适团队时，高效管理者知道应站在幕后，使团队尽情施展。消除运营中所遇到的困难可使组织潜力得以发挥。这与“全球类”思想非常一致，即“总部”是推动者和支持者，而非只会发号施令的独裁者。

“全球类”管理模型的目标是在全球敏捷项目管理的基础上促进市场进入期间的高效本地化以及市场增长和成熟阶段的有效发展动力和规模化发展，同时对整个过程中产生的复杂性进行管控。

通过使用“全球类”管理模型（“总部”与本地市场之间的稳固沟通桥梁）以及有效利用本章中所概述的管理最佳实践，“全球类”公司可开发出强大的沟通和反馈架构，控制本地化溢价，产生发展动力，最重要的是推动成果和规模化发展，同时平衡自主权、信任、方向设定等核心原则，以及维护企业文化和核心价值观。

高效本地化有助于企业适应新市场。高效团队建设可使合适团队就位，以成功实现本地化并实现公司—市场契合。高效管理通过在团队内部进行赋权进一步促进公司—市场契合。还有公司—市场契合的最后一个促进因素，它是将所有其他元素（以及整个公司）结合在一起的支柱，便是文化。

第 9 章小结

- “全球类”公司运用管理模型（全球类管理模型）在“总部”和本地团队之间架起一座沟通桥梁，促进全球化扩张工作在市场进入、市场增长和市场成熟等各阶段开展。
- 决策权共享是“总部”和本地团队之间平衡的重要指标，决定了各自所扮演的角色。
- “全球类”公司通过十项最佳实践搭建这些沟通桥梁，帮助其管理分布式全球化组织：愿景和核心价值一致、文化意识管理、平衡本地化和复杂性、组建全球企业家团队、有效沟通、平衡自主权和决策速度、透明沟通和建立信任、本地化赋能、明确优先事项和重点，以及消除阻碍。

第 9 章思考与实践

1. 贵公司如何对“总部”和本地团队之间的决策权进行管理？关于此问题，您又是如何规划的？
2. 您如何在整个组织中建立信任？
3. 哪种管理最佳实践最能引起您的共鸣？阅读完本章后，您认为您和贵公司需要开展哪些工作？阅读完本章后，您认为您和贵公司最擅长其中哪一方面？

第 10 章 文化

平衡文化的三个层面

DocuSign 在美国验证并扩大其业务后，该团队将目光投向国际市场，发现随着公司在多个市场获得关注，其作为电子签名平台的价值主张也引起了跨国界的共鸣。

然而，日本在 DocuSign 说服世界停止使用手写签名的过程中提出了挑战，主要是因为作为一个社会，日本人从一开始就从未真正手写过签名。几个世纪以来，日本人一直使用一种非书面签名系统，即“印章”（hankos），每个人均有个人专用印章。

除应对不同签名系统的复杂性之外，DocuSign 还必须适应日本社会独特的文化规范。日本是具有独特本地文化的一个鲜明案例，试图打入经济成熟市场的公司必须在当地开展相较于其他市场更多的本地化。

尽管许多公司的本地化集中于组织、管理、基础设施、销售和营销溢价，但 DocuSign 在日本市场的本地化显然是由产品溢价驱动的。

如果 DocuSign 保持传统（公司方式）思维方式，他们的方法将涉及将电子签名定位为未来的一种方式，优先考虑对文化意识的破坏，以试图克服他们称为过时且需要改变的系统惯性。

相反，DocuSign 做了一些当今许多企业领导者认为不合逻辑的事情。前董事长兼首席执行官基斯·克拉奇决定与日本实体印章制造商旗牌公司（Shachihata）合作制作印章的数字化版本。

为何拥有数字产品的企业愿意付费与实体印章制造商合作呢？因为基斯是一位精明的全球企业家，曾在日本有过商业经验，他了解建立文化信誉和尊重市场交易的重要性。

这笔交易本身是基于文化联系而达成的。与旗牌公司一位几乎不会说英语的关键决策者共进晚餐和喝酒后，一行人在乘坐出租车返回酒店时自发决定前往一家卡拉 OK 包厢。DocuSign 团队翻唱了坂本九[①]（Kyu Sakamoto）的世界知名歌曲《寿喜烧》（*Sukiyaki*），随后旗牌公司的决策者演绎了托尼·班奈特（Tony Bennett）的《我心已向旧金山》（*I Left My Heart in San Francisco*）（DocuSign 总部所在地）。这巩固了合作伙伴关系（并证明了卡拉 OK 技能本地化的重要性）。

结果是清晰且立竿见影的。在很短的时间内，日本成为 DocuSign 的顶级国际市场之一。由于其文化敏感性，DocuSign 在日本政府为了保持经济继续增长，提高效率，应对因人口老龄化导致的劳动力萎缩而启动的数字化转型举措（包括“零纸张政策”）时处于有利地位。

许多商界领袖都同意，企业文化是推动公司及其所有员工参与全球化增长计划及其他活动的秘密武器。**这就是为何有效的全球扩张的第三个也可说是最重要的支柱便是文化平衡。**

---

① 坂本九（1941—1985），日本知名男演员、配音演员、歌手、主持人。——译者注

尽管我们研究的数百家公司在产品、目标市场和国际增长途径方面存在许多差异，但它们无一例外均相信文化的力量。每个人均拥有强大而独特的企业文化，引导该组织走向全球成功。文化确实渗透到了本书各个角落。事实上，整本书的核心都是关于文化的。

所有这些公司都将其文化转化为跨地区的全体员工都能理解的核心价值观和原则。这些价值观经常被重复，并被组织各个层面内化。文化作为一种共同语言，使“总部”和本地团队无需通过翻译即可进行沟通。

为何文化十分重要

每个企业家均有自己的说法：

Zendesk 前公共政策和社会影响副总裁蒂芬妮·阿帕卡辛斯基（Tiffany Apczynski）表示：“文化契合度胜过技能契合度。”“你可以请律师处理法律问题，但你不能因为文化问题而给自己付钱。”DocuSign 前员工希洛·罗德里格兹（Hiro Rodriguez）解释道。

现代管理之父彼得·德鲁克（Peter Drucker）有句名言：“文化把战略当早餐吃。”

苹果前高管约翰·布兰登解释说，核心价值观、文化和优先事项以及文化情商的结合是一个很好的指南，因为它“告诉你什么是重要的，什么是不重要的”。

不管你怎么说，这一切都转化为文化的首要性。**高效的全球化增长始于文化，终于文化。**

文化影响组织内的一切。企业文化体现在公司的产品、品牌、员工行为以及业务运营方式中。这就是为何企业文化贯穿于我们的“全球类”管理模型中。它是动力源和本地团队（桥塔）之间支撑整座桥梁的主要悬索。企业文化会推动您实施的本地化的水平，以达到新市场中的公司—市场契合度，以及建立本地团队并为决策制定护栏。如果没有这种贯穿始终的强大文化，所有扩张的努力都会失败，就像桥梁会倒塌一样。

本地市场的文化也是如此。当地文化影响着一切：如何与客户沟通、什么对他们有吸引力以及他们如何做出决定。文化以多种方式展现出来：风俗和传统、食物和法律、习惯和思维方式。思特沃克北美区首席执行官克里斯·墨菲甚至表示，“语言是文化和文化规范的体现”，词汇、形式和节奏为了解说话者的思维过程、价值观和文化提供了一个窗口。

“文化是动态的”，爱彼迎美洲和亚太区前营销主管珍妮弗·袁感叹道，她强调文化并非一成不变的东西，一旦掌握即可。“全球类”公司研究文化（自身文化和本地市场文化）以确保持续的一致性。特洛伊·马龙在亚洲拓展业务方面拥有丰富的经验，尽管他之前在韩国居住并开展过业务，但最近仍在韩国进行本地化探索。当被问及时，他解释说，虽然他从过去的经验中了解了这个市场，但距离他上次在那里开展业务已经有五年了，所以他需要了解本地文化和市场动态自那时以来发生了怎样的变化。这便是全球企业家心态。

为成功实现公司—市场契合并真正建立一个全球性组织，您必须了解并平衡不同类型的文化。

关于文化的重要免责声明

我们远非文化方面的专家（有不少人对此主题进行了更为

广泛的研究），但在我们的研究中，我们多次看到文化对于经营全球业务和正确本地化有多么重要。考虑到这一点，我们对文化的讨论并不意味着深入分析，我们的目的是提供一种构建文化主题的方法，以帮助您在运营全球化组织的背景下处理它。我们认识到围绕文化有许多观点和敏感性，除提出两个关键点之外，无意规定任何具体的思维方式：（1）文化的重要性怎么强调都不为过；（2）我们相信思想、观点和经验的多样性，如同“全球类”公司的催化剂，对于实现全球规模化发展至关重要。我们希望本章为如何思考该主题提供一些见解和框架。

文化的三个层面

公司非常了解其最初的市场及其文化。法律更加熟悉；态度和信念即使不一致，也是可以理解的。这使得实现公司与市场契合的飞跃变得更加直接，甚至更容易。

当您添加其他不熟悉的层级时，必须将首选假设扔出窗外，需要不同参考点。在国际市场上扩张时就是这种情况。尽管文化在每个阶段都很重要，但随着公司进入市场增长阶段，当组织在本地市场中发展，当您从产品—市场契合转向公司—市场契合时，文化的重要性便会增加，并且必须建立多层次架构来支持多国规模化运营。

在全球化发展中，应该共存、相互平衡的三层文化（如图 13 所示）是：

- **本地市场文化**——特定目标国家或地区居民的共同信仰、行为和规范
- **本地商业文化**——特定国家或地区的共同信念、行为和规范，

影响业务开展方式以及本地团队在专业环境中的运作方式。本地商业文化是本地市场文化的众多子集之一

- **企业文化**——组织的共同信念、行为和规范，指导员工如何沟通、制定决策以及制定和实施战略

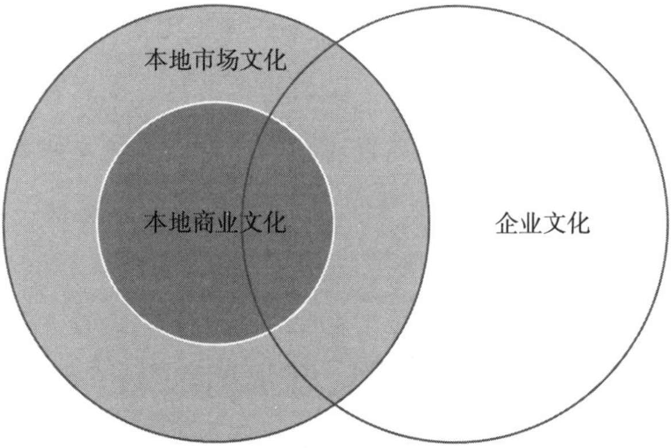

图 13　文化的三个层面

在本章中，我们将讨论三个，以及最近出现的第四个。目标是平衡这三种文化类型，并找到使企业文化适合本地市场的方法。

当本地市场文化发生冲突时

本地市场文化是处于本地市场的人们进行思考、行动和决策的关键驱动力。当企业在新市场中寻求发展动力并实现公司—市场契合时，它是一个强大的引擎，需要对其模式进行大部分改变（产生各种类型的本地化溢价，特别是营销、销售和产品溢价）。在某些方面，本地市场文化也驱动一个国家内的法律法规（影响行政溢价），因为本地市场文化对一个国家的社会制度有很强的影响。

“全球类”公司寻求了解如何做出购买决策、决策标准是什么、最重要的好处、市场中目标受众的相关用例以及目标客户的习惯。在发现这些信息的过程中，他们获得了许多关于本地文化以及它与公司所在的其他市场有何不同的见解。如第 7 章所述，在日韩，获得“新鲜氛围”的概念便非常不同。

“全球类”公司还花时间了解本地市场文化以及对当地人来说重要的事情。通过采用本地文化习俗和与当前和潜在客户的沟通方式来表达对本地市场文化的尊重，而非坚持公司的方式，这将有助于建立与贵公司品牌的当地联系。

亲身进入市场（如在本地化发现过程中）并与日常生活中的人们互动的实践可使我们深入了解那里的生活到底是什么样的。正如第 8 章所讨论的，本地市场文化的细微差别要求团队拥有本地的专业知识。

“全球类”公司特别关注当地趋势和政府干预措施，以推动市场行为，创造进入机会。回想一下 DocuSign 如何将劳动力老龄化和企业数字化转型（零纸张政策）视为在日本市场采用的催化剂（第一个是本地市场文化的转变，第二个是商业文化的转变）。

一些“全球类”公司通过在品牌背后建立个性并寻找将其产品融入时代文化精神的方法，进一步与本地市场文化建立联系。在越南，喜力将其啤酒与该国最受欢迎的节日“春节”联系起来，创造了一种文化仪式，让城市地区的人们将啤酒带给农村地区的亲戚。这种做法变得如此根深蒂固，以至于越南人将喜力视为自己的品牌，甚至给荷兰品牌起了个绰号“肯（Ken）”。

案例分析

在棒球场上寻找文化上的相互理解

丹·希梅尔斯坦是加州大学伯克利分校哈斯商学院全球商业讲师、本科生项目前执行主任。他在20世纪80年代末开始自己的创业之旅。在日本找到一份工作后，他在一家半导体分销初创公司从事销售工作。他住在东京新宿区，作为一名前棒球运动员，他通过经常光顾附近的24小时击球场找到安慰和家的感觉。他的一天包括一个完整的工作日，然后是晚餐、饮料和卡拉OK。凌晨3点左右，他会发现自己是击球场里唯一的非日本人，周围还有刚刚结束一整晚工作的酒店和餐饮服务人员。

尽管这看起来不太可能，但正是在击球场上，丹学到了更多关于日本商业文化的知识。通过不够流利的日语和非语言交流，丹不仅能够更多地沉浸在日本人的文化中，而且还可获得他在某些工作情况下所犯的错误的反馈。他从本地人那里学到正确的商务礼仪，当地人会为他提供如何消除失礼的建议，并帮助他解决一些由于商业文化差异而遇到的问题。

他从击球场上学到的一件事是，当时的日本高管中有很多曾是二战老兵。由于情感上的创伤，他们对美国怀有敌意，常常导致他们态度冷淡。这种理解影响了丹的行为，并使他对工作中遇到的一些情况有了新的看法，帮助他提高了向日本高管推销的能力。

在B2B模式的销售情况下，文化好奇心和专业知识是差异化因素，当您的影响力较小或与竞争对手处于平等地位时，它们会有所帮助。正是软技能——人际关系、非语言的细微差别以及对文化的洞察力——发挥了作用。人们希望与他们喜欢和尊重的人以及沉浸在文化各个方面的人一起工作（如同成功企业家所做的那样）。

正如丹所说，“与普通人交谈对于与首席执行官有效合作至关重要。”

当本地商业文化发生冲突时

本地商业文化是本地市场文化和当地民众信仰和心态的体现。独特的业务开展方式可能会给计划在当地建立业务的公司带来挑战和机遇。它推动决策和战略，并规定团队成员如何彼此互动以及与客户互动。

不同国家开展业务的方式存在差异，从小的习惯性差异到广泛的、思维方式相关的差异。流程中可能存在细微差别，也可能存在较大的核心价值冲突。深入了解本地业务的开展方式有助于与主要利益相关者建立关系，并且展示文化敏感性可成为吸引本地人才加入团队的有效方法。

这些差异的例子有很多。在欧洲的一些地区，员工通常了解彼此的薪资，而薪资透明度在美国并不常见。土耳其企业有等级制度，八个家族控制着许多当地产业，如果您被其中一个家族所接受，那么您通常会被整个商界普遍接受。

会议有自己的一套规范和仪式。许多在亚洲有工作经验的商业专业人士都熟悉双手递名片这一习俗，如同在旅行中会见某人时赠送家乡的小礼物一样。效仿这些做法通常会受到赞赏，这就是为何我们在拜访国际客户时经常带着装满旧金山吉拉德利巧克力的手提箱旅行。通过采用这些传统来沟通理解，表明了我们对市场的承诺，往往会加强业务关系。

经常被忽视之处

没有“一刀切”的关系建立策略

建立业务关系的有效方法因地区和国家而异。在欧洲的一些地区，人们可能倾向于直接谈正事，而在一些拉丁美洲国家，关系往往始于更多的个人分享和“了解你”的对话。无论建立关系的时间表如何，重要的是要注意，虽然正式会议似乎是建立关系和完成交易的地方，但办公室外的聚会才是更深入的业务和关系建立的地方。正如第 5 章中的 DocuSign/ 德国电信合作案例研究所示，许多商业文化中都会发生这种情况。

不同国家的工作时间也可能存在很大差异，在选择市场、组建团队和预测未来结果时需要清楚地了解这一点。亚马逊前员工伊森·埃文斯发现，不同的本地商业文化拥护不同的价值观和工作道德。虽然亚马逊在美国的文化类似于“神圣的追求”，需要每周无休止的工作，但一些国家的文化是下午 5 点回家。这种商业文化的差异可能会导致总部和本地团队之间的残酷冲突。对于许多美国员工来说，你的工作就是你的身份、骄傲和优先事项，这并不总是与其他本地商业文化保持一致，这使得在全球范围内建立一支符合企业文化的团队变得更加困难。相反，在斯堪的纳维亚半岛，工作和家庭之间的平衡是当地文化的核心。

参考第 9 章中分享的“全球类”管理模型，伊森解释说，当本地商业文化和企业文化不一致时，就会削弱支持整个国际公司的悬索架构（企业文化和信任点）。他还警告说，工作文化中的这些差异通常不会立即显现出来，最终可能会在第二年显现出来，此时问题更难解决。

老板和管理层在不同商业文化中扮演着不同的角色。Slack 的道恩 · 夏里凡必须通过经验了解到，当高管来访时，印度员工会感到多么害怕，考虑到本地商业文化，这使团队感到紧张。

黎明了解到，进入本地市场可释放信任，在访问具有这种商业文化的当地办事处之前建立良好而融洽的关系非常重要，这样才能被视为平易近人。

使员工分享反馈、畅所欲言并感到“被赋予权力”是以美国为中心的理念，员工“敬业度”的概念也是如此，但在某些商业文化中并不能很好地体现这一概念。

为了衡量敬业度和提高员工的留存率，苹果公司通过匿名调查等方式了解本地市场的员工。珍妮弗 · 科尼利厄斯了解到，要在全球市场取得成功，公司必须构建平衡并确立流程，以包容本地文化差异，同时确保员工与公司价值观保持一致。

经常被忽视之处

职称

职称的本地差异可能会导致决策权限和角色的混乱，而这对于在新本地市场建立关系非常重要。这就是为何我们试图在框架中避免使用职称。获得正确的头衔在某些文化中是如此重要，我们帮助我们的一个政府客户的当地办事处获得他们本国的批准，调整其头衔以更好对应硅谷公司的头衔。此外，如果您正在招聘本地团队的职位，并且没有选择合适的头衔，便无法吸引合适的求职者。

如总经理头衔在许多亚洲国家非常重要。它很好理解，有助于传达该角色的权威。如果本地商业环境中的人们仅通过您的头衔无法了解您的角色、责任和决策权，则可能会造成混乱，所以应使人们尽可能简单、轻松地了解团队中的职位。

而且，当涉及高度传统的商业文化时，你不可能像硅谷一些拥有“首席布道者”之类头衔的科技公司那样有创造力。有时最好避免过于原创。在日本，商业文化不鼓励做“弯曲的钉子”。融入比脱颖而出更重要，而在其他市场，展示你的创造力是完全可以的。

当企业文化发生冲突时

掌握企业文化主要涉及找到一种在新的本地（市场 / 商业）文化中保持公司核心价值观和原则的方法。尽管公司及其领导者确实不应该试图成为他们不是的人，而应始终保持真实、值得信赖和直率，但他们必须改变企业文化的元素以适应本地市场。在适应过程中，重要的是要保持坚实的基础，以确保决策和行为在一定程度上的一致性和连续性。您的企业文化提供了所需的明确参考点。

对于乐天来说，就是“速度、速度、速度”。对于 Plaid 公司来说，它是“一起学习和成长”。在 Chegg，它包括“梦想远大、辩论、决定和行动”。在 Zoom，它是“社区、客户、公司、队友、自我”。尽管这些公司的核心价值观（原则）不同，但它们充当全球各公司的北极星。核心价值观指导组织内外部各个方面的努力。

企业文化指导和集中团队努力并将人们聚集在一起。它超越了政策，还包括构成公司基因核心的不容谈判的要素。它与核心价值观一起可指导您设定目标并帮助您判断何为成功。企业文化甚至赋予团队一种建立信任的认同感。

企业文化和核心价值观确实是指路明灯，原因有很多：它们告诉员工如何对待他人，强调什么是重要的事情，表明员工的表现如何，并使他们与其他员工和企业相联系，产生一种认同感、信任感和真正的意义。当他们拥有共同的价值观时，他们还可促进与客户的联系。

企业文化和核心价值观作为艰难决策的首要过滤器，可在高压力时期提供清晰的思路（这就是为何它是本地化溢价分析流程的第二个因素）。它还可帮助您确定哪些领域容易失败、哪些领域值得学习，哪些领域不应做出妥协。

对于分散的员工队伍来说，企业文化和核心价值观变得越来越重要，因为它们提供了统一的身份，将人们跨国界地聚集在一起。鉴于面对面的互动有限，他们也是团队内部社会纽带的重要驱动力，这增强了组织仍是一个团队的感觉，即使人们在分散的地点工作。

对所有三种文化的深入理解使您能够了解如何驾驭本地市场并提前预防问题，使用流程和保障措施来限制与公司价值观冲突的文化倾向。

由于存在文化差异，您会明白为什么团队中有人了解当地业务的运作方式是有益的，这样缺乏本地市场经验的“总部”团队便不必费力地学习这些经验教训，浪费时间和精力，以及金钱和机会。

应对文化冲突的策略

不可避免的，企业文化有时会与本地市场和当地商业文化发生冲突。

正如“元图地信”公司非洲扩张主管克劳迪娅·马卡德里斯托（Claudia Makadristo）指出的那样，尼日利亚商业文化比一些东非国家更具对抗性，因此，分布于两个地点的团队需要有理解的基础并有意识努力为受众量身定制沟通方式。这些类型的文化冲突可能经常发生，因此公司必须设法在不同文化之间架起一座桥梁。

在决策架构中兼顾文化和核心价值观是一种有效的做法，可了解在优先考虑本地市场文化或企业文化时是否存在灵活性。正如简·范·卡斯特伦所说，“价值观应该引发对话。”此外，Patreon 的蒂芙尼·史蒂文森问道：“团队正在做出哪些决定来检验价值？”

“全球类”公司还采用其他策略来在冲突发生之前消除冲突，并平衡本地文化和企业文化之间的冲突，每种策略对于快速发展的全球组织均有重要的好处：

- 普及核心价值观
- 雇用合适的团队
- 实行文化意识管理
- 融合文化

普及核心价值观

在建立核心价值观时，多数公司均会考虑与主要利益相关者的关系，包括员工、合作伙伴，最重要的是客户。最近，环境和社会影响也已融入公司核心价值观。

“全球类”和传统公司制定的核心价值观之间的主要区别在于范围。对于多数传统公司而言，客户原型和影响力光环仅限于其最初的市场，而“全球类”公司则考虑全球受众。

像“自由”这样的概念可能会吸引美国受众，如同沃尔玛“尊重个人”这样的核心价值观一样，但这可能与许多亚洲文化对集体主义的认可相冲突。

如果公司核心价值观过于特定于其最初的市场，那它们便不会与其他市场的利益相关者产生共鸣，从而导致与客户的互动减少以及对员工的授权减少，从而阻碍实现公司—市场契合。在我们之前分享的故事中，如果乐天的核心价值观能够使非日本受众更容易理解，那早期欧洲办事处的员工士气就不会遇到那么多问题。

当地商业文化的差异可能导致对核心价值观和战略的不同解读。亚马逊较难理解的核心价值观之一是“领导很多时候都是正确的”，这意味着领导者有责任通过获取不同的观点并努力以良好的判断力来做出正确的决策。在印度，人们非常尊重权威，因此本地员工通过他们的文化视角将这一核心价值观解读为“老板是对的，不要质疑他们”。确保核心价值观能够适应本地市场和商业文化的差异，这一点十分重要。

“全球类”公司创造并维护普遍且为全世界人民所理解的核心价值观。普及其核心价值观可以吸引顶尖人才，并更好跨越国界与全球客户建立联系。

敏捷项目管理思维在这里也发挥了作用，组织进行文化意识的迭代，以在公司和本地文化之间实现适当平衡。这一点尤其重要，因为正如“火箭通信”联合创始人兼首席执行官加布里埃尔·恩格尔所解释的那样，“公司价值观需要被发现，而非创造”——这是具有全球化发展抱负的“全球类”公司本质上理解的。我们已经看到公司如何随规模扩大而改变其核心价值观的要素，并融入日益全球化的运营的影响。例如，“飞协博”的核心价值观是“填补空白”，它使员工能够在遇到挑战时找到解决方案，以促进不受科层制度流程阻碍的快速增长。然而，随着公司开始在多个市场进行扩张，这一核心价值面临着带来额外复杂性的风险，因为本地团队可以利用这一授权来找出适合自身的运营方式，而无须与“总部”协调。最终，“飞协博”团队很早便确定这一核心价值很有价值，因为他们在“初始市场”中验证了自身商业模式，但需要进行改变才能达到全球规模化发展。

领英团队确保其使命和愿景足够简单，使世界各地的人们均能理解、相互联系、内化和表达。这一核心信息是为世界上所有人创造经济机遇。此种简单性和通用性直接带来了业务成功和进入新市场的机会。这也是领英一度成为唯一获准在中国运营的非中文社交媒体平台的关键原因之一。

当公司发现很难普及核心价值观时，下一个最好的办法便是在企业文化和本地市场文化之间架起桥梁，如同乐天在欧洲所做的那样。除本地文化意识之外，根据本地团队熟悉的原则运营本地办事处的任何努力均可有效获得支持。Slack 努力将其核心价值观（礼貌、工艺、同理心和有趣）与本地文化联系起来。Slack 的核心价值观之一——“工艺”引起了日本人的共鸣，因为他们重视高质量的工作。另一个核心价值观，即同理心（努力通过倾听来理解）更难理解，因为在日本，人们不会公开谈论自己的感受（尤其是在专业环境中）。通常，最好倾向于采用确实具有本地对应点的核心价值观，而不是试图应用每一种核心价值观。

正如珍妮弗·科尼利厄斯所说，“普遍的核心价值观创造了一种可跨越国界的体验公平。”她继续说道，“当你感受到它时你就会知道，但你必须有目的地思考如何分解它并将其用作组织内机制的一部分”。凭借与所有员工（尤其是本地团队的员工）产生共鸣的内化核心价值观，企业文化可成为差异化因素和增长引擎，特别是在支持流程和规范到位的情况下。普遍化的核心价值观突破了“总部”和本地办事处之间“我们与他们”的心态，促进了更多本地市场的认可。

雇用合适的团队

平衡此三种文化的最佳方法是雇用合适的人才。企业家了解自己的部分职责是弥合文化之间的差距，这对于任何国际化增长计划都非常有价值。他们在本地化和吸引社区方面也更有效。此外，由于本地团队成员是本地市场的企业文化的管家，因此本地团队成员与企业文化和核心价值观的一致性极其重要。

文化契合度应是您在招聘过程中评估求职者的优先标准之一。尽管文化契合度不能单独作为唯一标准，但当与全球企业家心态和对本地市场的了解（第232—236页）中列出的特征相结合时，符合所有这些类别的人更有可能对本地市场产生积极影响。拥有合适的人才是企业集体文化一致性的关键。

雇用不合适的团队可能会产生灾难性影响。正如“飞协博”的让·凡·卡斯特伦所解释的那样：“进入新市场的业务正在颠覆高度传统的行业，这是有风险的。如果您聘请一位经验丰富、持传统思维的本地市场领导者，您很可能会失败——他们需要200%接受公司愿景和核心价值观，并能够进行实验和适应。”用在第8章中的类比来说，此种平衡心态是保持厨房水槽清洁的原因。

为在新市场中正确建立企业文化，您必须聘请理解并认同公司价值观的合适人员。一方面，如果您雇员的人对本地市场有深入的了解，并且有在国内工作的经验，但并未致力于共同的企业文化，您便可能积累组织溢价，因为雇员可能不符合公司核心价值观。另一方面，如果您雇用的人与企业文化有很强的联系，但不了解当地商业文化或本地市场文化，那他们便可能无法有效调整业务以寻求公司—市场契合并适应本地团队环境。无论哪种情况，结果便是国际化增长计划失败的可能性增加。

当您雇用的员工具有符合“全球类”团队建设框架（特别是内部创业技能）的特质时，您将在全球扩张工作中获得竞争优势。

实行文化意识管理

第9章（第263页）概述的文化意识管理思维在三种文化发生冲突时也能非常有效地实现平衡。

第 9 章中解释的应急方法，将文化背景纳入决策，可发挥重要作用，帮助领导层促进本地团队的参与和授权，因为本地商业文化与“总部”文化不同。

“全球类”心态也影响到这一过程。命令与控制的领导风格与“总部”扮演本地团队推动者和支持者的角色不一致。文化意识管理引导“总部”适应本地团队及其本地文化，采用当地习俗、沟通方式和反馈实践。

融合文化

平衡每种文化类型的最有效方法是将它们整合起来。尽管这更具指导性而不是科学性，但“二八原则”在企业文化方面很适合。80% 需要保持不变（包括核心价值观），20% 可针对本地市场进行调整。

您可采取一些具体步骤来进行文化整合。亚马逊前员工伊森·埃文斯建议采取以下实用策略：

- 激励人们在不同的办公室工作，获得“总部”和本国以外的国际经验。
- 针对各地正在发生的事情建立有效的沟通。埃文斯将其描述为“消除‘他者’心态的好方法”。
- 建立代表 / 联络人角色，使同事能够说出他们永远不会对老板说的话，从而获得更真实的反馈。
- 围绕核心价值观开展正式培训并具体解释文化差异。
- 旅行——鼓励员工进行公司资助的“小变动”，即在另一个办公地点工作数周。人们将这段经历视为一次值得学习的冒险，而非一次人生的重大改变。

- 问问自己，我能做什么来确保文化可以被拿来讨论和分析?

在此策略的基础上，我们看到了三种协助文化融合的更高层次的策略：利用反馈闭环、支持本地文化的仪式以及提倡多样性。

利用（小型）反馈闭环

反馈闭环使“总部”和本地办事处的团队成员能够及时了解任何文化冲突，以便正面解决它们。此外，这些反馈闭环也是双向学习和创新的渠道，使“总部”能够从当地办事处汲取文化上的最佳实践，并在全球范围内实施，使各团队成员能够相互学习。

这些反馈闭环不仅应该连接“总部”和本地团队，还应该在本地团队内部发挥作用（第 4 章中提到的“小闭环”），促进企业文化与个人办公层面的当地商业文化的融合，为实现目标寻找最佳平衡点。“小闭环”是将来自“总部”或世界其他地方的本地团队成员与本地团队成员联系起来的好方法。这些“小闭环”还可作为有效的工具，确保本地团队保持对本地和公司了解的平衡，并从头开始影响全球化增长计划。

支持本地文化的仪式

尽管核心价值观可能不会改变，但使本地团队维持对当地社区的重要的仪式可能是增强远程团队能力的有用工具。Slack 每年都会举办庆祝活动来纪念公司成立，但也允许都柏林本地团队举办圣诞派对，因为这在本地文化中十分重要，尽管这并非“总部”日程的一部分，但只要不与企业文化发生冲突，本地团队便应拥有更多自由度，将本地文化元素纳入公司当地业务中，从而提高员工奉献度和敬业度。

提倡多样性

找到在分散的团队之间共享文化规范的方法有助于平衡文化，增进信任和友情，同时促进关系的建立。像本地团队员工与全球团队分享其文化庆祝活动这样简单的事情便可成为一种亲密体验。NetApp①副总裁洛里·哈尔蒙（Lori Harmon）发起了一项本地文化活动和宣传活动，展示组织内不同办公室的传统。十月份，她的组织举办了一场虚拟的啤酒节活动，德国市场本地团队分享了节日的背景，所有人都喝了一杯啤酒（“干杯！”）。即使如同 Roku 那样做一些简单的事情，例如在公司日历上标出国际假期，也能为员工培育文化意识。在全年假期期间，10X 创新实验室每位团队成员会分享在自己的祖国如何庆祝节日，使我们了解了来自五湖四海的团队成员的故乡如何庆祝这些节日。

正如北美思特沃克公司首席执行官克里斯·墨菲所恰当地解释的那样，快速增长的跨国公司往往默认是多元文化的。他们测试并了解潜在市场的文化。他们的组织旨在更具流动性，并接受和适应多样性（即使他们刚刚进入“初始市场”）。这种对多样性的开放态度适用于在全球范围内扩展业务的机制，因为“全球类”公司善于调整其产品以适应新市场，并愿意基于数据驱动、基于测试的方法进行调整。他们还认识到多样性如何有助于新想法的发展。

① NetApp 是一家数据存储和管理解决方案的提供商，成立于 1992 年，总部位于美国加利福尼亚州桑尼维尔市。——译者注

经常被忽视之处

对本地文化表现出欣赏是一个强大的差异化因素

“食物是国际商业的组织原则”，伯克利哈斯大学的丹·希梅尔斯坦解释道。它可以连接人们并搭建桥梁。作为一名对文化充满好奇的企业家，丹努力学习新技能，并为他从事的业务的市场培育文化敏锐度。他分享了一个故事，讲述了在一次商务餐中受到中国台湾客户挑战后，展示了他如何用筷子夹起一颗盐花生米的能力，帮助他建立了成功的长期业务关系。“你向潜在客户提供的产品中有95%与竞争对手相同，但正是那5%（其中大部分与文化理解有关）才产生了差异。”全球企业家固有的这种文化意识是一个关键的区别因素。

社区文化的兴起

世界已从分散走向互联。民族认同对于人们来说越发不再具有单一的重要性。尽管民族主义最近在一些国家有所抬头，但全球企业家们同时也在加速全球公民的崛起。跨境联系越来越紧密。共同的价值观和利益不会受海岸阻隔。这就是为何一种新型文化、一种由无数超越国界的较小社区定义的文化正在兴起。因为通信和社交媒体平台为人们提供了更多渠道来就共同利益进行联系。我们将其称为社区文化。

爱彼迎认识到了这一点，并将其作为一种工具，不仅帮助瞄准利基群体进入市场，而且还在公司内部构建了跨境社区范例。

更具策略性的是，爱彼迎根据心态（而非地理）来创建目标客户群，他们称之为“部落”。此种分析架构更多关注客户原型和识别利基市场。在某些方面，这在进入市场之初更具可操作性，因为它为明确目标客户以及如何在他们面前获取营销信息描绘了一条更清晰的路径。它不是基于人口统计数据进行细分，而是基于群体内超越国界的信念或心态。

这一框架也弥合了部分文化鸿沟。它不是使文化范式植根于语言和当地习俗，而是基于群体内的共同方言和信仰（如通过爱好或激情联系在一起）。互联网健身平台 Peloton Interactiv① 围绕健康和保健的共同兴趣建立一个跨境社区，制定了一套吸引世界各地社区成员的信仰、语境和文化规范。

当您确定了已在“初始市场”中使用贵公司产品的客户原型时，将消息翻译给新国家 / 地区中相同原型的成员的工作便会变得更容易。它更紧密地利用了人类讲故事的心理。珍妮弗·袁表示，很早便发现了马拉松运动员的巨大吸引力。该公司能够与客户建立一座桥梁，通过他们围绕跑步（和冒险）的热情的共同行为来“了解”他们。

爱彼迎在市场进入和增长的战术层面上所做的一切渗透到整个业务中，并支持社区文化的概念。就连公司的使命“创造一个任何人均可归属于任何地方的世界”，也是建立在跨境全球社区的概念之上，并有助于普及公司核心价值观。通过全球类运动，我们试图围绕企业家和全球类公司的概念建立一种社区文化，将全球具有国际

---

① Peloton Interactiv 是一家专注于提供高效、方便的健身解决方案的科技公司，成立于 2012 年，总部位于纽约市。——译者注

视野的人们联系起来。

此种围绕社区的框架体现了具有文化意识的全球企业的概念，即企业必须关注本地市场和跨境人员网络。这一理念还促进了企业对全球公民的承诺。此种心态也与全球企业家心态的核心原则（全球化意识和文化敏感性）非常吻合。

同时，这并非意味着应忽视本地市场文化而只优先考虑社区文化。前者仍然至关重要。全球类公司深知，了解本地文化表明了对本地市场及其人民的承诺，但他们也不会忽视人类状况是如何超越国界的。

这是地方意识和全球背景的平衡。正如第2章所述，“全球类”公司寻求为全球各地员工和客户提供一致的体验。

为支持文化的本地性和全球性，“缤趣”和谷歌前员工斯科特·科尔曼简洁地指出，“人们是相同的，但他们的品位不同。”因此，我们的目标是与某人与生俱来的人性建立联系，然后分层传达符合他们独特品味的信息。这就需要个人文化的理念，即本地文化和他们选择的（跨境）社区文化的融合。

沿着这些思路，“全球类”公司了解从个人到当地再到共同利益社区的多层文化，并寻求与每一层建立联系的方法（至少可以说这是一个难以克服的挑战）。

对社区文化的关注有不同的形式。除客户群之外，“全球类”公司还了解此种心态包括社区参与和可持续发展。在向客户提供产品或服务之外，寻找与社区互动的方法是该策略的重要组成部分。

许多“全球类”公司均了解这一点，并将其纳入自己的业务方式中，正如Zendesk通过旗下基金会在解决本地市场问题时所做的那样。

最后，也是最实际的，从运营角度来看，适应这种社区文化的概念是有意义的。纯粹按照国界来构建业务将导致更多的本地化工作量、复杂性和“任一独特性”。随着您为适应上市要素（营销、销售和产品溢价）所做的工作变得更具延展性，寻找跨境社区将提高效率。此种跨境方式运用了关联市场的概念，这使得针对一个市场进行的本地化能够在多个市场上提供发展动力（如第6章中所述）。

最终，正如爱彼迎在亚太地区的强大发展动力所证实的那样，建立本地市场参与度的一个好方法是采纳珍妮弗·袁的建议，关注新市场中的人性，寻找方法来联系和交互贵公司品牌和其他品牌之间的共同点。实现这一点的主要方式是花时间了解其文化以及对他们来说重要的事情。通过经营业务以及与现有和潜在客户的沟通表达对本地文化的尊重。然后寻求超越国界的方法，为您针对跨境团队的努力提供发展动力，从而实现全球规模化发展。

随着此种新型文化的兴起，对于寻求加速实现全球规模化发展的公司来说，全球企业家的作用变得更为重要。全球企业家所体现的文化思维、同理心、文化好奇心和社区意识使“全球类”公司能够利用这种新的社区文化并建立跨境联系。

组建全球企业家团队，搭建桥梁来管理全球分布式团队，微妙地平衡公司和当地文化，有助于“全球类”公司实现本地化、与本地社区建立联系并实现规模化，从而实现公司—市场契合。这就是为何这些是高效全球化扩张的三大支柱。它们是与众不同的因素，与全球敏捷项目管理方法、高效本地化和复杂性管理相结合，使企业成为“全球类”公司。

第 10 章小结

- 要在新市场中成功实现公司与市场的契合并实现全球规模化发展，需要理解并有意识地管理三种文化类型：本地市场文化、本地商业文化和企业文化。
- 当这些文化类型发生冲突时，“全球类”公司运用以下策略寻求平衡并实现公司—市场契合：
  - a. 普及核心价值观——建立能引起全球受众共鸣的核心价值观。
  - b. 雇用合适的团队——聘用文化契合度较高的全球企业家。
  - c. 实行文化意识管理——使用应急方法来支持并授权本地团队。
  - d. 融合文化——通过利用反馈闭环、支持本地文化的仪式和提倡多样性来平衡并实现（公司和当地）文化共享。
- 一种超越国界的新型文化——社区文化开始出现，迫使企业以全新方式看待文化。

第 10 章思考与实践

1. 您是否经历过企业文化与本地文化之间的冲突？您是如何应对此类冲突并达到平衡的？您如何为本地团队的成功创造合适的环境？
2. 您如何普及公司核心价值观以吸引全球受众（员工和客户）？
3. 贵公司如何利用新兴的跨境社区文化来拓展全球业务？

第 11 章

结论

“全球类”公司、全球企业家还有此刻正在阅读本书的您

我们的旅程行将结束，调查世界上增长最快的公司（“全球类”公司）如何在国际市场上寻求发展动力并实现规模化发展。

希望我们的见解和框架能为您赋能，从而继续作为一名全球企业家寻求下一个目的地。

我们共同经历了一段旅程——跨越各大洲、行业和增长阶段。在此过程中，我们了解了在这个新商业时代引领潮流的“全球类”公司的心态，以及作为成功公司背后催化剂的全球企业家心态（见第一部分）。我们概述了“全球类”公司必须做出的支持国际化增长计划的承诺，运用全球化版本的敏捷项目管理方法来对市场进入过程和运营策略实行本地化的重要性，以及管理复杂性和构建组织架构如何促进实现公司—市场契合度（见第二部分）。最后，我们探讨了支持增长的主要支柱：高效团队建设、本地团队支持管理模式以及在实现全球化规模发展时开展文化平衡的策略（第三部分）。

在此过程中，我们分享了一本关于如何建立和管理成功全球化

组织的操作指南。现在欢迎您应用这些理念来提升组织能力，加入“全球类”公司行列。

对于我们来说，这也是一次激动人心的旅程。一开始，我们便迈出了大胆的一步。由于市面上并无有关该主题的权威书籍，我们继续寻找答案，以了解是什么使最成功的公司能够在新的国家市场获得发展动力，然后在全球范围内开展运营。在此过程中，我们听到许多故事，给我们带来启发，对我们发现的相似之处感到好奇，并对各家公司采取的不同成长路径感兴趣。

来自世界上一些最成功的公司的数百名领导人张开双臂迎接我们，我们感到非常欣喜（更多是惊讶），我们非常感谢他们的见解和对传播信息的持续支持。

根据您所处的角色，这段旅程可能既孤独又令人沮丧（尤其当您身为公司开设新国际办事处的第一位员工时）。无论是在本地市场还是在“总部”，我们采访的全球企业家常常不得不与有限资源作斗争，同时努力使公司领导层了解新市场的差异和机遇，持续进行文化和核心价值观的双向传递。

尽管面临这些挑战，我们采访的领导者仍然在蓬勃发展（如同所有真正的全球企业家一样）。所有的艰苦工作似乎都不像工作，或者至少是非常值得的，因为他们中的许多人必须在这个过程中跨文化并学习新事物。

尽管他们有很多东西可与我们分享，但我们无法与他们分享，而这只是一个开始。他们是开拓者，为越来越多的专业人士指明了道路，他们看到了全球商业在建立联系和改善社会方面可以发挥的作用。无论是向企业还是消费者销售，以实体产品还是数字产品的形式提供解决方案，在全球范围内建立成功的企业的核心在于人并与他们建立联系，以帮助解决问题并使事情变得更好。

在呈现这些材料的过程中，我们在其他概念的基础上发明了一些新概念，并努力创建切实的框架和普遍的经验教训，而不仅是彼此不相关的小插曲和情况的集合。

在与全球各地组织的合作中，我们发现许多人无法明确在全球范围内成功扩展组织所需的思维模式。这就是为何我们想给文化好奇心、全球化思维和同理心的结合赋予一个正式的名号（全球企业家）。

我们这样做旨在使这些经验教训实用，但更重要的是，可转化为需要批准和支持全球化增长计划的非全球企业家。

希望我们提出的理念是可行的。我们的目的是提供见解，帮助每个对全球业务感兴趣的人，从“总部”团队成员到本地市场团队成员，从拥有丰富国际经验的人到渴望拥有全球化职业生涯的人。希望我们为全面观点所做的努力能够得到体现。

我们想要打破条条框框，重新设定宣传公司行事方式的趋势。我们还相信，未来跨国创业思维和文化考量对于组织的成功将更加普遍，也更加重要。

对于那些对李、伊莎贝尔和萨曼莎的故事感兴趣的人（见引言中），这里有一条信息致所有人。

致所有读者

我们希望这本书能够成为对您迄今为止所做的所有辛勤工作的肯定，并成为您获得将公司的国际化增长计划提升到新水平所需协调和资源的动力。通过这本操作指南，我们期待与您一起踏上贵公司实现全球化规模发展的旅程。

致所有像伊莎贝尔一样的读者

我们希望这本书能够帮助您释放一直存在的全球企业家精神，并帮助您在建立国际职业生涯方面迈出下一步——前方有一条激动人心的道路。我们相信，您现在已具备相关词汇和策略来展示您如何成为全球化增长的催化剂（帮助您获得这份工作），并拥有取得成功所需的工具包（一旦开始工作）。

致所有像萨曼莎一样的读者

我们希望，通过本文中的框架工具，您可清楚地了解对组织产生积极影响所需的清晰信息（无论遇到何种障碍和官僚作风）。保持弹性，我们支持您推动变革，将贵公司从传统组织转变为"全球类"组织。

为所有人，也为了正在读这本书的您

传递"全球类"信息。帮助创造更多像您一样的企业家（世界需要更多的我们）。我们的目标是使全球业务成为一种共享的体验，而非孤立的体验。

不要忘记查看 www.GlobalClassBook.com 上提供的资源（包括我们在书中所介绍的框架的电子版本）。与我们联系（发送电子邮件至 hello@globalclasscompany.com），我们很乐意帮助您的公司迈向"全球类"公司。无论您处于职业生涯的哪个阶段，我们均希望我们的信息能够激励您打造全球职业生涯，并成为"全球类"公司的催化剂。

• • •

总而言之，请记住：如果您首先寻求学习和理解，那便没有什么是陌生的。

结语

影响："全球类"在社会中的作用

当回顾这本书两年的编写过程时，我们更加确信我们在全球商业中正处于独特的拐点。在与我们这个时代一些最成功的公司的商业领袖，以及在全球增长之旅中早期快速增长的公司领导者的互动中，我们看到本书中概述的原则正成为未来"全球类"公司的思维模式和战略。

这是激动人心的时刻

分布式工作的加速是一种范式转变（如同互联网的兴起和互联网繁荣时期软件驱动业务的出现）；"全球类"公司正在学习如何利用全球劳动力，在各地寻找最优秀人才，并利用由此产生的多元化意见与全球客户群建立联系。由于采用技术而获得新形式的教育意味着知识工作者社区可在各地蓬勃发展。

除不断扩大的全球人才库为"全球类"公司带来的好处之外，这将帮助进一步发展经济并为想要参与全球社会发展的人们提供满足感。我们看到新兴国家如何实施超越更成熟经济体的传统基础设施的系统，如通过运用移动优先技术和金融科技解决方案。这些新兴经济体的企业领导者可灵活地从头开始构建更好的解决方案。

规模巨大。公司规模正超过许多国家的国内生产总值。存在连接超过十亿人并提供共享身份（并创建社区文化）的平台。跨越国界的人群出现，通过共同热情联系在一起，使社区能够超越国界和冲突，实现新方式来创造共同目标，并为他们想要的生活而奋斗，而非将自己限制于当地边界之内。

“全球类”公司和全球企业家的崛起

尽管本书中介绍的许多公司已存在多年，但它们代表了本书中详述的“全球类”公司理念的初级阶段，而“全球类”公司的影响才刚刚开始显现。随着全球成为新的敏捷项目管理，公司对全球化增长的看法将会转变，新企业很快便会看到本书中的原则得到广泛应用，如同我们现在看到的敏捷项目管理方法一样。他们将从第一天起就采用全球敏捷风格并实践文化意识管理，并在全公司范围内接受和采用这些原则。

正如我们在全书中所见，一切以文化开始和结束：企业文化、本地市场文化、本地商业文化，甚至新兴的社区文化。除贡献（对颠覆的新观点）之外，同理心、本地化以及企业与社会融合的需求等主题均是核心原则。随着“全球类”公司寻求与分散式劳动力和客户群建立联系的方法，沟通和成功全球化增长的四项承诺的其余部分将变得越发重要。

这些变化和机遇超越了团队层面，对个人产生影响。也许我们在编写本书时所做的工作中最令人着迷的部分是发现商业领袖的独特品质，它们已存在很长时间了，但尚未得到认可、描述或赞扬。

这些全球企业家不仅是其所在公司的全球化发展和"全球类"概念的催化剂，也是企业向全球客户提供价值所带来社会积极变革的催化剂。我们很荣幸能够将他们推崇为高尚的人物，并希望本书能够帮助培育更多具有全球和本地影响力的全球企业家。

各部分正各就各位

可有效利用我们所面临机遇的工具正逐渐被开发出来。营销、运营、分销、交付和教育平台均已到位。允许员工在任何地方工作并使公司利用全球人才库的技术和公司流程已经到来。

等级制度开始受到挑战。正如经验丰富的硅谷高管、软件营销部队首席波莉·萨姆纳所指出的那样："当人们通过虚拟工具联系在一起时，你分不清谁富谁穷；无法通过虚拟背景或他们身后的墙壁看到其所住的房间或房子有多豪华，有多少股权。更重要的是您如何思考、倾听以及沟通。"

我们讨论的第四种文化，即超越国界的新兴社区文化概念，可成为"全球类"公司用以快速建立跨境客户群参与度的有效催化剂。

接下来的必要要素是在全球范围内产生影响的框架和心态。希望我们创建的资源不仅为寻求实现目标或最大化指标的高管提供服务，而且能够对社区产生积极影响，并帮助公司履行各项基于社区的使命。

平衡本地化和复杂性的概念、全球敏捷项目管理的基础，以及可用于产生发展动力和加速规模化发展的流程架构，均可成为实现集体利益的力量。

“全球类”公司的作用

尽管存在这些积极的趋势，但我们认识到，各国正在通过制造分裂来对抗这些团结的力量。民族主义和“他者”心态正在重构技术已突破的那些障碍。

作为回应，“全球类”公司可超越这些界限，将人们团结在一起。全球客户群和分散的劳动力对抗这一负面浪潮，可拥有比国家控制更大的集体力量。

“全球类”公司的责任是促进全球经济、社区和个人的发展，并在过程中为其赋能。通过文化意识的颠覆，“全球类”公司可帮助提升当地的经济水平。通过致力于分布式工作，它们可帮助分配财富和知识。这并不意味着放弃利润。相反，这意味着要有全球化的思维方式，并将公司财务影响分散到客户和员工生活及工作的当地社区。

正如马克·贝尼奥夫在2019年《纽约时报》评论专栏中所写，“利润和目标齐头并进，商业可成为变革的最佳平台”。

除商业和交易之外，“全球类”公司还可与社区建立持久的联系，并对其产生积极的影响。这些公司不仅在创建社区，而且也是社区的一部分。

“全球类”公司和推动其发展的全球企业家均必须成为保持文化意识心态的榜样。

“全球类”运动已经开始

转变已经开始。我们看到“全球类”公司如今在其所服务的社区中正在发挥的作用。跨越国界产生共鸣的全球美德正在强化核心价值观、弥合差距并使人们团结在一起。如今，企业已不只是与客户打交道，还为员工提供目标和生计；它正在塑造整个社会。"全球类"公司有机会将其塑造得更好。

每家"全球类"公司在如何与社会建立关系并为社会做出贡献方面均有自己的风格，选择符合组织基因的影响领域，并专注于它们可留下印记的领域。正如我们听到 Prezi 联合创始人兼执行主席彼得·阿维所说，贡献者心态"贯穿整个公司"非常重要。这就是为何他大力支持公司在赚钱的地方纳税以支持本地经济（从而支持他们的客户），而不是不惜一切代价地避税。

除通过 Zendesk 基金会等开展的社区影响计划外，Zendesk 的目标是从服务不足的社区招聘人才，以挖掘不同背景的人才。Zoom 创始人兼首席执行官埃里克·袁为世界各地数百万学童提供服务，因为教师和管理人员正努力弄清如何在新冠疫情期间进行远程教学。软件营销部队公司同工同酬和多元化举措为所有公司如何在全球化商业世界中运营提供了蓝图。

亚马逊最近增加了一项新的领导原则："成功和规模化发展带来更多责任。"在宣布这一核心价值变革时，公司自觉地表示："我们很大，足以影响世界，但我们远非完美。即使是我司行为所造成的次要影响，我们也必须保持谦虚和深思熟虑。我们的本地社区、地球和子孙后代均需我们每天变得更好。"

Platzi 是一家成立于哥伦比亚的在线商业教育平台，它正在为拉美超过 300 万正在加入新兴中产阶级的人打开一个充满职业机遇的新世界。爱彼迎在其使命中建立了一种归属感，并促进世界各个角落的人分享个人观点的独特性和社区开放性。

这些"全球类"公司并不总是完美的，但它们认识到所有公司均有机会为人类做出贡献，并且它们渴望在社会中发挥积极作用。这些公司不仅在本地社区层面将人们聚集在一起，它们可将我们凝聚成一个全球社区。

小结和行动呼吁

“全球类”理念适用于个人层面（通过全球企业家）、公司层面和社区层面（无论是本地市场还是全球市场）。

我们热衷于培养“全球类”公司和全球企业家，我们乐于卷起袖子与各大洲全球社区互动，以提升支持社区组织的经济。

我们呼吁其他企业及其领导者走出去，充分利用社会为您提供的角色。无论您是管理全球化规模组织的高管、在新市场拓展业务的企业家，还是渴望建立全球化职业生涯的员工或学生，您均有机会（以“全球类”/全球企业家的思维模式为指导）在全球范围内取得成功并产生积极影响。

利用我们设计的工具来帮助贵公司在全球范围内发展（如需了解更多信息，您可访问以下网址：www.GlobalClassBook.com）。本书中提供的框架工具及资源旨在帮助您完成国际化扩张之旅。

请记住，这一切均与文化息息相关。请意识到这一点，对其必须保持敏感。保持渴望学习的态度，共享文化，尊重文化。企业文化是吸引客户、员工和社区的因素。您对当地文化的认可和接受将获得发展动力并实现规模化发展。

成为全球企业家圈子的一员。与其他全球企业家联系，分享最佳实践。您可加入一个规模虽小但不断壮大的具有全球化视野的全球企业家群体，努力使全球化业务成为一种共享而非（孤立）的体验。

我们将戴上"全球企业家"的帽子，配备"全球类"资源工具包，并开始履行我们的使命。您愿意加入我们吗?

对本书前面提到的马克·吐温关于旅行的名言结合"全球类"进行诠释:

参与全球社区对于消除偏见、偏执和狭隘是致命的……全球规模化发展只能通过文化好奇心以及思想和经验的多样性(而非坚持公司固有行事方式)来实现。

致 谢

本书是我们使命的概述，即使全球业务扩张成为一种共享（而非孤独）的经历。本书并非两位作者闭门造车的结果，而是整个支持者团队共同努力的成果。他们在漫长的“问题—迭代—请求之旅”中给予我们指导，并提供支持。如果没有众多的合作者，本书将会截然不同（而且不是一个好的方式）。很多人为这本书做出了贡献，从分享他们创业生涯的经历见解到出版战略、定位及发展想法等。这是一个为期两年的项目，从新冠疫情初期便开始了，经过长期的研究、写作和不断迭代，终于取得了成果。

从最初的想法到印刷书籍的整个出版过程中，有两个人一直是我们最优秀的导师。首先是乔纳斯·科夫勒（Jonas Koffler）先生。您是“全球类”真正的宣传大使，在很多方面为我们提供帮助，从制订图书提案到与出版商达成协议，再到全程解答无数问题并通过即时通话来帮助我们克服最新的挑战。您持续地鼓励我们将全球课堂的书籍和平台做得越来越好。您一开始是我们的代理人，最后我们成为朋友，一路上担任顾问和编辑。其次是帕特里克·弗拉斯科维茨先生。如果没有您的指导并开放您的人际网络来帮助我们实现沿途每一个里程碑，将全球化从一个想法变成一本完整的书，那本书永远不会问世。更重要的是，作为一个造就两本畅销书的人，您的成熟建议帮助我们专注于重要的事情，忽略不重要的事情，并使我们能够投入工作，尽最大努力追随您的脚步。

致本·贝拉出版团队：您是“全球类”理想的合作伙伴，也是我们将本书中的概念推向世界这一目标的主要支持者。一个能够在吸取经验教训的过程中进行迭代和调整的团队才能制做出这样一本成功的书。马特·霍尔特先生，您相信我们的想法（和我们），并且一直是本书的大力倡导者，总是愿意考虑再做一个“轻微”改变，并在新想法出现时保持灵活性。您与作者合作的敏捷方式非常罕见，值得赞赏。凯蒂·迪克曼，您对我们手稿的处理有助于确保我们的信息能够引起广大读者的共鸣；我们感谢您帮助我们将言语提升到一个新的水平［也感谢莉迪亚·蔡（Lydia Choi）的帮助］。特别感谢我们的文案编辑朱迪·格尔曼·迈尔斯（Judy Gelman Myers）：如果没有您消除棱角并纠正无数的小错误，我们便无法有效传达我们的想法。布里吉德·皮尔森，感谢您与我们一起反复创作一个真正标志性的封面设计，吸引人们的注意力，让读者想看看里面的内容。杰西卡·雷克（Jessika Rieck）先生，本书内页设计元素（特别是图形）对于清晰传达我们的想法和框架特别重要，您在帮助我们的想法跳出页面方面做得非常出色。马洛里·海德（Mallory Hyde）先生，感谢您为将全球级的信息传播到世界各地所做的辛勤工作，使人们看到我们所说内容的价值（并且真正想去阅读这本书）。

对于我们的 10X 创新实验室团队，感谢你们为使我们的组织成为“全球类”所做的一切！特别是乔－安妮·罗协拉妮（Jo-Anne

Loquellano-Cruz）、维克多·巴博萨（Victor Barbosa）和克里斯托尔·菲斯·内尔（Crystal Faith Neri），感谢你们在我们编写本书的过程中的帮助，并支持我们的使命，即建立全球企业家社区。

正如本书简介中提到的，在开发本书详细介绍的概念和框架的过程中，我们采访了来自50多个国家的300多人（几乎所有这些人我们都还没有见过）。我们衷心感谢所有在繁忙的日程中抽出时间与我们合作的全球扩张最快的公司的全球企业家。正是你们的想法、故事、经验教训和最佳实践方案使本书成为有价值的操作指南。

我们感谢您的热情，确保其他人不必一切从头开始并以艰难的方式学习全球业务。你们是“全球类”公司的催化剂，你们的努力将激励下一代全球商业领袖。

我们特别要感谢核心的全球企业家团队，他们在大部分研究过程中担任顾问和倡导者，并且今天仍然是我们的大力支持者。亚伯·史密斯、珍妮弗·袁、特洛伊·马龙、埃莉斯·鲁宾、让·凡·卡斯特伦、凯瑟琳·海姆斯、约翰·布兰登、保罗·威廉姆森、珍妮弗·科尼利厄斯、黎常文、蒂芙尼·史蒂文森、扎克·基奇克、波莉·萨姆纳、斯科特·科尔曼、詹姆斯·谢勒特、克里斯蒂娜·李、弗雷迪·维加、迈克·尤兹维克、海尼·扎卡里亚森、弗雷德里克·马泽拉、加布里埃尔·恩格尔、穆罕默德·伊尔迪里姆、丹·希梅尔斯坦、桑卡尔·文卡特拉曼、伊森·埃文斯、克里斯·墨菲和丹尼尔·沙利文——非常感谢你们出任我们的宣传大使。

我们还要特别感谢领先的敏捷项目管理思想家史蒂文·布兰克、亚历克斯·奥斯特瓦尔德和埃里克·莱斯，他们向我们提出了具有挑战性的问题，分享了睿智的见解，并就全球背景下的敏捷项目管理主题以及关于如何社会化全球阶级概念，提供了中肯的建议。

亚伦：

经历困难时期时的口号是指出您并非第一个经历您所面临的情况的人。同样重要但更容易被遗忘的是，您也不会是最后一个。这就是为何教学如此重要。这也是为何我如此感谢许多在此书制作过程中提供见解、故事和反馈的人。如果没有你们的努力，本书便不会出现在您的面前。这种“我们不会是最后一个”的感觉激励着我在伯克利哈斯大学的教学，同时也激励了许多教学人员。感谢所有教过我并抓住机会通过分享生活经验来帮助他人的老师（正式和非正式方式）。

对于克劳斯·韦哈格来说，出版本书是一段相当漫长的旅程。感谢无数的头脑风暴会议，不断地迭代，因为你们总是在寻找使我们的理念更丰富的方法，并通过平易近人的图形真正将我们的框架变为现实。您为本书做出贡献的全球企业家网络的培养和管理使其真正成为“全球类”领域的专业书籍。

我要感谢我的父母对我一生的持续支持和鼓励。感谢我的妈妈丹·桑迪，感谢您从小便向我灌输全球化思维方式。当我还是孩子的时候，我在旅行社填写小册子，了解到世界各地有几乎无数的地方可供探索，并且可结识持不同观点的人们。感谢您以创造性的方式教给我课程，感谢您多年来温柔地推我走出舒适区。感谢我的父亲杰里·麦克丹尼尔，感谢您通过工作中的故事使我了解了世界上一些最有成就的人取得成功的幕后故事，并感谢您始终关注对我的职业生涯有帮助的方法。感谢我的兄弟马克·麦克丹尼尔，你的烹饪创意和乐于助人的开放精神激励了我。我为你们成功通过食物给人们带来欢乐以及如何开辟自己的道路而感到自豪。感谢我的教母吉尔·韦克曼，感谢您比任何人都更加认真地对待教母的角色，感谢您与我建立了志同道合的精神联系，感谢您教会我同理心的重要性以及为平等而奋斗的必要性。感谢我的女儿奎因和谢伊，感谢你们给了我存在的理由，感谢你们每天继续教给我的经验。看着你们成长已经成为我一生的乐趣之一。

最后，也是最重要的，我想对我的妻子李奥那·马说：如果没有你提出的问题和挑战，便不会使本书如此出色。从我们认识的那天起，你就一直是真实的自己（我每天都越来越爱你）。我热爱我们在一起的每一天。你为我们的女儿们树立了一个了不起的榜样，给予她们很多值得追求的目标。

克劳斯：

职业生涯并不是一成不变的，也不是线性的。相反，在您的旅程中接受新的影响，并允许个人改变发生。改变可以使人耳目一新、充满活力，并成为成长的催化剂。我在自己的皮肤、身体和灵魂中感受到了这一点（职业生涯的转折和一路走来的许多英里）。因此，我喜欢站在硅谷的前门，欢迎学生、商界领袖和政策制定者，传播创业和创新精神。正如本书所证明的，形成性经历可以增强思维灵活性，释放对他人的同理心，并激励人们对周围的社区产生影响。本书中的受访者体现了这种心态，但没有他们的支持，通过分享来之不易的教训、生活经历和全球商业建议，全球课堂不会成为今天的样子。

感谢亚伦·迈克丹尼尔，通过近两年的深入合作，我对您令人难以置信的职业道德和热情的承诺有了更为深入的了解。我们所经历的旅程为将这个项目打造成一本常青的、全球认可的商业书籍奠定了基础。你能够将最初的想法运用到文学艺术和美丽的叙事中，见证、共同写作和现在出版是一种乐趣。

我非常感谢一路上帮助过我的许多人。首先也是最重要的是那些在生活遇到挑战时支持我的人，这些挑战可能会破坏我的个人发展并改变我的人生道路。我感谢我的大学尼尔斯布鲁克哥本哈根商学院（Niels Brock）；我们的主席安雅·埃斯基尔森（Anya Eskildsen）；我的教授马克斯·约翰尼森（Max Johannison）在我哥哥去世时对我的处境表现出了令人难以置信的同情和理解。另外，我要特别感谢我的朋友凯西·阿姆斯特朗（Casey Armstrong），当我哥哥去世后我需要喘口气和重新调整的时候，他慷慨地邀请我去加利福尼亚和他住在一起。生活并不总是美好的，但与合适的人和社区在一起，你会找到继续前进的力量和灵感。此外，我还要向我的智利家人——何塞·拉莫斯（Jose Ramos）、席尔瓦·阿兰达（Silva Aranda）、哈维埃拉·拉莫斯（Javiera Ramos）和塞巴斯蒂安·拉莫斯（Sebastian Ramos）表达爱和感激，他们将我置于他们的羽翼之下，并向我展示了爱是无国界的。文化应该将人们联系起来，而非分裂他们。

致我在丹麦的家人们：感谢你们让我在相隔5500英里的情况下仍能感到家的温暖。我的母亲安妮·波默（Anne Børme），感谢您支持我的人生决定，并奔波于世界各地来关怀我，支持我的国际化生活方式。感谢我的父亲卡斯滕·韦哈格和继母佩尼莱·亨里克森（Pernille Henriksen），感谢您们总是让我知道，无论我离开多久，我都还有一个家。对于我的兄弟安德斯·韦哈格、安德烈亚斯·博尔姆·拉森（Andreas Børme Larsen）和彼得·亨里克森（Peter Henriksen），尽管我们的家庭背景各异，但我深深珍视并欣赏我们如何风雨同舟地走到一起，并向彼此展示兄弟情谊的真正含义。感谢我的祖母赫塔·茱莉亚·博尔默（Herta Julia Børme），感谢您通过同情心和帮助他人的热情向我展示了真正的善良意味着什么。

在致谢的最后，我要感谢我美丽的妻子的家人。感谢我的婆婆司徒钰文和岳父司徒钦，感谢你们不仅将我接纳到这个家庭，还教导我如何做人。

我现在成为一种新的美丽文化的一部分。感谢我的妻子杰西卡·司徒·韦哈格（Jessica Szeto Wehage），她的力量、爱和同情心每天都会使我惊叹不已。谢谢你，杰西，你成为我们家庭的基础，并为我们两个漂亮的男孩凯登和奥斯汀树立了榜样。

• • •

在我们采访的300多名领导者中，我们要特别感谢以下人士，他们在我们开发“全球类”的过程中慷慨地投入了时间并提供了见解。这些全球企业家是“全球类”概念（以及建立全球化企业的综合手册）的原因：

贝拉尔·阿夫塔布（Belal Aftab）
楚库梅卡·阿格巴塔（Chukwuemeka Agbata）
路易斯·阿尔曼萨（Luis Almanza）
华金·阿隆索·弗洛雷斯·奥维耶多（Joaquin Alonso Flores Oviedo）
蒂芙尼·阿帕卡辛斯基（Tiffany Apczynski）
哈维埃拉·阿拉内达（Javiera Araneda）
凯西·阿姆斯特朗（Casey Armstrong）
马西奥·阿内克（Marcio Arnecke）
德鲁夫·阿罗拉（Dhruv Arora）

彼得·阿维（Peter Arvai）

阿诺·奥格（Arnaud Auger）

威廉·鲍·比恩（William Bao Bean）

贡萨洛·贝加佐（Gonzalo Begazo）

莫汉·贝拉尼（Mohan Belani）

乔什·伯辛（Josh Bersin）

伊斯雷尔·比皮（Israel Bimpe）

辛迪·布兰科（Cindy Blanco）

史蒂夫·布兰克（Steve Blank）

杰弗里·布莱奇（Jeffrey Bleich）

季夫科·博季诺夫（Jivko Bojinov）

惠特尼·鲍克（Whitney Bouck）

朱莉娅·布拉吉耶里（Giulia Braghieri）

约翰·布兰登（John Brandon）

厄本·布雷科（Urban Brecko）

卡里姆·巴格莱（Karim Bugglé）

维多利亚·布尔（Victoria Bull）

玛丽亚·卡罗莱纳·拉科姆（Maria Carolina Lacombe）

艾迪·陈（Eddy Chan）

张淑珍（Sokjin Chang）

黎常文（Lai Changwen）

何塞·查帕（Jose Chapa）

费德里科·切斯特（Federico Chester）

理查德·蔡（Richard Choi）

克里斯蒂安·克劳斯（Christian Claus）

安托万·科拉科（Antoine Colaćo）

斯科特·科尔曼（Scott Coleman）

珍妮弗·科尼利厄斯（Jennifer Cornelius）

吉安卡洛·科齐（Giancarlo Cozzi）

罗宾·丹尼尔（Robin Daniel）

鲁道夫·达尼诺·鲁伊斯（Rodolfo Dañino Ruiz）

阿方索·德洛斯·里奥斯（Alfonso Delos Rios）

格伦·德沃尔（Glenn DeVore）

克里斯汀·达勒姆（Kristen Durham）

卢卡·艾森特肯（Luca Eisenstecken）

欧内斯特·英格（Ernest Eng）

加布里埃尔·恩格尔（Gabriel Engel）

托马斯·坎德尔（Tomas Kandl）

阿米拉·卡里姆（Amira Karim）

阿卡什·卡特戴尔（Aakash Katdare）

娜塔莉·凯利（Nataly Kelly）

斯科特·凯斯（Scott Keyes）

金宗甲（Jongkap Kim）

蒂姆·基钦（Tim Kitchin）

扎克·克奇克（Zach Kitschke）

肖娜·诺芙（Shawna Knauff）

科特·科伯（Kurt Kober）

卡斯滕·库斯特鲁普·彼得森（Karsten Koustrup Petersen）

阿布舍克·克里希纳·拉霍蒂（Abhishek Krishna Lahoti）
古·吉米（Jimmy Ku）
尼米特·库马尔（Nimit Kumar）
詹妮丝·莱姆（Janice Lam）
罗布·兰姆（Rob Lamb）
丹尼斯·兰伯特（Denis Lambert）
罗南·拉姆丹（Ronen Lamdan）
道格·兰迪斯（Doug Landis）
罗宾·拉森（Robyn Larsen）
凯西·劳（Casey Lau）
布拉德·莱尤斯（Brad Layous）
克里斯蒂娜·李（Christina Lee）
约翰·李（John Lee）
斯坦·莱万多夫斯基（Stan Lewandowski）
马文·廖（Marvin Liao）
谢丽尔·林（Cheryl Lim）
安德鲁·林奎斯特（Andrew Lindquist）
杰瑞·陆（Jerry Luk）
尼克拉斯·伦德伯格（Niklas Lundberg）
史蒂文·卢里（Steven Lurie）
约恩·里塞根（Jorn Lyseggen）
亚历克斯·麦肯齐–托雷斯（Alex Mackenzie–Torres）
玛纳斯·马因莱（Manas Mainrai）
克劳迪娅·马卡德里斯托（Claudia Makadristo）
特洛伊·马龙（Troy Malone）

皮尤什·马尔维亚（Piyush Malviya）
加布里埃尔·曼贾雷斯（Gabriel Manjarrez）
玛雅·马努西（Maya Manusci）
劳尔·马拉纳（Raul Marana）
比安卡·马蒂内利（Bianca Martinelli）
乔凡德·马萨利亚（Giovander Masaglia）
小林正忠（Seichu Masatada Kobayashi）
弗雷德里克·马泽拉（Frederic Mazzela）
爱德华多·梅代罗斯（Eduardo Medeiros）
卡罗琳娜·梅洛（Carolina Mello）
蒂亚戈·三城（Thiago Miashiro）
埃米尔·迈克尔（Emil Michael）
马尔滕·米科斯（Mårten Mickos）
大卫·米尔特纳（David Miltner）
高拉夫·米塔尔（Gaurav Mittal）
宫田德（Tak Miyata）
安德烈亚斯·莫尔曼（Andreas Moellmann）
克里斯·墨菲（Chris Murphy）
托马斯·迈鲁普·克里斯滕森（Thomas Myrup Kristensen）
帕特里夏·恩迪库马纳（Patricia Ndikumana）
埃莉斯·恩戈比（Elise Ngobi）
妮莎·诺约拉（Nyssa Noyola）
亚历克斯·奥斯特瓦尔德（Alex Osterwalder）
马库斯·派瓦（Marcus Paiva）

马克·帕里（Mark Parry）

纳扬·帕特尔（Nayan Patel）

瑞恩·彼德森（Ryan Petersen）

阿瑟·佩特森·贝利（Ase Petterson Bailey）

加迪·庞特（Gadi Ponte）

拉姆齐·普赖尔（Ramsey Pryor）

史蒂文·普伊格（Steven Puig）

埃里克·权·李（Eric Quan Lee）

高塔姆·拉吉·辛格（Gautam Raj Singh）

维杰·拉詹德兰（Vijay Rajendran）

卡蒂克·拉姆帕利（Karthik Rampalli）

费德里科·拉内罗（Federico Ranero）

布赖恩·雷夸斯（Brian Requarth）

埃里克·莱斯（Eric Ries）

丹尼尔·罗迪克（Daniel Rodic）

戴维·罗德里格斯（David Rodriguez）

希洛·罗德里格兹（Hiro Rodriguez）

里希·隆塔（Rishi Roongta）

埃莉斯·鲁宾（Elise Rubin）

埃兹奎尔·鲁宾（Ezequiel Rubin）

罗伯托·鲁伊斯（Roberto Ruiz）

布丽安娜·伦斯坦（Brieanne Runsten）

妮可·沙辛（Nicole Sahin）

马修·萨洛韦（Matthew Salloway）

保拉·萨洛玛（Paula Salomaa）
马塞洛·舍默（Marcelo Schermer）
阿尔瓦罗·斯科卡尔（Alvaro Schocair）
菲利普·施文格尔（Philipp Schwengel）
科尚比·沙阿（Koshambi Shah）
道恩·夏里凡（Dawn Sharifan）
迈克·肖（Mike Shaw）
克里斯汀·谢克（Kristine Sheik）
詹姆斯·舍雷特（James Sherret）
弗朗西斯科·西蒙内斯基（Francesco Simoneschi）
卡兰·辛格（Karan Singh）
亚伯·史密斯（Abe Smith）
安娜·索菲亚·古兹曼（Ana Sofia Guzman）
孙在权（Jaekwon Son）
奥赞·桑梅斯（Ozan Sonmez）
吉列尔姆·斯宾纳斯（Guilherme Spinace）
莱奥雷·斯皮拉（Leore Spira）
蒂芙尼·史蒂文森（Tiffany Stevenson）
丹尼尔·沙利文（Daniel Sullivan）
保利·萨姆纳（Polly Sumner）
阿伦·桑达尔（Arun Sundar）
卡姆莱什·塔雷贾（Kamlesh Talreja）
塞西莉亚·唐（Cecilia Tang）
恩里克·托波兰斯基（Enrique Topolansky）

丹尼尔·瓦伦蒂尼（Daniel Valentini）

让·凡·卡斯特伦（Jan van Casteren）
斯文·范·斯蒂切尔（Sven Van Stichel）
斯科特·范·弗利埃特（Scott Van Vliet）
弗雷迪·维加（Freddy Vega）
桑卡尔·文卡特拉曼（Sankar Venkatraman）
肖恩·瓦格纳（Sean Wagner）
王丽莎（Liza Wang）
米娜·瓦斯菲（Mina Wasfi）
乔纳森·惠特莫尔（Jonathan Whitmore）

保罗·威廉姆森（Paul Williamson）
贾迪普·亚达夫（Jaideep Yadav）
山下贵成（Takanari Yamashita）
克里斯·叶（Chris Yeh）
穆罕默德·耶尔德勒姆（Muhammed Yildirim）
珍妮弗·袁（Jennifer Yuen）
海尼·扎卡里亚森（Heini Zachariassen）
塔尼亚·萨帕塔（Tania Zapata）
凯尔文·津（Kelvin Zin）
亚当·佐查（Adam Zoucha）

常用术语

自主曲线——此框架工具概述了在市场扩张各阶段授予本地团队不同程度的自主权。

商业模式本地化画布——全球敏捷项目管理方法论第一部分中使用的框架，可帮助公司将其在现有市场中已经验证的模型转变为如何在新市场中运营业务假设条件，方法是通过以下方式过滤其当前模型：政府监管和文化过滤。

社区文化——一种超越国界将具有相似兴趣和信仰的人们连结在一起的新兴文化。

企业文化——组织的共同信念、行为和规范，指导员工如何沟通、制定决策以及制定并实施战略。

公司—市场契合——满足本地市场需求所需的正确的市场进入、运营、组织和文化模式。公司通过将业务的这些方面本地化来实现公司—市场契合，同时成功管理这些变化所带来的复杂性。

决策权——团队在“总部”和本地团队之间划分决策权的过程。

熟悉度偏见——当一个团队认为某个市场在地理位置上与“初

始市场”相邻，或者使用相同语言或具有相似文化的市场，会是一个很好的启动市场，并且无需进行太多调整便能实现公司—市场契合。

反馈闭环——建立的沟通渠道，可以透明、多向地交换想法和信息，帮助组织更快地前进并获得发展动力。它们可存在于团队之间（“总部”和本地市场之间）和团队内部。

成功实现全球化增长的四项承诺——在市场进入、市场增长和达成全球规模化发展方面取得成功的企业必须遵守的一系列承诺。它们包括：资源整合、信任和自主权、沟通和清晰度以及全球敏捷项目管理方法论。

全球敏捷项目管理方法论——以迭代方式针对新的国际市场进行业务本地化的过程，同时对实施这些变革所带来的复杂性进行有效的管理，最终目标是在新市场中实现公司—市场契合。

“全球类”公司——通过平衡本地化和复杂性、建立具有文化意识的敏捷项目管理团队、建立支持分布式组织的架构和管理模型以及平衡公司和本地文化，努力并实现全球规模化发展。

“全球类”管理模型——一种允许“总部”和本地团队联系协作以达到公司—市场契合的管理模型。通过结合一致的企业文化、既定信任模块、高效反馈闭环和双向创新、既定流程 / 架构以及全球敏捷项目管理的基础，公司可成功针对新市场进行本地化并对随之而来的复杂性进行管理，从而达成全球规模化发展。

“全球类”思维——“全球类”公司所采用的思维，从第一天起便具有全球化思维的愿景，利用分散式人才战略，将“总部”定位为本地市场推动者和支持者，并实施寻找当地经营方式的战略。这是对传统思维模式的间接反对。

“全球类”团队建设框架——“全球类”公司使用的招聘和团队

建设模型，以确保他们拥有合适团队来成功进入新市场并实现扩张。技能类别包括：跨国创业思维、本地市场知识、公司知识和分布式组织的领导技能。

全球化增长操作指南——一种资源，列出了成功进入新市场和增长所需的所有步骤，捕捉市场进入和市场增长的最佳实践。

市场进入战略——公司商业模式中面向客户的元素，可能需要进行调整，以在本地市场中寻求发展动力并实现规模化发展（销售、产品和营销溢价便属于此类）。

“总部”（HQ）——分布式赋能和支持机制及团队，其目的是使公司作为公司目标和文化管理者及决策推动者，在本地市场中占据一席之地。

初始市场——公司验证其运营策略、市场进入策略和可扩展性的首个市场。这不一定是企业最初成立所在的“初始国”。

国际化——团队设计公司模式的集中式流程 / 元素的过程，可定制（或开展本地化）以适应各市场，而非根据各单一市场分别设计各自元素。

全球企业家——具有解释文化的全球化思维、通过创造性解决方案灵活克服障碍的敏捷项目管理思维、持续支持以完成工作目标的公司思维模式、拥有（个人或集体）愿景并将其进行全球化的人。

工作职能摆——正在向国际市场扩张的组织内职能职责的性质转变，职责在本地化、区域化或集中化之间转变，具体取决于业务职能、可用财务资源、人力资源以及产品或行业类型。

关联市场——为在一个市场获得发展动力而做出的运营或市场进入策略的改变可在进入另一市场时重复使用，从而限制新市场中额外产生的复杂性，提供发展动力并实现规模化发展。

本地商业文化——影响业务开展方式以及本地团队在专业环境中运作方式的特定国家或地区的共同信念、行为和规范。本地商业文化是本地市场文化的众多子集之一。

本地市场——企业最初拓展并寻求扩张的“初始市场”之外的国际市场。

本地市场文化——特定目标国家或地区当地居民的共同信仰、行为和规范。

本地市场团队——管理国际市场（通常是国内市场）运营和上市活动的团队。

本地化——调整公司运营要素或市场进入策略的过程，目的是在新市场中实现公司—市场契合。

本地化发现——在全球敏捷项目管理流程的第一步中进行的流程，团队专注于通过亲自拜访并与关键利益相关者交谈来揭示市场的细微差别，确定获得发展动力所需的可能有待展开的本地化事项。

本地化溢价——将公司运营和市场进入策略进行本地化以实现公司在新市场中的公司—市场契合目标过程中所产生的复杂性的程度。这些溢价分为六大类别：销售、营销、产品、基础设施、行政和组织溢价。

本地化溢价分析——“全球类”公司用来完成全球敏捷项目管理流程第二步的主要工具，该工具规划、跟踪和管理随着进入新的国际市场并进行扩张所伴随的复杂性（本地化溢价）是实现公司—市场契合的主要推动者。

本地化资源团队——一个跨职能团队，最好由来自不同工作职能和部门的代表组成，通过消除本地团队的障碍、共享 / 实施最佳实践、充当本地团队与“总部”之间的渠道来产生发展动力，并积极对本地化所带来的复杂性进行管理。

市场进入——全球化扩张的第一阶段，包括新市场的发现和准备，直至实现产品—市场契合，团队在国内小范围验证市场进入和运营策略，证明商业模式是可盈利并在后续进行延展的。

市场增长——全球化扩张的第二阶段，重点是确立发展动力和规模化发展，以确立全球化扩张进程并在不造成过多复杂性的情况下进行业务运营。在此阶段，公司努力寻求并实现公司—市场契合。

市场成熟度——全球化扩张的第三阶段，企业专注于进一步渗透现有本地市场，通常在市场进入和市场增长阶段，企业未能深入渗透或全部挖掘市场潜力。该阶段的目标是通过进一步进行本地化工作以在市场中获得更具主导性的份额。

发展动力源——支持本地化和扩展工作、实现沟通、资源分配和复杂性管理的流程架构。“总部”创建流程架构，通过战略制定、实施支持和跟踪来促进本地化工作。

运营战略——公司业务模式的后端要素，可能需要进行调整，以便在本地市场正确运营业务（行政、基础设施和组织溢价属于此类）。

产品—市场契合——识别客户需求并确认您的产品或服务可延展且盈利的方式满足该需求的过程。

架构（流程）——为支持增长和使组织实现全球规模化发展而创建的流程和组织计划。

实现全球化规模的三大支柱——组织能力是在各个本地市场和全球化扩张中实现公司—市场契合的关键促进因素。其中包括组建合适团队、管理组织以及平衡不同文化以支持全球规模化发展。

信任点——分布式组织内建立信任的关系，促进多向沟通和创新。

关于作者

亚伦·迈克丹尼尔是一位企业领导者、企业家、专业演说家、创业顾问和作家。他毕业于加州大学伯克利分校哈斯商学院，现留校从事教学。亚伦是一位长期创业者，他共同创立全球创新生态系统建设者 10X 创新实验室以及其他三家被收购的企业。他是 AT&T 旗舰领导力发展计划（LDP）的校友，也是 AT&T“钻石俱乐部奖”得主（全球前 1% 的销售经理）。他是《年轻专业人士管理指南》系列丛书的作者，并曾在《福布斯》（*Forbes, Inc.*）《企业家》（*Entrepreneur*）和《彭博商业周刊》（*Bloomberg Businessweek*）等杂志上发表专题报道。亚伦是一位广受欢迎的演讲者，其客户包括丽思卡尔顿酒店、德勤咨询公司、富国银行、联合健康集团等。

克劳斯·韦哈格是一位企业家、创业顾问、专业演说家和作家。他被称为“硅谷大使”，为企业高管、企业家和政府领导人提供指导。目前，他在三个知名亚洲国家部委担任顾问职务。他曾在硅谷论坛担任国际关系主管，现在是 10X 创新实验室的联合创始人兼首席执行官，他已培训来自 50 多个国家的 2000 多名商业领袖。他来自丹麦，足迹遍布四大洲，会说五种语言，并拥有霍特国际商学院和哥本哈根商学院（BSC）学位。克劳斯是一位广受欢迎的演讲者，曾与硅谷商界的高层进行战略合作，包括谷歌、软件营销部队、领英、IBM、惠普等。

来自亚伦·麦克丹尼尔的

一份致青年职场人士的工作指南

一份青年职场人士的管理指南